企业财务管理实务

编著：简泽民（台湾）

厦门大学出版社

图书在版编目(CIP)数据

企业财务管理实务／简泽民编著．－厦门:厦门大学出版社，2011.5
（福友现代实用企管书系／林荣瑞主编）
ISBN 978-7-5615-3839-5

Ⅰ.①企…　Ⅱ.①简…　Ⅲ.①企业管理:财务管理　Ⅳ.①F275
中国版本图书馆CIP数据核字(2011)第075482号

企业财务管理实务
福友现代实用企管书系㊸
编著／简泽民（台湾）

企划／厦门福友企业管理顾问有限公司
电话：0592-2395581(总机)　传 真：0592-2396530 2395580
http://www.foryou.tw.cn　E-mail:xm@foryou.tw.cn

出版社／厦门大学出版社
地址：厦门市软件园二期望海路39号6楼　邮编：361008
http://www.xmupress.com　E-mail:xmup@public.xm.fj.cn
责任编辑／许红兵
封面设计／林呈美

印刷／厦门金凯龙印刷有限公司
2011年5月第1版　2011年5月第1次印刷
开本：787 × 1092　1/16　插页:2　印张：21.25
字数：450千字
定价：48.00元

林 序

随着信息产业的不断发展，市场全球化形成必然之势，也就是企业面临的竞争已不只是区域之争，而是要面对全球的竞争对手，其结果就是"强者愈强，弱者淘汰"在产业间加速上演。据报道，在企业云集的北京中关村，平均每 9 分钟就有一家企业消亡，这个统计是让人触目惊心的，也可窥见在中国企业竞争之激烈。面对这种情况，福友团队在继续帮助大陆众多企业把脉诊断、提升管理水平，与之共同成长的同时，更加留心分析企业兴衰存亡的原因，并与国内的企业分享。

企业的经营管理是依靠研发、生产、人事及财务等每一部门分工合作来发挥总体经营效果的。因而，当一个企业陷于经营不善的低潮时，只有运用全面经营分析方式，才能找出根本的改善方案，彻底实施各项管理改善，以扭转企业的运营状况。随着未来产业环境的急剧变化，企业的经营分析对信息的需求日益迫切，这种需求的满足主要依赖于财会信息。

由此可见，掌握必要的财会知识，熟悉财会分析的基本方法是必不可少的。企业的各种财务报表如资产负债表、利润表、现金流量表等，蕴含了丰富的信息，除了体现企业的财务状况，更是反映企业实力的一面镜子，对于企业来说，具有十分重大的意义。精于阅读和分析企业财会报表，将有助于企业人把握其中隐含的信息，检验生产经营的各个环节，从而调整企业的运营手段，以确保企业保持良好的运营状态。

本书从企业人应了解的财务角度出发，摒弃了以往财务书籍中教条式的讲解，系统地介绍企业人应知应会的财会基础知识，深入浅出地讲解每个知识点，着重介绍了资产负债表、利润表和现金流量表这三大报表的阅读和分析技巧，并提出了财会报表分析的系统方法，力求使读者在轻松中了解财会知识、掌握财会知识并运用财会知识。在此基础上，本书还涉猎了攸关企业生存发展的成本控制，以提高企业人的成本意识，有效地实施企业的经营管理计划，因而是企业经营者必看的一本书。

林　序

闫泽民先生在台湾企业界从事经营分析实务作业多年，近几年又在大陆企业指导、讲学，拥有扎实的理论基础以及两岸企业的实务经验，相信这本《企业财务管理实务》定可成为企业人了解企业经营状况，充分发挥经营管理实力的必备工具。

当然，财会知识具有很强的实践性，新问题、新政策层出不穷，因此，期望企业人在研读完本书，习得财会分析的系统步骤及方法的基础上不断探索，勇于实践，帮助企业在激烈的竞争中立于不败之地。

福友一贯的承诺——

与您分享的绝对是好东西！

林荣瑞

2011 年 5 月于厦门

叶 序

企业的运营结果，一般都是通过不同的层级使用不同的语言来表达。经营层使用的是“财会”语言，以“金额”表示;管理层使用的是“绩效”语言，以“数值”表示;基层使用的是“工作”语言，以“言词”表达。各层级运作的结果，最终都会转换成共通的“货币金额”，体现在相关的财会报表上，提供给企业的投资者与经营者，据以衡量评估企业的财务状况和经营成效，作为企业经营和投资决策的参考。

如果企业各个部门的运营绩效都是用各自的语言来表述，而不将其转换为大家共通的财会语言——货币金额，那么就很可能在企业内部形成“鸡同鸭讲”的现象，很难取得共识，势必造成企业管理运作的困扰而影响到企业的经营绩效。同时，财会在协助企业经营决策、分析方面，也扮演着非常重要的角色。少了适当的财会信息，企业的经营决策会变得非常棘手。由此可知，在企业的三种运作语言中，财会语言是最为重要的。

此外，随着经济体制日趋复杂，企业内部的交易也随之复杂化，想要以浅显易懂的方式，向不同的财务信息使用者报告，也就越来越不容易。因此，拥有扎实的财会知识，对运用财会信息来作决策、分析及管理的企业人，都会有很大的帮助。

在企业实际经营上，并不是只有需要使用财会信息作判断下决策的管理者，才必须了解财会知识，相反，企业中的每一分子都必须具备财会方面的知识，了解财会的术语和规则，并知道如何解读财会报表，才能利用财会方面的信息，决定个人是否进行投资及评估工作。更何况，企业高层使用的语言以财会语言为主，企业人若想挤入企业经营管理核心的经营层，必须学会使用这种语言，这就要求企业人必须学习并充分了解各种财会知识的内容与分析使用方法，才能随时灵活运用财会语言与上级沟通，以谋取个人发展的机会。

简泽民先生为帮助非财会出身的企业人能在最短时间内深入财会领域，特别将一

叶 序

般人认为艰深复杂的财会学问，进行浅显易懂、清晰明确、系统性的说明，以使企业人能在最短的时间内，了解正确有效的财务知识，确实掌握财会知识的运用技巧。只要充分了解及运用本书内容，必能协助企业人在企业内部更上一层楼。

台湾中山大学企管系教授

叶匡时

自 序

所谓“财会”，一般是指“财务”和“会计”的合称。前者是运用“会计”作业的结果，来进行财务方面的分析与管理。后者则是使用货币语言，依照一定的原则，来记录、分类与摘要企业的各个部门运用资源的情况与结果，定期汇整成相关的财会报表，提供给相关人员作为管理使用或决策参考。前者可说是后者的应用，后者则可认为是前者的基础。这两项作业，在现代企业的经营上，起着至关重要的作用。

企业的运营活动一般使用三种语言：第一种是经营层使用的“财会”语言，通常用“金额”来表示企业的交易过程与经营成果；第二种是管理层使用的“管理”语言，通常是用各种“数值”来表示企业的管理运作过程与绩效；第三种是基层使用的“工作”语言，通常用“言词”来进行相关业务的交流与沟通。

这三种语言中，“财会”语言最为重要，因为财会是以“货币金额”来表示企业经营成果及财务状况的商业语言，也是衡量企业经营成果的工具。如果企业各个部门的运营绩效都是用各自的语言来表示，那么在很多管理作业上则很难取得共识，势必造成企业管理运作的困扰而影响到企业的经营绩效。

因此，企业中的每一员工都必须具备财会方面的知识，了解财会的术语和规则，并知道如何解读财会报表，从而一方面利用财会方面的信息，来决定个人的事业投资；另一方面，充分运用各种财会知识与分析使用方法，随时与上级沟通，以谋取个人更多的发展机会。

换句话说，企业人只有建立起跟老板一样的财务思维和做事方式，并随时随地使用财会语言与企业老板或高层沟通，往上发展的大门自然而然就会敞开。财会知识对企业人来说，绝对是参与企业运营管理必备的好帮手。

但绝大多数没学过财会的企业人在进入企业工作后，多半认为财会是一门复杂的学问，自己并非财会出身，也不在财会部门工作，企业的财会只是财会部门的事，事不关己，并不需要具备财会方面的观念与知识。事实上，这种想法是完全错误的。

自　序

虽然财会部门能提供有关会计方面的信息给各运营部门，协助他们有效地运用各项资源，但是同样的一项信息，也可以用不同的角度和方式来分析与表达。因此，当企业人因工作需要财会部门提供所需的财会信息时，如果具备一定的财会知识，就能很容易地与财会部门沟通，明确双方已经充分了解所提供信息的作用，及为何需要这样的信息，以获得自己真正需要且有用的财会信息。

了解了财会的作业过程只能说是企业人深入财会领域的基础，要能灵活地把财会作业的结果充分运用到日常工作中，才算真正掌握财会知识的核心。因此，本书从一般人认为复杂的财会知识入手，依照财会有哪些内容→什么是成本→成本是如何计算的→财会报表的内容→如何进行财务分析→如何进行利润分析→成本分析的基础→如何进行成本分析→如何管控成本→如何改善成本的顺序编写此书，内容浅显易懂、清晰明确，以使企业人能在最短的时间内深入财会领域，了解财务知识，确实掌握财会知识的运用技巧。

此外，读者若有意继续加强财会方面的知识与能力，可以进一步研阅本书后记中提及的财会著作，必定可以提升个人财会分析与改善能力。

简泽民

2011月5月

目录

目 录

目 录

第一篇　财会知识概论

一、财会作业的重要性

二、会计与财务的区别

三、会计作业的基本框架

企业经营的目的在于获取利润，以维持企业的生存与发展。利润是企业经营活动成果的最终体现，利润的多少取决于企业经营活动的管理成效所产生的效益。由于企业的所有人员都是企业经营活动的参与者，也是经营成果的贡献者，因此企业的盈亏与企业中的每个成员息息相关，更关系到个人在企业内的生存与发展，其关系如图1－1 所示。

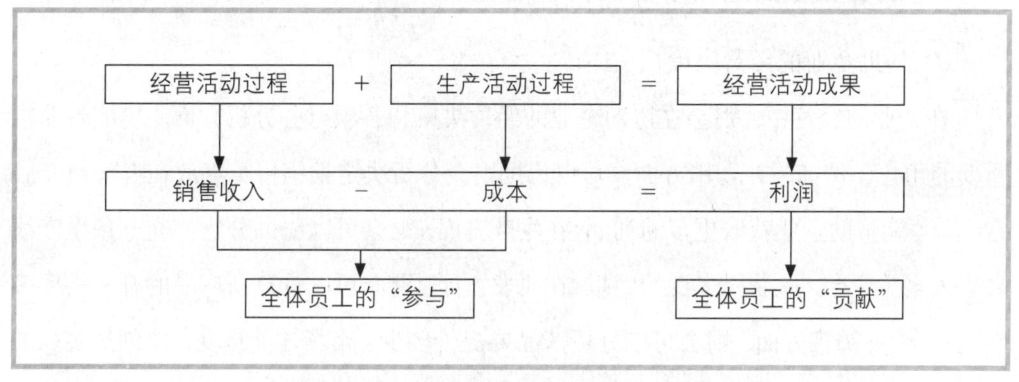

图 1-1 企业的经营活动与员工的关系

作为企业一分子的每一位企业人，需要具备相关的财务知识，充分利用财会报表关心企业的财务、收益及成本，随时随地了解企业各项运营成本，进而改善成本，达到“以最小的成本，获得最大收益”的目的。

一、财会作业的重要性

1.“财会”语言是了解企业经营成果的工具

一般来说，企业经营使用三种语言来进行管理运作:第一种是经营层使用的“财会”语言，通常用“货币金额”来表达，例如，销售收入有多少，成本是多少，毛利多少，账款回收了多少等等;第二种是管理层使用的“管理”语言，通常是用各种“数值”（绩效）来表达，例如，单耗多少，产量多少，收率多少，不良率多少，产能利用率多少，设备故障率多少等等；第三种是基层使用的“工作”（业务）语言，通常用“言词”来表达，例如，好、不好、没问题、行、不行、满意等形容词或感叹词。在这三种语言中，对企业人来说，“财会”语言最为重要，因为“财会”语言以“货币金额”的形式来表示企业的经营及财务状况，是衡量企业经营成果的重要工具。

2．财会在企业经营中扮演重要角色

⑴ 协助企业的经营决策

在企业的经营中，财会在协助企业的经营决策和各项财务分析方面，扮演着非常重要的角色。例如，在行销方面，可以借助财会分析决定把销售重点放在哪一条产品线上，才能帮助企业获取更多的利润；在生产方面，财会可以协助分析扩充一条生产线要投入多少资金，能获得多少的回报；在研发方面，财会可以计算新产品的开发需要多少的资金；在销售方面，财会可以分析产品要提价多少，市场才能接受，能创造多少的利润等等。决策越繁杂，需要的信息就越详细。少了适当的财会信息，会使企业的经营决策变得非常棘手。

⑵ 协助企业的管理决策

随着经济体制日趋复杂，企业内部的操作流程也随之复杂化，想要以浅显易懂的方式，向不同的财务信息使用对象报告流程，也越来越不容易。因此，拥有扎实的财会知识，对运用财会信息来作决策、分析及管理的企业人来说，都会有很大的帮助。

⑶ 为企业人谋取发展机会

在企业中工作的每个人都必须具备财会方面的知识，了解财会的术语和规则，并知道如何解读财会报表，才有能力利用财会方面的信息，决定个人是否进行投资、申请贷款及评估工作。而且，企业高层使用的语言以“财会”语言为主，企业人若想挤入经营管理核心层，必须学会使用这种语言，充分了解各种财会知识的内容与使用方法，灵活运用财会语言与上级沟通，谋取个人的发展机会。

3. 培养企业人财务思维方式

在学习与掌握财会知识之前，企业人必须树立正确的财务思维与理念，摒弃做事前不考虑后果就盲目进行的“起因思维”方式，逐渐养成做事前先思考，先量化目标，确定能创造价值后再行事的“结果思维”方式。也就是说，至少要具备下列的几种财务思维方式：

(1) 花出一笔费用能得到怎样的结果；

(2) 要得到想要的结果，必须付出多少的代价；

(3) 如果不花钱或少花钱，能不能得到想要的结果；

(4) 如果钱花了，是否就能保证得到想要的结果。

4. 财会是参与企业运营的好帮手

企业人只要建立起与老板一样的财务思维和做事方式，并随时随地使用“财会”语言与企业老板或高层沟通，必然会获得发展的机会。因此，财会知识对企业人来说，绝对是参与企业运营管理必备的好帮手。

很多没学过财会课程的人认为财会是一门复杂的学问。事实上，这种想法是错误的，因为财会作业只是把企业的各个部门运用资源的情况与结果，转换成“货币金额”后按照“一般会计公认原则”进行记录、分类与摘要等簿记处理，并将处理结果定期汇整成相关财会报表，提供给相关人员作为管理或决策的参考，如图 1－2 所示。

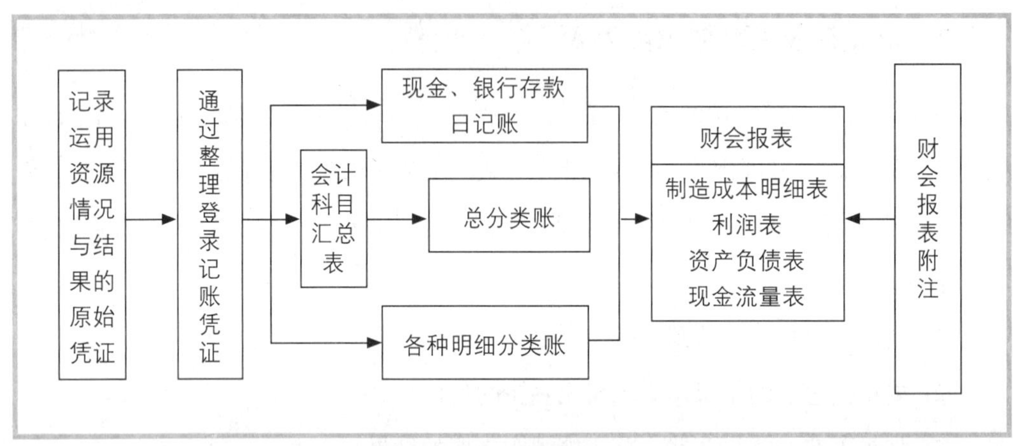

图1-2 财会报表形成过程

换句话说，企业的财会作业过程，就是串联财会系统中的“会计凭证”、“会计账簿”及“财务报表”等三个主要环节，提供有关会计方面正确有效的信息，协助企业各运营部门有效地运用企业的各项资源。

(1) 会计凭证

会计凭证包括原始凭证和记账凭证。原始凭证通常是指对外支出取得的各种相关凭证，在会计作业上不属于会计语言，必须将之转化为会计语言，即所谓的“记账”。“记账凭证”一般也称为“传票”，每记一笔账就必须开立一张，用来作为记账的证明记录。

(2) 会计账簿

在企业经营中，不可能通过翻阅成千上万的会计凭证来了解企业的财务状况和经营成果，所有的会计凭证都必须逐笔转换成账簿上的记录，再依照账簿记账作业的结果汇集成相关的会计报表。因此会计账簿可说是企业会计凭证的浓缩，会计账簿的多少，视企业业务规模大小而定。

(3) 会计报表

会计报表是会计账簿汇集、浓缩、整理的结果，主要包含制造成本明细表、利润表、资产负债表和现金流量表等，是对企业财务状况和经营成果的高度概括，提供给政府部门以及企业的股东、债权人、经营层、管理层和员工使用。

了解了财会的作业过程只能说是企业人深入财会领域的基础，只有能灵活地把财会作业的结果充分运用到日常工作中，才算是真正掌握了财会知识的核心。接下来对财会方面各项知识的说明，将依照图1－3的顺序进行，确保企业人能深入了解财会知识，确实掌握运用财会知识的技巧。

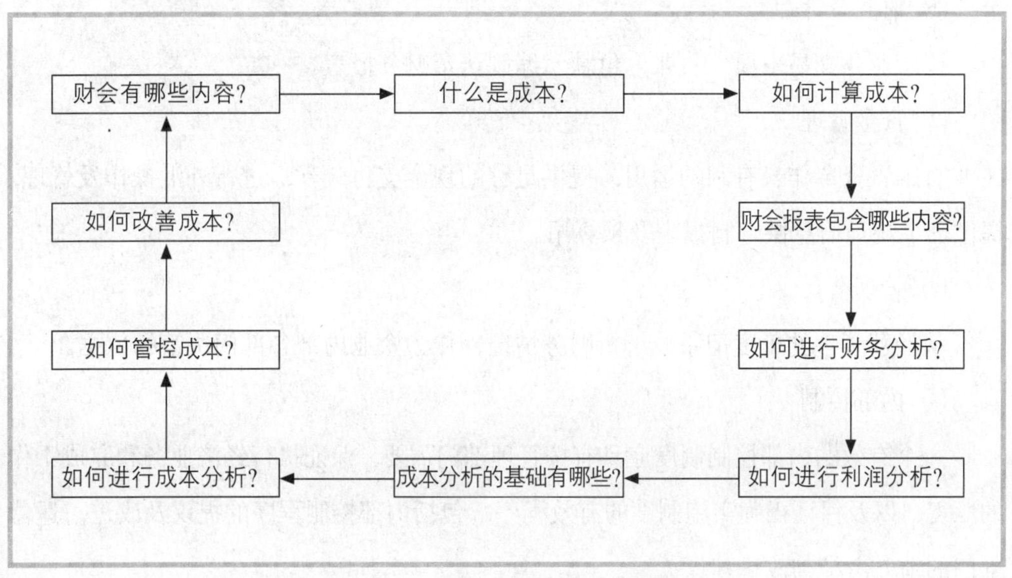

图1-3 深入财会领域的步骤

虽然财会部门能提供有关会计方面的信息给各运营部门，协助他们有效地运用各项资源，但此类信息是有限的，而且同样的一项信息，也可以从不同的角度，用不同的方式来分析与表达。因此，当企业人因自身管理工作需要财会部门提供所需的财会资讯时，如果具备一定的财会知识，就能很容易地与财会部门沟通，明确双方已经充分了解所提供信息的作用，及为何需要这些信息，以获得自己真正需要且有用的财会信息。

二、会计与财务的区别

1．会计的工作职能

会计是对一个单位的经济活动进行确认、计量和报告，作出预测，参与决策，实行监督，旨在实现最佳经济效益的一种管理活动，对企业的经营管理及财务活动的影响至关重大。企业会计部门的主要职能包括以下几个方面：

(1) 财务会计

记录业务交易事项，收账，付款，编制法定财务报表。

(2) 资金管理

将闲置资金作最有利的运用，提供足够的现金支付欠款，进行外汇操作及管理，提供资金流量信息供编制报表及预算用。

(3) 管理会计

从经营管理的角度记录及解析财务情况，作为企业内部各部门决策的依据。

(4) 内部控制

一个有效的内部控制制度应具有按管理部门需要，保证执行经济业务和完成工作的职责，以及保证正确实施制度的有效程序，包括内部控制程序的提议及改进，运营部门的绩效考核与改进建议。

2．财务的工作职能

一般来说，会计作业是财务管理的基础，因为财务作业解决的是企业内部资金运作过程中的一系列问题，实现企业价值最大化的目标。会计作业关系到预测、决策、控制和规划，因而必须使用到大量真实、及时的会计信息。

财务管理作业主要是如何筹集资金、筹集资金以后如何进行投资、投资完成后如何管理运营资本、如何分配盈余的问题。换句话说，就是筹资活动的管理、投资活动的管理、经营活动的管理、分配活动的管理。

⑴ 筹资活动的管理

指对资产负债表右边的“负债”内容的管理，侧重于资金来源渠道、所需数额、项目构成及成本的管理。如发行股票或债券，向银行借款或租赁等。

⑵ 投资活动的管理

指对资产负债表左边的“资产”内容的管理，侧重于资金的投向、规模和构成的管理。如在证券市场上购买股票、基金和债券等。

⑶ 经营活动的管理

指对投资项目中所占用资金的管理，包括现金管理、存货管理和应收账款的管理。

⑷ 分配活动的管理

指对企业盈利后的资金分配进行管理，即研究如何在所有者当中进行利润分配，分配多少股利，保留多少利润等。

总之，会计作业的对象是企业的资金活动，即与企业的资金活动有关，其基本职能是核算和监督，侧重于对资金的反映和监督；而财务的基本职能是预测、决策、计划和控制，侧重于对资金的组织、运用和管理。

三、会计作业的基本框架

基本上，所有企业的财会部门都必须遵循政府发布的“企业会计准则”进行相关的会计作业，这个准则由基本准则、具体准则和应用指南三个部分组成。基本准则是纲，在整个准则中起统驭作用；具体准则是目，是依据基本准则的要求，对有关业务或报告编制的具体规定；应用指南则是具体准则的操作指引。由于内容多、范围广且主体对象为企业财会部门，无法一一列述，因而在此仅介绍准则的基本框架，作为企业人了解财会知识的基础。

1. 会计核算的假设和前提

“会计核算作业”是对企业本身发生的交易、事项进行确认、计量和报告。这样的作业必须以持续经营为前提，划分会计期间，分期结算账目和编制财务会计报告，且所有的作业必须以货币计量，并以权责发生制为基础进行会计确认、计量和报告。同时必须按照交易、事项的经济特征确定交易要素，采用借贷记账法记账。主要内容如图 1－4 所示。

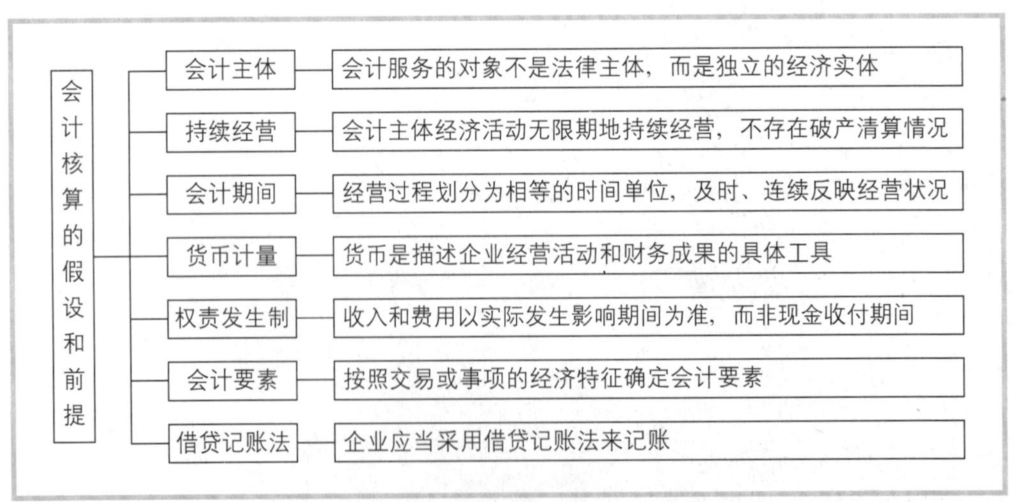

图 1-4 会计核算的假设和前提

⑴ 会计主体

会计主体又称为会计单位，是会计核算与监督的对象，必须是拥有独立资金，进行独立经济活动及独立核算的单位，具有独立性、统一性及实体性的特点。包含独资企业、合伙人企业和公司企业等会计主体。

⑵ 持续经营

持续经营假设是指会计主体的经营活动按照现在的形式和既定的目标，无限期地继续经营下去，不存在破产清算的情况，所持有的资产将按照预定的目的，在正常的经营过程中被耗用、出售或转让，所承担的债务也会如期偿还。这个假设是整个权责发生制会计结构赖以建立的基础，是顺利建立财务会计的其他原则和会计步骤的前提条件。

⑶ 会计期间

实际工作中，为了反映企业一定期间的经营情况，通常人为地将企业连续不断的经营期间，划分为均等的会计计量期间，定期反映企业的经营管理活动状况。这种为了会计核算需要而人为划分的期间，就是会计期间。主要作用有：

① 区分本期与非本期；

② 收入与费用的配比；

③ 实现收付实现制与权责发生制；

④ 实现变现性原则；

⑤ 实现需要性原则。

⑷ 货币计量

货币计量又称为货币计量单位，在会计核算中以货币反映企业的经营活动情况。货币被选定为会计核算的计量工具，是因为：

① 货币是价值尺度，无论实物、劳务还是其他财富都可以用货币表示；

② 货币是交易媒介，是记录商品交易价格的最好单位；

③ 货币是实现收益与费用的直接工具；

④ 货币是信用的衡量尺度和延期支付的标准，是债权债务清算的工具；

⑤ 货币是直接反映会计要素的标准，是企业投入与产出的最终表现形式。

(5) 权责发生制

权责发生制又称为应计原则，即以其实际发生影响的期间为准，从会计作业上确认收入和支出。也就是按照资源及其变动的发生期间来确认、计量和报告。换句话说，属于本期发生的交易或事项，不论是否收到或付出资金，都确定为本期的交易或事项；不属于本期发生的交易或事项，即使已经收到或已经付出资金，也不能作为本期的交易或事项。这项原则的缺点主要有：

① 企业现金流动不合理

企业没有收到现金，但税务部门要求出现收入就必须交税，因而影响现金流动。

② 利润表不能反映企业真正获取现金的能力

虽然权责发生制是把没有收到的现金确认为收入，但一有收入就须结转成本，这样在利润表上就会反映为企业获得更多的利润。此时企业有可能因为应收账款未到期，没有足够的现金还债而导致破产。

因此，在会计核算作业上就出现“收付实现制”，将收到的现金反映在现金流量表上，真实且客观地看出企业的偿债能力及获取现金的能力，来弥补权责发生制的局限性，及早发现账上虽然有收益，但实际现金却不足以偿还债务的现象。

(6) 会计要素

会计要素是会计对象的具体化，也是会计报表的组成项目，主要分为六个要素：资产、负债、所有者权益、收入、费用、利润。各要素的确认条件、特征及分类说明，将在后面详述。

(7) 借贷记账法

借贷记账法就是将会计的日记账或总分类账区分为左、右两栏，根据会计作业原则，将会计要素中各个项目的增减金额记入规定的栏位。账簿的右方称为“贷方”，用以记载资产与成本的减少，及负债、所有者权益和收益增加的项目与金额;左方称为“借方”，用以记载资产与成本的增加，及负债、所有者权益和营收减少的项目与金额。

2. 会计信息质量要求

会计质量信息要求也称为“会计原则”或“会计核算原则”，是会计核算作业必须遵循的规范和标准，也是衡量会计工作成败的标准。包括真实可靠性及内容完整性、相关性、清晰性、可比性、实质重于形式、重要性、谨慎性、及时性等。

⑴ 真实可靠性及内容完整性

企业应当以实际发生的交易、事项为依据，进行会计确认、计量和报告，如实反映符合确认和计量要求的各项会计要素及其他相关信息，保证会计信息真实可靠、内容完整。

⑵ 相关性

企业提供的会计信息应当与财务会计报告使用者的经济决策需要相关，有助于财务会计报告使用者对企业过去、现在或未来的情况作出正确的评价或预测。

⑶ 清晰性

企业提供的会计信息应当清晰明了，便于财务会计报告使用者的理解和使用。

⑷ 可比性

同一企业不同时期发生的相同或相似的交易、事项，应当采用一致的会计政策，不得随意变更。

⑸ 实质重于形式

企业应当按照交易、事项的经济实质进行会计确认、计量和报告，不应仅以交易或者事项的法律形式为依据。

⑹ 重要性

企业提供的会计信息应当反映与企业财务状况、经营成果和现金流量等有关的所有重要交易或者事项。

⑺ 谨慎性

企业对交易、事项进行会计确认、计量和报告，应当保持应有的谨慎，不应高估资产或收益，也不能低估负债或费用。

⑻ 及时性

企业对于已经发生的交易、事项，应当及时进行会计确认、计量和报告，不得提前或者延后。

2. 会计要素

会计要素是会计对象的具体化，也是会计报表的组成项目，按照“企业会计准则”规定分为反映企业财务状况（资金变动相对静态状况）的资产、负债、所有者权益，及反映企业经营状况（资金显著变动状况）的收入、费用、利润等六个要素。

⑴ 资产

资产是指由企业过去的交易或者事项形成的企业拥有或控制的，预期会给企业带来经济利益的资源，包括流动资产、长期投资、固定资产、无形资产、其他资产等。符合资产定义和资产确认条件的项目，应当列入资产负债表；符合资产定义，但不符合资产确认条件的项目，不应列入资产负债表，可在附注中备注。资产具有如下特点：

① 资产能够给企业带来经济利益；

② 资产为企业所拥有，即使不为企业所拥有，也受企业所控制；

③ 资产都是企业从过去发生的交易中获得的，若资源失去其固有的盈利能力，应终止其资产的确认。

⑵ 负债

负债是指由企业过去的交易、事项形成的，预期会导致经济利益流出企业的现实义务，包括流动负债、长期负债及其他负债等。符合负债定义和负债确认条件的项目，应当列入资产负债表;符合负债定义，但不符合负债确认条件的项目，不应列入资产负债表，可在附注中备注。负债具有如下特点:

① 负债是企业承担的现时义务;

② 负债的清偿预期会导致经济利益流出企业;

③ 负债是由过去的交易或事项形成的;

④ 负债以法律、有关制度条例或合同契约的承诺作为依据。

⑶ 所有者权益

所有者权益是指企业资产扣除负债后，所有者享有的剩余经济利益，又称为“股东权益”。所有者权益的来源有投入的资本、直接计入所有者权益的获得和损失、留存的收益，包括实收资本（也称为股本)、资本公积、盈余公积、未分配盈余等。

⑷ 收入

收入是指企业在日常活动中形成的，会导致所有者权益增加，与所有者投入资本无关的经济利益的总流入，包括销售商品收入、提供劳务收入、让渡资产使用权收入。收入必须满足经济利益的可能流入，从而导致企业资产增加或者负债减少，且经济利益的流入额能够可靠计量的条件。符合收入定义和收入确认条件的项目，应当列入利润表。收入具有如下特点:

① 收入从企业的日常活动中产生，而不是从偶发的交易或事项中产生;

② 收入可能表现为企业资产的增加或企业负债的减少，或者二者兼而有之;

③ 收入必然能增加企业的所有者权益;

④ 收入只包括本企业经济利益的流入，不包括第三方或客户代收的款项。

⑸ 费用

费用是指企业在日常活动中发生的，会导致所有者权益减少，与向所有者分配利润无关的经济利益的总流出，包括营业成本（含主营业务成本和其他业务成本)、营业税费、期间费用（即营业费用，含销售费用、管理费用和财务费用）。无论费用是否包括损失，都应具有以下特征：

① 费用最终会导致企业资源的减少，这种减少具体表现为企业的资金支出。

② 费用最终会减少企业的所有者权益。

③ 费用可能表现为资产的减少，或负债的增加，或者二者兼而有之。

(6) 利润

利润是指企业在一定会计期间的经营成果，是收入减去费用后的净额、直接计入当期利润的所得和损失等。直接计入当期利润的所得和损失包含投资收益、资产减值损失、公允价值变动损益、营业外收入及营业外支出。利润项目应列入利润表，内容包括营业利润、利润总额、净利润。

3. 会计科目

会计科目是为了规范会计核算，保证会计信息质量，按照会计核算对象的经济内容进行的科学分类。企业需按照政府颁布实施的“企业会计制度”规定的会计科目及编号，进行相关的会计作业。但允许企业在不影响会计核算和对外统一的财务报告的前提下，可以自行增减或合并某些会计科目。由于会计科目及编号繁多，本书仅列出资产类部分科目及编号，如表1－1所示。

表1-1 资产类会计科目范例

顺序号	编　号	名　称
1	1001	现　金
2	1002	银行存款
3	1009	其他货币资金
4	100901	外币存款
5	100902	银行本票
6	100903	信用卡
7	100904	银行汇票
8	100905	信用保证款

续表

顺序号	编　号	名　称
9	100906	存出投资款
10	1101	短期投资
11	110101	股　票
12	110102	债　券
13	110103	基　金
14	110110	其　他
15	1102	短期投资跌价准备
……	……	……

此外，财会部门在进行财会作业前，除了必须按照政府规定设立会计科目外，还要根据企业经营管理的需要设置成本中心，以便归集整理各项交易、事项信息，进行各项账务处理及成本核算。

4．财务会计报告

财务会计报告是指企业对外提供的，反映企业在某一特定时期的财务状况和某一会计期间的经营成果、现金流量等会计信息的文件，内容包括资产负债表、利润表、现金流量表、所有者权益变动表等会计报表、报表附注，以及其他应当在财务会计报告中传达的相关信息和资料。主要是提供企业的财会信息给企业的投资人、债权人、经营者及有关部门与人员进行投资、评估及经营管理改善参考。

财务会计报表，可以按照不同的标准进行分类：

⑴ 按照财会报表反映的内容分

按财会报表反映的内容，可以将财会报表分为动态财会报表和静态财会报表。前者是指反映一定时期内资金耗费和资金收回的报表，如利润表；后者则是指综合反映企业在一特定时期的资产、负债和所有者权益的财会报表，如资产负债表。

⑵ 按照编制报表的时间分

按编制报表的时间，可以将财会报表分为月报、季报、半年报和年报。其中以年报要求的种类和揭示的信息最为完整齐全，能全面反映企业全年的经营活动。月报上的信息要求简明扼要，以便能及时地反映企业主要的经营情况与问题。其他报表的财会信息详细程度，则介于年报和月报之间。

(3) 按照财会报表的服务对象分

按财会报表的服务对象，则可将财会报表分为内部报表和外部报表。内部报表是指为适应企业内部经营管理的需要，编制的不对外公开的财会报表；外部报表是指企业向外公开的，供政府部门、其他企业和个人使用的报表。

5. 会计循环

会计循环是指企业的会计部门按照企业会计准则的规定，依据一定的步骤和方法，运用一定的会计方法，依照一定的会计程序，将会计期间发生的所有经济活动业务，加以记录、分类、汇总直到编制会计报表的会计处理全过程。这种过程在企业长期的经营活动中是周而复始的。一个会计期间表示一个会计循环，其作业顺序如图 1－5 的会计循环图所示。

一、会计事项分析
1.经营业务分析
2.原始凭证审阅
3.按会计制度检查
二、编制会计分录
1.按业务发生顺序反映
2.确定借贷方向
3.反映金额和业务内容
三、登录账簿
1.记入总分类账
2.登录日记账
3.登录明细账
四、编试算表
1.调整前试算表
2.以总分类账账末余额为准
3.检验会计记录与过账有无错误
五、调整分录
1.折旧、待摊、预提账户调整
2.应收(付)、预收(付)账户调整
3.编制分录、登记账簿
六、调整后试算表
1.权责发生制
2.调整后编制
3.检验调整分录与过账有无错误
七、结账
1.临时性账户过账
2.会计期末
3.结转损益、计算盈亏
八、第三次试算表
1.结账后试算表
2.全面试算
3.检验总分类账户余额正确性
九、报表编制
1.资产负债表
2.利润表
3.现金流量表等
十、财会报表
1.对外报表
2.附注及说明
3.正确、及时报送
会计循环

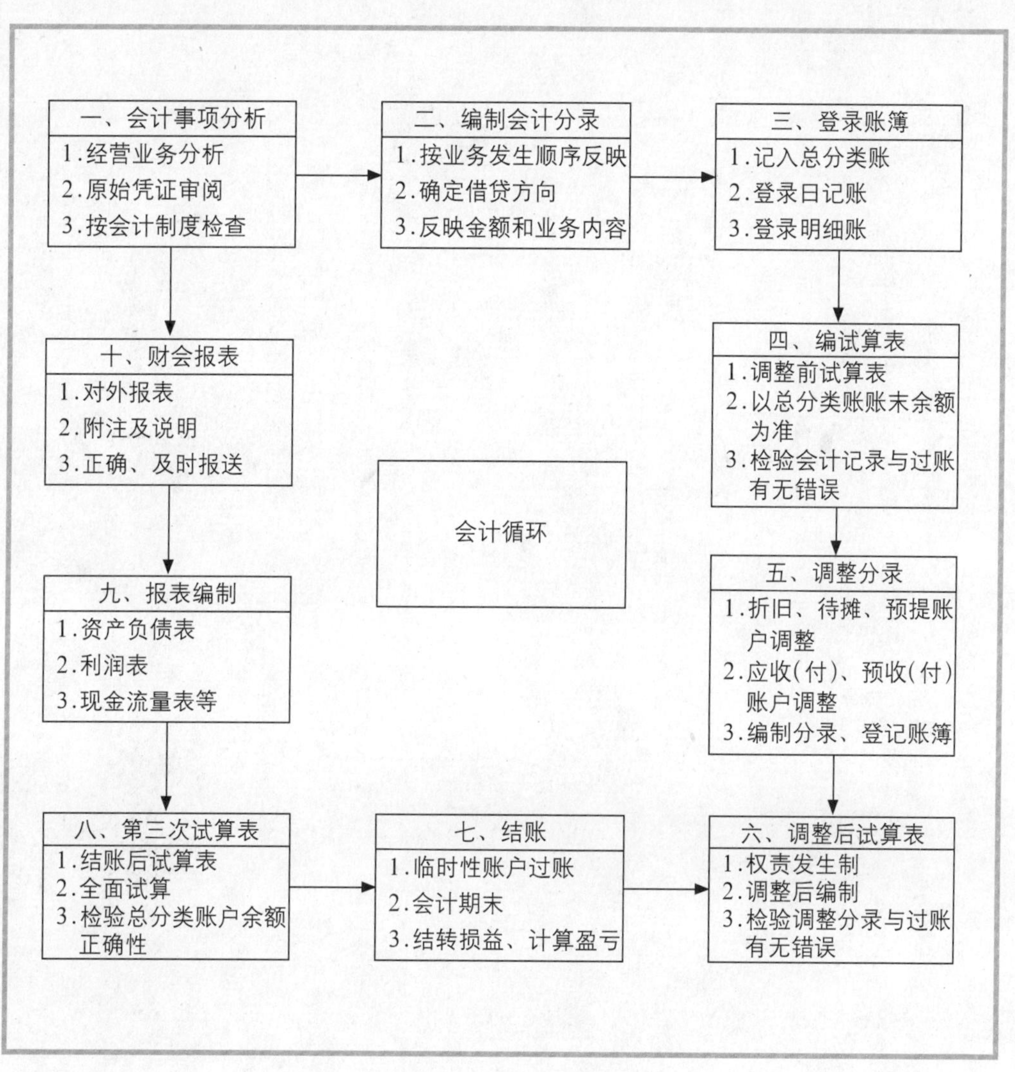

图1-5 会计循环

第二篇　会计账务的处理

一、会计作业的分类

二、会计账务处理的基础

三、资产的分录

四、负债的分录

五、所有者权益的分录

六、收入的分录

七、费用的分录

八、账簿的处理方式

一、会计作业的分类

从会计作业的基本框架可以得知，会计作业是对企业本身发生的交易、事项进行确认、计量和报告，必须按照交易、事项的经济特征确定交易要素，并采用借贷记账法记账。依此原则，可以将企业发生的交易、事项区分为下列三种：

1．经营活动产生的交易、事项

指企业销售产品、提供劳务过程中发生的现金流入和流出，以及经营活动方面相关费用的摊提、存货价值的核算等。包括销售产品或提供劳务的收入、税费返还收入、购买商品或接受劳务的支出、职工薪酬支出等现金的流入和流出，以及固定资产折旧、无形资产摊销、待摊费用摊销、预提费用、处置资产损失、存货等处理事项。

2．投资活动产生的交易、事项

指企业各项投资活动发生的现金流入和流出。包括投资收益、处置资产收入、投资支出及购建资产等。

3．筹资活动产生的交易、事项

指企业筹资活动过程中发生的现金流入和流出，如发行股票、发行债券、向银行借款等。包括吸收投资、借款、偿还债务，以及支付股利、利润和利息等。

这些交易、事项从发生开始，一般须经过财会部门的确认、计量后，再汇集整理成相关的财会报表。因此，在每项交易、事项发生之初，企业的财会部门都会依据会计科目及成本原则，先确认各项交易、事项的负责部门及归属的会计科目，再将交易、事项内容记入相关账簿内，于会计周期末，根据相关作业原则进行计量核算，整理出资产负债表、利润表、制造成本明细表、现金流量表等财会报表。换句话说，从会计科目的内容中，可以看出会计作业中每项交易、事项的确认、计量都是配合财会报表的编制进行的，如表2－1所示。

表 2-1 财会报表范例

类别	交易、事项	方式	科目	账目	借贷	资产负债表	现金流量表	利润表
经营活动	销售	现金	现金	日记账	借方	货币资金	增加	–
	商品、	票据	银行存款	日记账	借方	货币资金	增加	–
	提供	赊欠	应收账款	往来明细账	借方	应收账款	–	–
	劳务	–	主营业务收入	明细分类账	贷方	–	–	主营业务收入
	收入	–	应交增值税 – 销项税	明细分类账	贷方	应交税金	–	–
	税费	票据	银行存款	日记账	借方	货币资金	增加	–
	返还	–	应收补贴款	明细分类账	贷方	应收补贴款	–	–
	购买	现金	现金	日记账	贷方	货币资金	减少	–
	商品、	票据	银行存款	日记账	贷方	货币资金	减少	–
	接受	赊欠	应付账款	往来明细账	借方	应付账款	–	–
	劳务	–	原材料	数量金额明细账	借方	存货	–	–
	支出	–	应交增值税 – 进项税	明细分类账	借方	应交税金	–	–
		现金	现金	日记账	贷方	货币资金	减少	–
		票据	银行存款	日记账	贷方	货币资金	减少	–
		–	应付工资	明细分类账	贷方	应付工资	–	–
	职工	–	应付福利费	明细分类账	贷方	应付福利费	–	–
	薪酬	–	生产成本	项目明细账	借方	存货	–	–
	支出	–	制造费用	项目明细账	借方	存货	–	–
		–	销售费用	项目明细账	借方	–	–	销售费用
		–	管理费用	项目明细账	借方	–	–	管理费用
	税费	票据	银行存款	日记账	贷方	货币资金	减少	–
	支出	–	应交税金	明细分类账	借方	应交税金	–	–
	固定	–	制造费用	项目明细账	借方	存货	–	
	资产	–	销售费用	项目明细账	借方	–	–	销售费用
	折旧	–	管理费用	项目明细账	借方	–	–	管理费用
		–	累计折旧	明细分类账	贷方	累计折旧	–	
	无形	–	制造费用	项目明细账	借方	存货	–	–
	资产	–	销售费用	项目明细账	借方	–	–	销售费用
	摊销	–	管理费用	项目明细账	借方	–	–	管理费用
		–	无形资产摊销	明细分类账	贷方	无形资产	–	–
	长期	–	制造费用	项目明细账	借方	存货	–	–
	待摊	–	销售费用	项目明细账	借方	–	–	销售费用
	费用	–	管理费用	项目明细账	借方	–	–	管理费用
	摊销	–	长期待摊费用摊销	明细分类账	贷方	待摊费用	–	

续表

	预提费用	–	制造费用	项目明细账	借方	存货	–	–
		–	销售费用	项目明细账	借方	–	–	销售费用
		–	管理费用	项目明细账	借方	–	–	管理费用
		–	财务费用	项目明细账	借方	–	–	财务费用
		–	预提费用	明细分类账	贷方	预提费用	–	–
	处置各项资产损失	–	营业外支出	明细分类账	借方	–	–	营业外支出
		–	固定资产	明细分类账	贷方	固定资产	–	–
		–	无形资产	明细分类账	贷方	无形资产	–	–
		–	其他长期资产	明细分类账	贷方	其他长期资产	–	–
	存货	原材料领用	生产成本	项目明细账	借方	存货	–	–
			制造费用	项目明细账	借方	存货	–	–
			原材料	数量金额明细账	贷方	存货	–	–
		成品入库	产成品	明细分类账	借方	存货	–	–
			生产成本	项目明细账	贷方	存货	–	–
		成品出库	主营业务成本	明细分类账	借方	–	–	主营业务成本
			产成品	明细分类账	贷方	存货	–	–
投资活动	投资收益	票据	银行存款	日记账	借方	货币资金	增加	–
		–	短期投资	明细分类账	贷方	短期投资	–	–
		–	长期投资	明细分类账	贷方	长期投资	–	–
		–	投资收益	明细分类账	贷方	–	–	投资收益
	处置各项资产收益	票据	银行存款	日记账	借方	货币资金	增加	–
		–	营业外收入	明细分类账	贷方	–	–	营业外收入
	投资支出	票据	银行存款	日记账	借方	货币资金	减少	–
		–	短期投资	明细分类账	贷方	短期投资	–	–
		–	长期投资	明细分类账		长期投资	–	–
	购建各项资产支出	票据	银行存款	日记账	贷方	货币资金	减少	–
		–	固定资产	明细分类账	借方	固定资产	–	–
		–	无形资产	明细分类账	借方	无形资产	–	–
		–	其他长期资产	明细分类账	借方	其他长期资产	–	–
筹资活动	吸收投资	票据	银行存款	日记账	借方	货币资金	增加	–
		–	实收资本	明细分类账	贷方	实收资本	–	–
		–	应付债券	明细分类账	贷方	应付债券	–	–
	借款	票据	银行存款	日记账	借方	货币资金	增加	–
		–	短期投资	明细分类账	贷方	短期投资	–	–
		–	长期投资	明细分类账	贷方	长期投资	–	–

续表

筹资活动	偿还债务	票据	银行存款	日记账	贷方	货币资金	减少	– –
		–	应付债券	明细分类账	借方	应付债券	–	–
		–	短期借款	明细分类账	借方	短期借款	–	–
		–	长期借款	明细分类账	借方	长期借款	–	–
	支付股利、利息	票据	银行存款	日记账	贷方	货币资金	减少	–
		–	应付股利	明细分类账	借方	应付股利	–	–
		–	利息支出	明细分类账	借方	–	–	财务费用
汇率变动影响		现金	现金	日记账	借/贷	货币资金	–	–
		票据	银行存款	日记账	借/贷	货币资金	–	–
		–	财务费用	明细分类账	借/贷	–	–	财务费用

各项活动中的绝大多数项目会产生现金的流入或流出，是构成现金流量的科目，(从表2－1可以看出)。但在会计作业上，虽然仍有一些经营活动项目并没有产生现金的流入或流出，但也需进行账务处理，最终才能编制完成所有财会报表。这些项目包括固定资产的折旧、无形资产的摊销、长期待摊费用的摊销、预提费用、处置各项资产的损失、存货的计量及汇率变动影响等。

二、会计账务处理的基础

会计账务处理简单地说就是“记载账簿”，也就是俗称的“记账”。由企业的财会部门根据企业资金的流向，将每日发生的各项交易逐项记入“日记账”中，再按照日记账的内容，分类记入明细分类账及项目明细账进行分类统计，最终于每一会计周期结束时，汇总统计整理为财会报表，如图 2－1 所示。

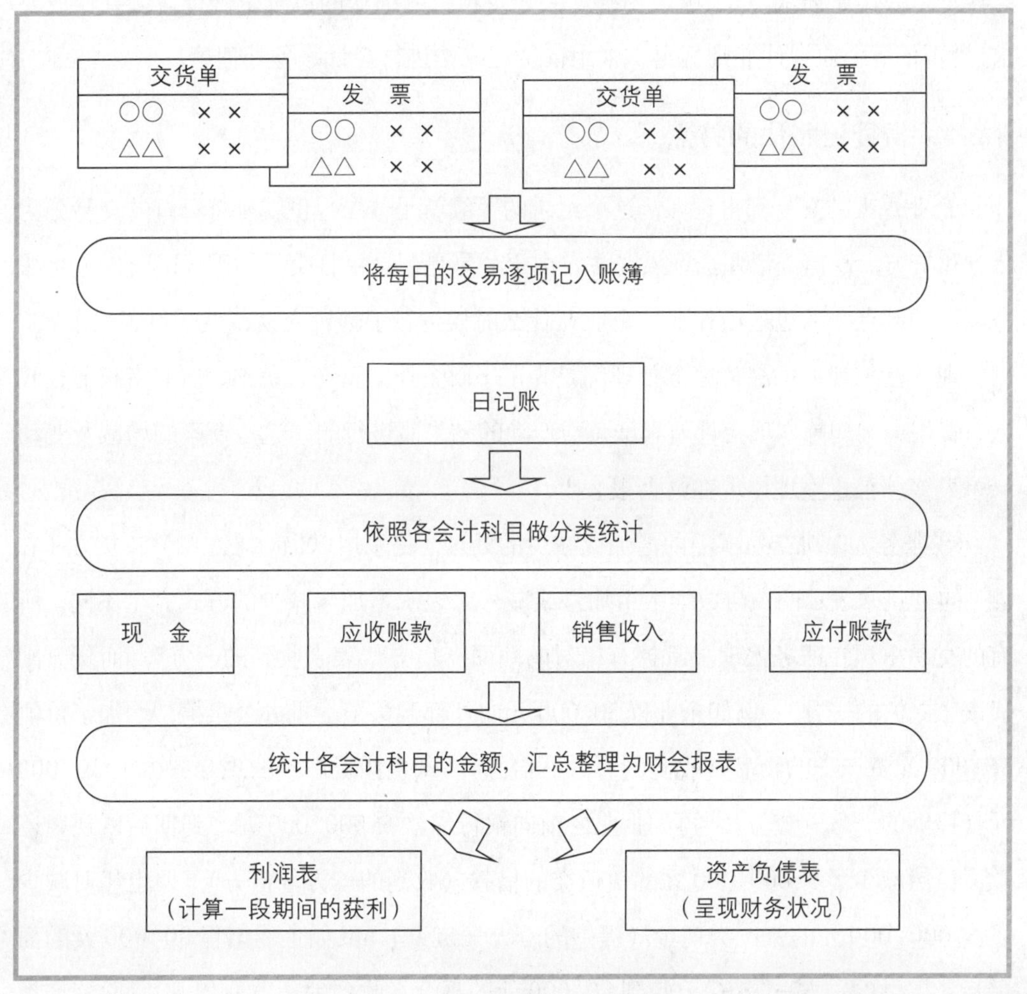

图 2-1　会计账务处理的结构

由此可见，进行会计账务处理必须具备原始凭证或会计凭证、会计科目、交易或事项的归属、日记账及分类账、借贷记账法、财会报表等。因此，企业的财会部门在进行会计账务处理之前，都会先确定账务处理的文件是否完善，包括原始凭证及会计凭证是否符合税务规定，内容是否齐全完整；原始凭证及会计凭证的来源及去处是否明确；原始凭证及会计凭证的归属（负担部门）是否明确；会计科目的设置是否满足企业经营及财会作业需求；日记账、明细分类账及项目明细账的设置是否符合会计作业要求；是否依照企业会计准则规定，采用借贷记账法进行会计账务处理等。

1. 借贷记账法的特点

企业每天的交易都得记账，这个纪录的手续就是分录，也就是将每日的交易分为借方和贷方，以借贷记账法记入账簿。由于分录是记录每日交易的手续，可以说是账务处理的起点，通过这项作业，企业在什么时候进行了何种交易，就一目了然了。

基本上，所有的会计账务处理都是为了了解企业的资产、负债、所有者权益、收入、费用、利润等六项会计要素增减与变动的结果而进行的，这些要素的增减及变动结果最终须汇总整理体现在财会报表上。

在账务上，对交易事项的增加或减少的处理，是采用以借方（左侧）和贷方（右侧）的方式来表示的，与数学上用加号或减号来表示增加与减少的方式完全不同。所有的交易事项在账务处理上都拥有相对的两面，借方代表“收到的一方”，而贷方则代表“提供的一方”。例如企业以30 000元向外部购买了一批办公桌椅，增加了价值30 000元资产类的物品（收到的一方→借方），却也让资产类的现金减少了30 000元（提供的一方→贷方）。再如企业之前向银行借款5 000 000元，到期后以现金还款，虽然减少了5 000 000元的负债类的借款（收到的一方→借方），但也相对减少了5 000 000元的资产类现金（提供的一方→贷方）。又如企业出售80 000元的商品后（提供的一方→贷方），收到80 000元的现金（收到的一方→借方），除资产类的现金增加80 000元外，收入类的主营业务收入也对应增加了80 000元。由此可知，不管何种交易都有相对立的两面，而且两面的金额是相等的，这就是会计账务处理的主要原则。

由于每次登录交易时需要同时增减两边的数字，因此使用这种借贷记账法，会计等式两边的数字一定会保持平衡，也能确保各项账目的准确性，这就是借贷记账法的特点。

2．会计元素的借贷方区分

将资产、负债、所有者权益、收入、费用的增减归类到借方和贷方，通常是有统一标准的。

⑴ 收入、费用的区别

一般在利润表上，费用记载在左侧，收入记载在右侧。以分录的观念来区分的话，左侧的借方就是费用产生，右侧的贷方就是收入产生。

⑵ 资产、负债、所有者权益的区别

资产负债表的左侧是资产，右侧是负债及所有者权益。以分录的观念加以区分的话，左侧的借方就是资产的增加，右侧的贷方就是负债及所有者权益的增加。由于记账是以借方、贷方来界定正或负，在资产方面，当借方增加时，贷方就对应减少;而在负债及所有者权益方面，当贷方增加时，借方就对应减少。

⑶ 分录规则中的交易要素

将会计元素的增减和变动与借方、贷方结合，就构成分录规则中交易的8个要素，即借方的资产增加、负债减少、所有者权益减少、费用产生和贷方的资产减少、负债增加、所有者权益增加、收入产生，其对应关系如图2－2所示。

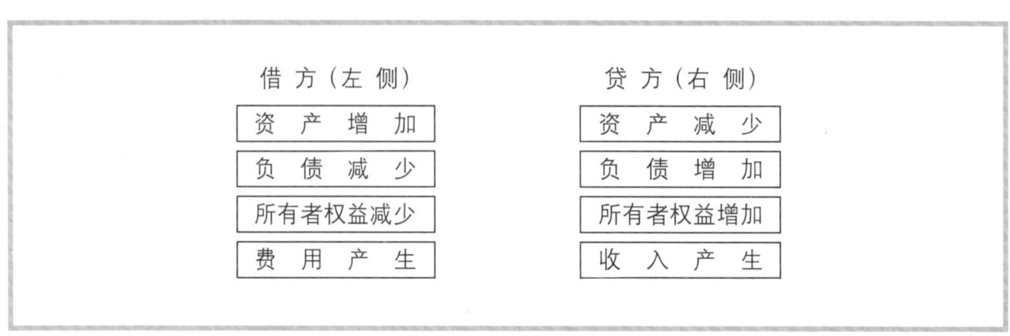

图 2-2 分录的规则（交易的 8 个要素）

(4) 分录的方式

在进行账务处理的分录作业前，熟记会计科目名称和分类方法，也有助于分录左右（借方、贷方）的区分。进行分录时，必须在借方、贷方栏记载会计科目与金额，同时要确保借方、贷方两边的金额一致。在实际作业时，如果不清楚，就从较清楚的一方记起。下面以前述的 3 个实例及图 2－3 的会计科目分类为例，说明分录方式。

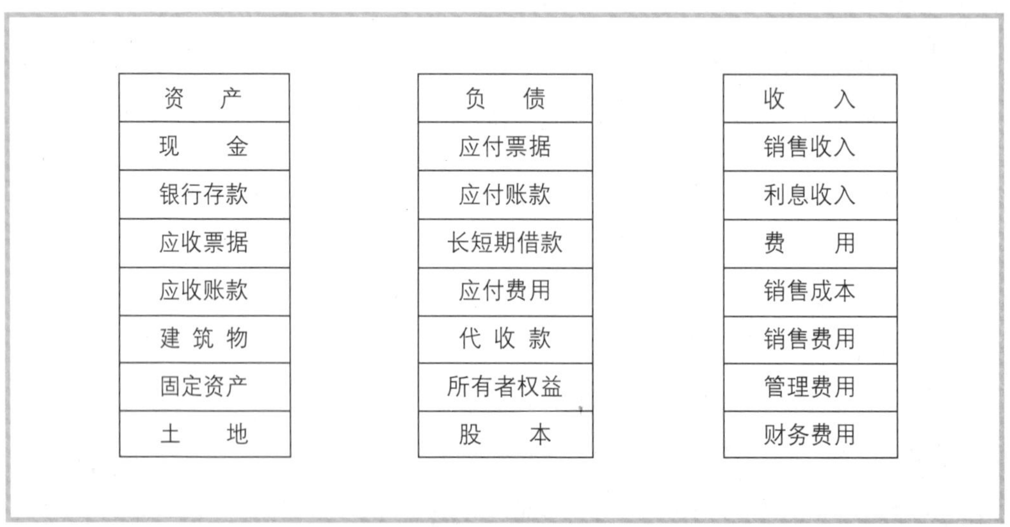

图 2-3 会计科目分类例

案例2－1:购买办公用品时的分录。

以30 000元购买办公桌椅，现金支付货款。这就表示企业增加30 000元资产类的办公用品，减少了30 000元资产类的现金，因此将办公用品的增加记入借方，同时将现金的减少记入贷方。分录步骤如下:

第一步:支付现金→资产减少→贷方（右侧）

借方（左侧）		贷方（右侧）	
		现　金	30 000

第二步:购买办公桌椅→资产增加→借方（左侧）

借方（左侧）		贷方（右侧）	
办公用品	30 000	现　金	30 000

一致

案例2－2:偿还借款时的分录。

企业向银行借款5 000 000元，到期后以现金还款。因为企业偿还了借款，负债类的借款减少了5 000 000元，同时资产类的现金也减少了5 000 000元。借款的减少记入借方，现金的减少则记入贷方。分录步骤如下:

第一步:现金还款→ 资产减少→ 贷方（右侧）

借方（左侧）		贷方（右侧）	
		现　金	50 000

第二步:偿还借款→负债减少→借方（左侧）

借方（左侧）		贷方（右侧）	
借　款	5 000 000	现金	5 000 000

一致

案例2－3：销售商品时的分录。

出售80 000元商品，收到现金货款。企业出售商品后增加了资产类的现金80 000元，也增加了收入类的销售收入80 000元。因此，将现金的增加记入借方，销售收入的增加记入贷方。分录步骤如下：

第一步：收取现金→资产增加→借方（左侧）

借方（左侧）		贷方（右侧）	
现　金	80 000		

第二步：出售商品（销售收入）→收入产生→ 贷方（右侧）

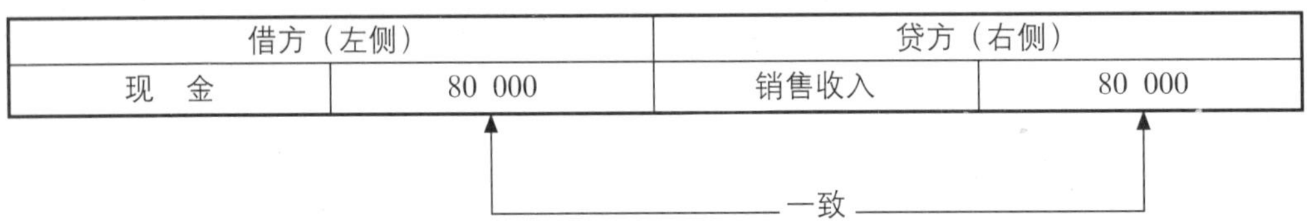

借方（左侧）		贷方（右侧）	
现　金	80 000	销售收入	80 000

从以上例子可以看出，将借方的交易要素与贷方的交易要素结合起来，可以区分出13种分录的类型，如图2－4所示。如果企业人能精通这13种类型，就能充分了解分录作业的方式。

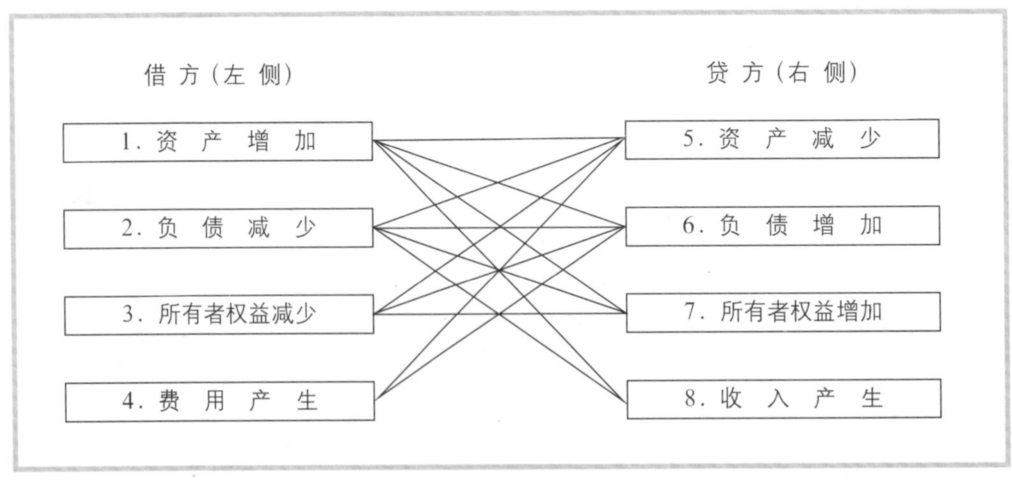

图2-4 分录的13种类型

(5) 分录的技巧

事实上，分录作业要比上述例子来得复杂，但只要掌握以下技巧，就能精通复杂的分录作业。

① 先从较易理解的现金出入的分录开始；

② 填入借方及贷方中较易了解的会计科目；

③ 再以“借方、贷方两边的合计金额一致”的观念为线索，思考较为困难的会计科目。

案例2－4:向银行借款时的分录。

某企业向银行贷款1 000 000元，预先扣除20 000元利息后，实际入账980 000元的现金。

这种情况下，应先把握增加980 000元资产的事实，再去思考借款或者利息两者中的一项。具体的分录步骤如下:

第一步:入账980 000元现金→资产增加→借方（左侧）

借方（左侧）		贷方（右侧）	
现　金	980 000		

第二步:借款1 000 000元→负债增加→贷方（右侧）

借方（左侧）		贷方（右侧）	
现　金	980 000	借款	1 000 000

第三步:支付利息20 000元→费用产生→借方（左侧）

借方（左侧）		贷方（右侧）	
现　金 （差额）	980 000 20 000	借　款	1 000 000

第四步:确认借方、贷方金额一致,完成分录

借方(左侧)		贷方(右侧)	
现　金 (差额)	980 000 20 000	借　款	1 000 000

一致

案例 2-5:采购商品时的分录。

某企业采购 100 000 元商品,以现金支付 20 000 元,其余 80 000 元货款赊账。

如果遇到类似这种情况,要先把资产类的现金减少 20 000 元,再思考采购商品的问题。具体的分录步骤如下:

第一步:支付 20 000 元现金→ 资产减少→ 贷方(右侧)

借方(左侧)		贷方(右侧)	
		现　金	20 000

第二步:进货 100 000 元→费用产生→ 借方(左侧)

借方(左侧)		贷方(右侧)	
进　货	100 000	现金 (差额)	20 000 80 000

第三步:应付账款 80 000 元→负债增加→ 贷方(右侧)

借方(左侧)		贷方(右侧)	
进　货	100 000	现金 应付账款	20 000 80 000

第四步:确认借方、贷方金额一致后,就完成分录

借方(左侧)		贷方(右侧)	
进　货	100 000	现金 应付账款	20 000 80 000

一致

3．日记账的登录

企业每进行一笔交易，财会部门都会把交易内容记录在“日记账”上。虽然账目的种类繁多，但日记账是最先记录交易的原始纪录簿，是所有账目的源头，因而在会计账务处理中最为重要。

在进行日记账的登录时，首先在科目栏内填写分录的会计科目，接着在右端的借方、贷方栏填入金额，最后在科目栏下方以“黑体字”注记交易的详细内容，呈现会计科目无法明白显示的内容。登录步骤如表 2－2 所示。

表 2-2 日记账的登录

日期		科目	类页	借方	贷方
1	15	(进货)		100 000	
		(现金)			20 000
		(应付账款)			80 000
		由 × 商店进货			

三、资产的分录

进行资产分录时，增加的资产要记入借方，减少的资产则记入贷方。分录开始时，首先要填上日期、借方科目与金额、贷方科目与金额，确认借、贷双方的金额相等后，就完成分录。

1．现金的分录

会计账务处理的现金，并不只限于硬币或现钞等实质货币，还包含他人开出的即期支票、银行汇票、邮政汇票等替代货币，也就是只要在金融机构可兑换成现金的票据都包含在内。这些替代货币在会计账务处理作业上，一般以“银行存款”科目处理。

案例 2－6：出售 300 000 元商品，收取客户开出的支票时的分录。

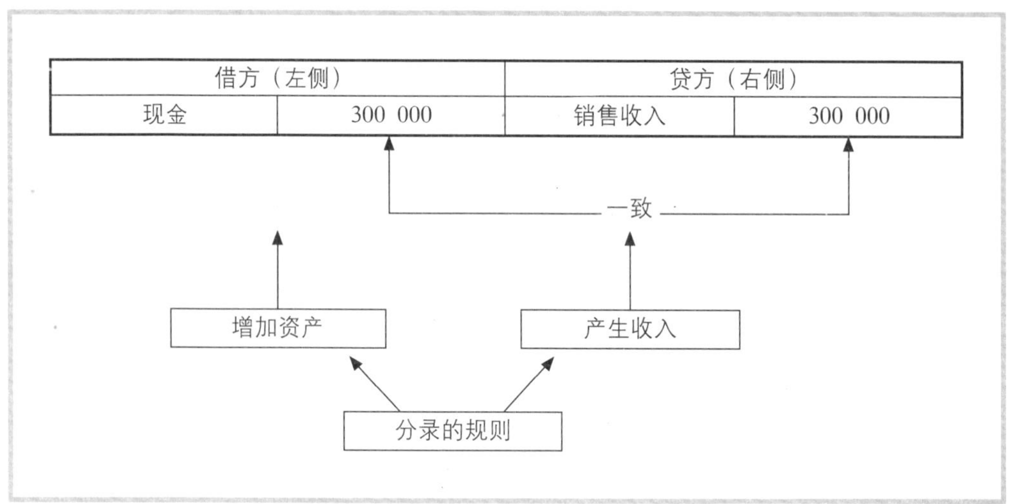

借方（左侧）		贷方（右侧）	
现金	300 000	销售收入	300 000

2．银行存款的分录

银行存款一般包含活期存款、定期存款和支票存款等。其中活期存款有存折，可支付利息且自由提存；支票存款以支票提现，是企业支付货款的常用方式。支票存款不一定有存折、支付利息，但可开立票据及支票，虽然便利，但存在跳票的风险。

案例2－7:将现金300 000元存入银行时的分录。

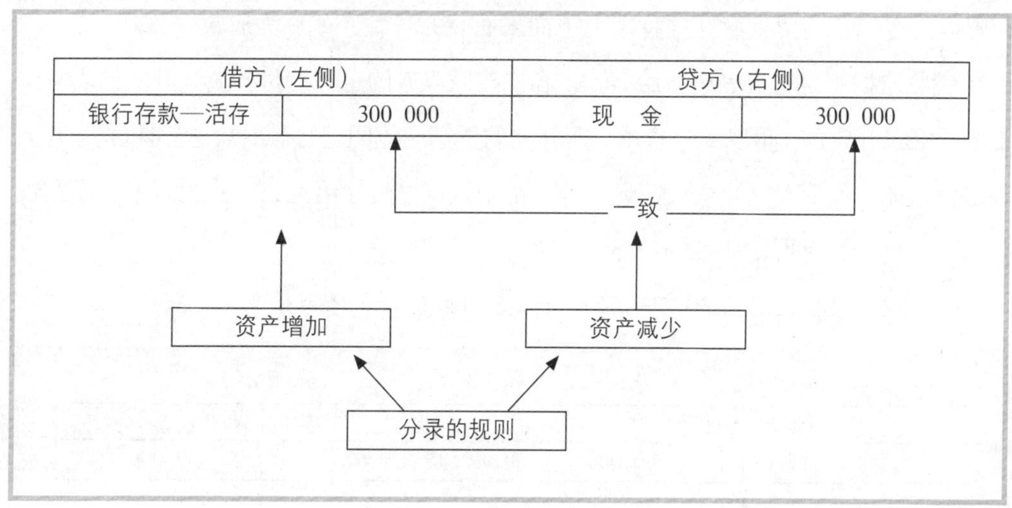

案例2－8:开出300 000元支票支付给厂家应付账款时的分录。

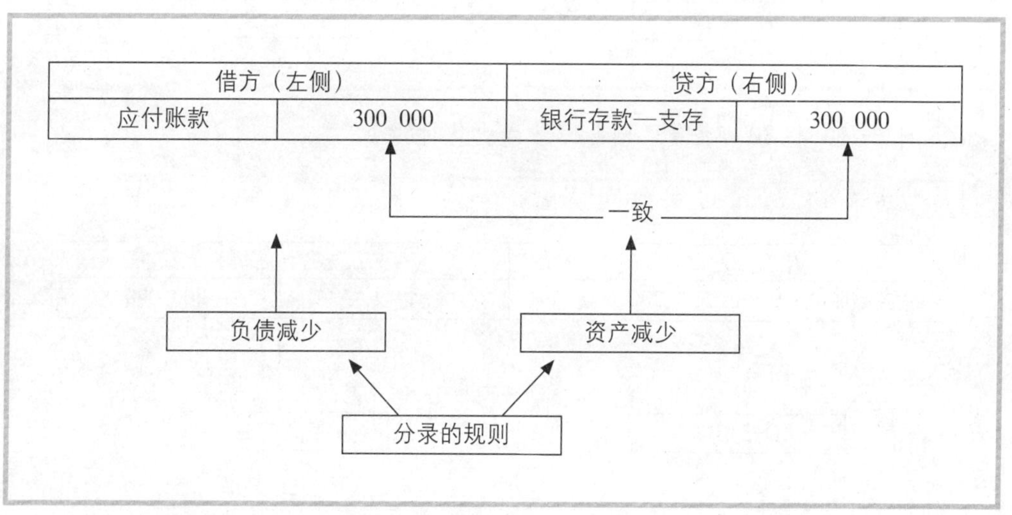

3．应收票据、应收账款的分录

应收票据及应收账款是企业以信用交易时，所产生的最具代表性的债权。企业在出售商品给客户时，如果每次都采用现金方式结算货款，交易双方都很麻烦。因此对长期交易有信用的客户，供应商通常会采取赊销方式，先出货给客户，再于约定付款期限内与客户结清货款。在这种情况下尚未回收的货款，就称为应收账款。

应收票据则是指货品出售给客户，客户按照双方约定好的付款期限开立给卖方的支票或汇票等票据，用以支付货款。所开立的票据应该明记:到期日、支付机构、开票日、付款地、收款人、开票人签名等等。由于票据可转让给他人（称为背书）或在银行贴现，所以具有可转让性的特点。

案例 2－9:应收账款 30 万元汇入企业活期存款账户时的分录。

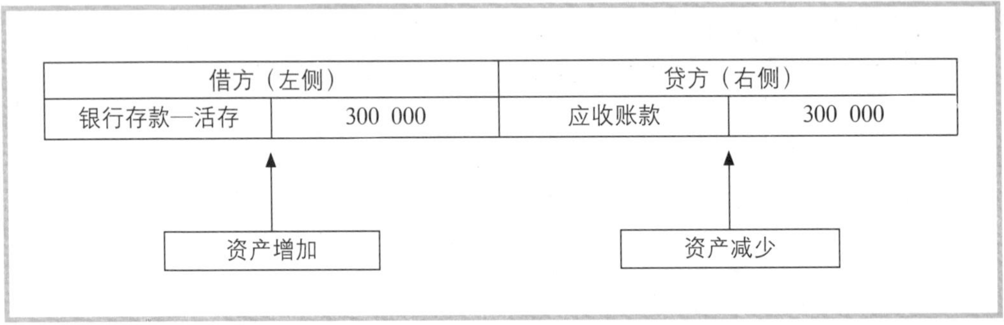

案例 2－10:将 30 万元货品以赊账方式出售时的分录。

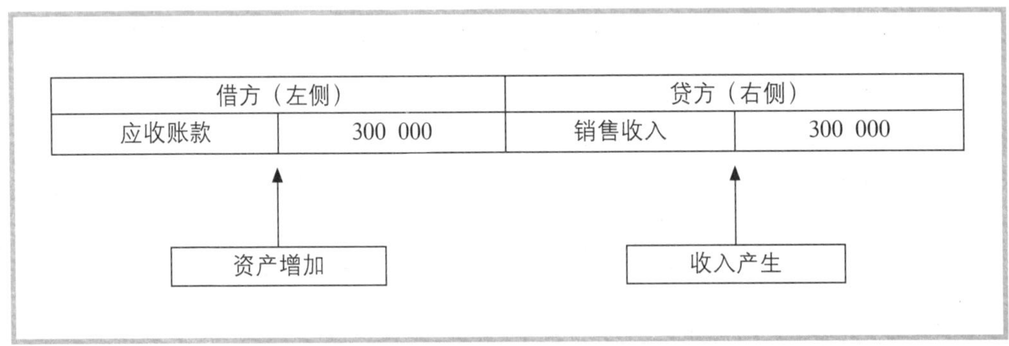

案例 2－11:销售 40 万元商品，收取了期票时的分录。

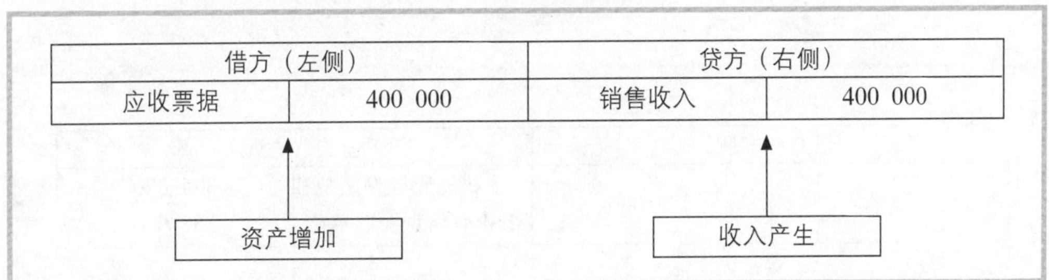

借方（左侧）		贷方（右侧）	
应收票据	400 000	销售收入	400 000

案例 2－12:20 万元的期票到期，汇入企业支票存款账户时的分录。

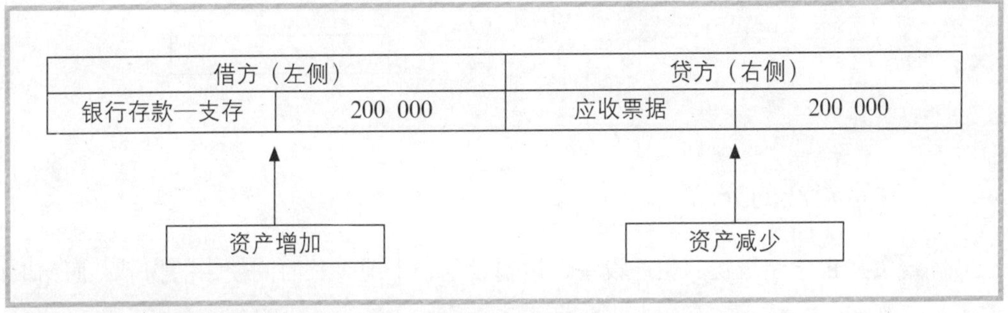

借方（左侧）		贷方（右侧）	
银行存款—支存	200 000	应收票据	200 000

4．有价债券的分录

有价证券包含国债、公司债、投资信托、地方债及股票等受益凭证，其金额是凭证买入价格加上手续费等的原始取得价格。

案例 2－13:以 30 万元购入 1 000 股股票，购买手续费 5000 元，全部以现金支付时的分录。

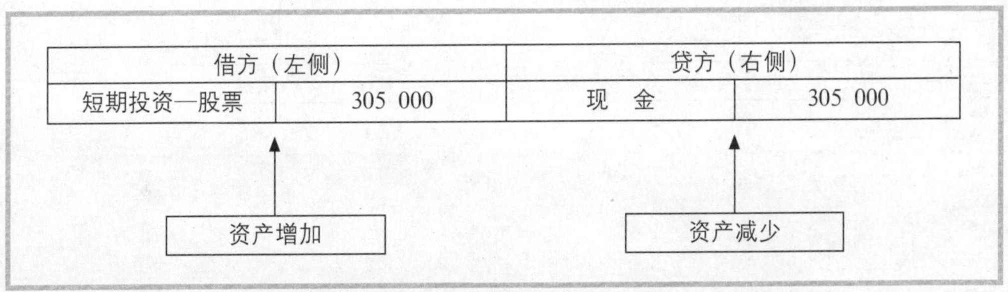

借方（左侧）		贷方（右侧）	
短期投资—股票	305 000	现　金	305 000

案例 2－14:以 37 万元卖掉原价为 305 000 元的 1 000 股股票，收到现金时的分录。

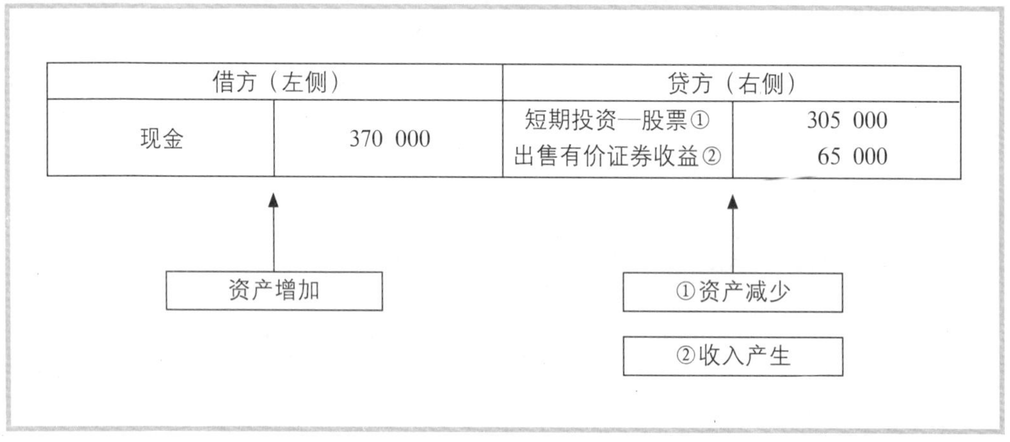

借方（左侧）		贷方（右侧）	
现金	370 000	短期投资—股票① 出售有价证券收益②	305 000 65 000

5．固定资产的分录

固定资产包含建筑物、生产设备、运输设备、土地等长时间使用的物品，原始取得金额和有价证券一样，是买入价格加上手续费等各种费用。

案例 2－15:以即期支票支付土地购置费 8 400 000 及中介费、规费、登记费等 600 000 元时的分录。

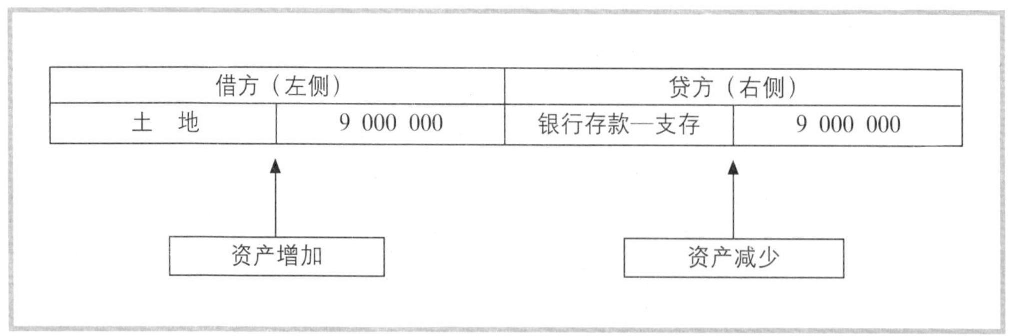

借方（左侧）		贷方（右侧）	
土　地	9 000 000	银行存款—支存	9 000 000

四、负债的分录

负债是指企业背负的债务，包含应付票据、应付账款、应付费用、代收款及长短期借款等等。负债的增加记在贷方（右侧），负债的减少则记在借方（左侧）。负债分录的要领同资产分录一样，首先填上日期、借方科目与金额、贷方科目与金额，最后确认借贷两方的金额一致就完成分录。

1．应付账款、应付票据的分录

企业向供应商购买各类商品时，一般都会选择长期合作的供应商，采取信用交易的方式，与供应商约定好付款期限，让供应商先行交货后，再于约定期限内支付货款给供应商。在这种情况下尚未支付的货款，就是应付账款。

为结算货款所开立的支票或汇票，就是应付票据，必须明记支付日期、支付金融机构、开票日等。如果到了票据的支付期限，企业无法如期支付，会严重影响企业信用，危及企业存续，因而管理应付票据是维持企业信用的重要任务。下面举例说明各种应付账款、应付票据的分录。

案例 2－16:以即期支票支付应付账款 180 000 元时的分录。

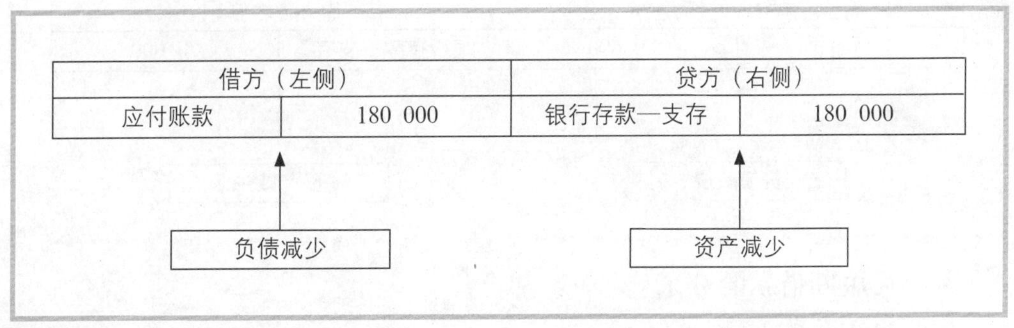

借方（左侧）		贷方（右侧）	
应付账款	180 000	银行存款—支存	180 000

案例 2－17:以赊账方式购进 50 000 元商品时的分录。

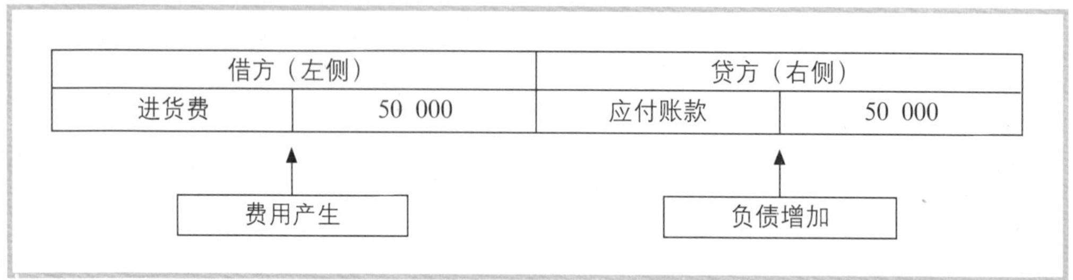

借方（左侧）		贷方（右侧）	
进货费	50 000	应付账款	50 000

案例 2－18:采购 80 000 元商品，以期票支付时的分录。

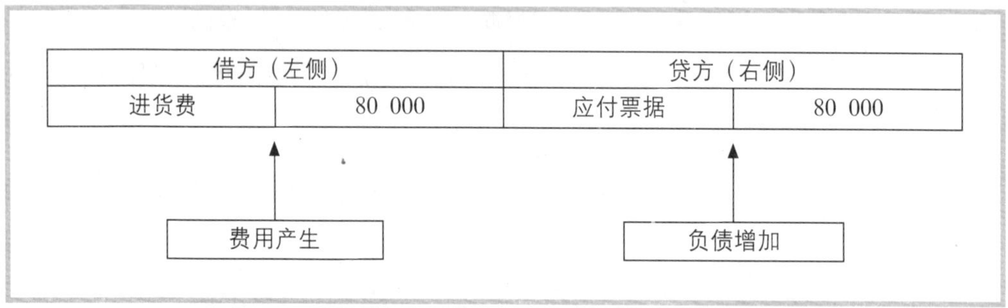

借方（左侧）		贷方（右侧）	
进货费	80 000	应付票据	80 000

案例 2－19:70 000 元期票到期，从支票存款账户中扣除时的分录。

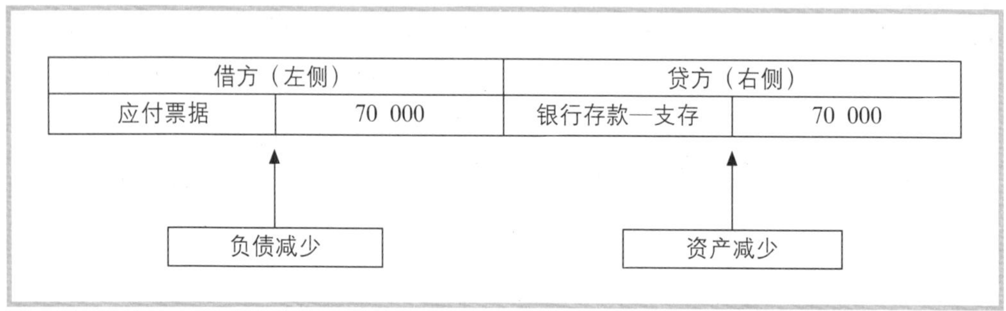

借方（左侧）		贷方（右侧）	
应付票据	70 000	银行存款—支存	70 000

2．长短期借款的分录

企业向金融机构借入资金时，一般使用长短期借款这个科目来记账。一年以内需要偿还的借款称为短期借款，超过一年偿还的借款称为长期借款。借款如果是先扣除利息的，存款账户只记入扣除利息后的金额，在进行分录时要特别注意。

案例2－20:向银行借款5 000 000元，扣除利息100 000元，余额存入活期存款账户时的分录。

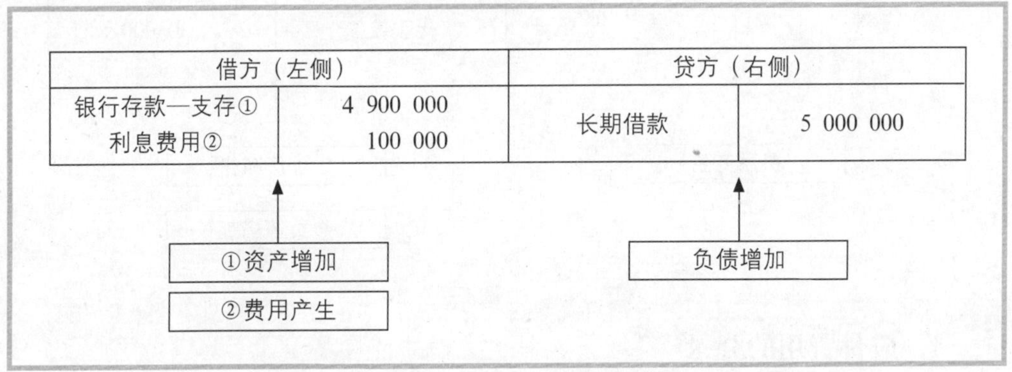

借方（左侧）		贷方（右侧）	
银行存款—支存① 利息费用②	4 900 000 100 000	长期借款	5 000 000

案例2－21:分期偿还借款，本月支付200 000元（本金175 000元，利息25 000元），从活期存款账户中扣除时的分录。

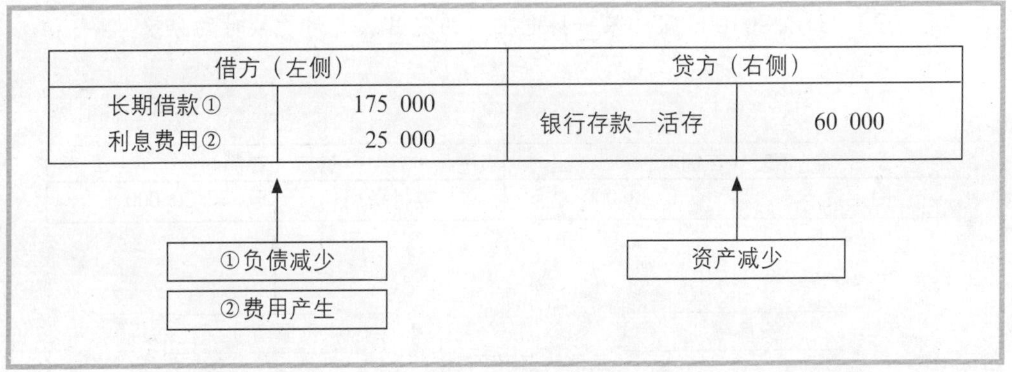

借方（左侧）		贷方（右侧）	
长期借款① 利息费用②	175 000 25 000	银行存款—活存	60 000

3．代收款的分录

从个人薪资中扣除的所得税及医保、养老等五金款项，是以“代收款”的会计科目处理的。这些款项在代扣后先由企业保管，并在一定时间内缴到国家规定的机构。

案例2－22:扣除所得税21 000元、五金9 000元，余额300 000元以现金支付员工薪金时的分录。

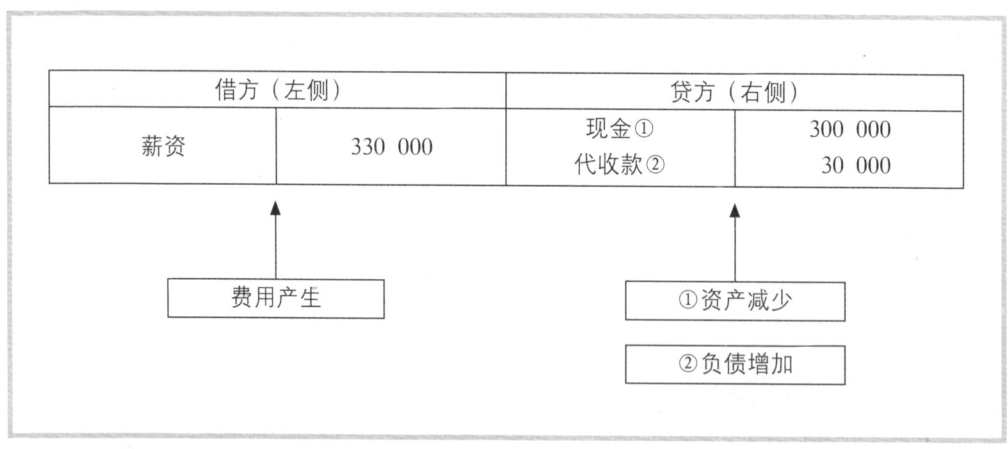

4．**应付费用的分录**

应付费用是指购买商品以外的，如办公设备等非营业上的交易，而尚未付款的科目，与应付账款的科目不同。

案例2-23：以20 000元购入一批电脑，约定月底支付货款时的分录。

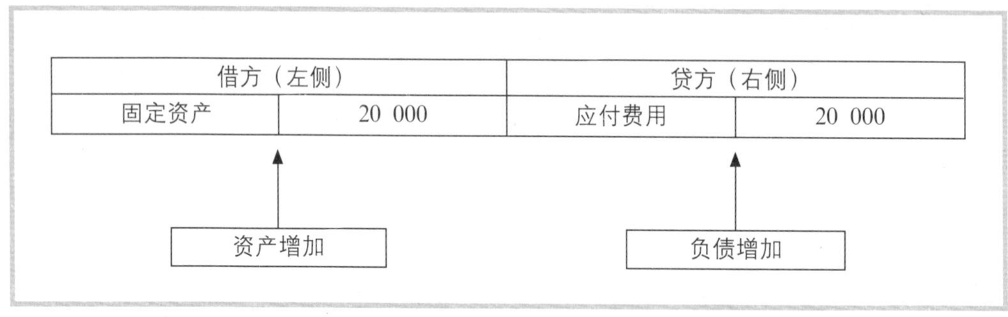

五、所有者权益的分录

所有者权益的分录，因企业的组织形态不同而有所差异。在独资企业中，企业利润的运用一般由企业老板决定，因而所有者权益仅以资本的会计科目处理。而股份有限公司利润的运用则被限定与规范，因而必须将股本与利润加以分开处理。在分录作业上，所有者权益增加记载在贷方（右侧），所有者权益减少记载在借方（左侧）。

1. 股本、资本公积的分录

股本是所有者权益的原始资金，独资企业使用“资本”会计科目，而股份有限公司使用“股本”会计科目。资本公积是股份有限公司的资本金额中，未编入股本的部分（额外的资本）。为了保护债权人，资本公积有明确的使用限制。

案例 2－24：发行股票 200 股，取得股东的 2 000 000 元资本，资金存入支票存款账户。其中 1 500 000 元作为股本，其余作为资本公积时的分录。

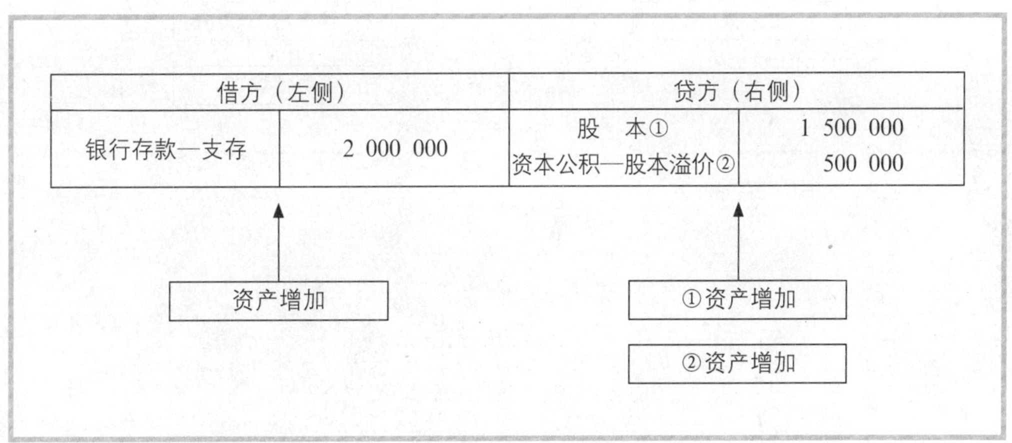

借方（左侧）		贷方（右侧）	
银行存款—支存	2 000 000	股　本① 资本公积—股本溢价②	1 500 000 500 000

2. 保留盈余、特别盈余公积、法定盈余公积的分录

个人独资企业的资本可随意由企业主自由运用，但股份有限公司必须将企业的获利转入保留盈余，再由股东大会决定分配方式。同时，为了保护债权人，使用方式也

有特别的规定。因此，在会计账务处理上，将利润分为股东红利、职工奖金、特别盈余公积、法定盈余公积等会计科目。

由利润累积的保留盈余并非是收益的一种，而是所有者的权益，当决定保留盈余的分配方式之后，所有者益也会随之减少。

案例 2－25：决定保留盈余 400 000 元的分配：法定盈余公积 50 000 元，股东红利金 230 000 元，职工奖金 70 000 元时的分录。

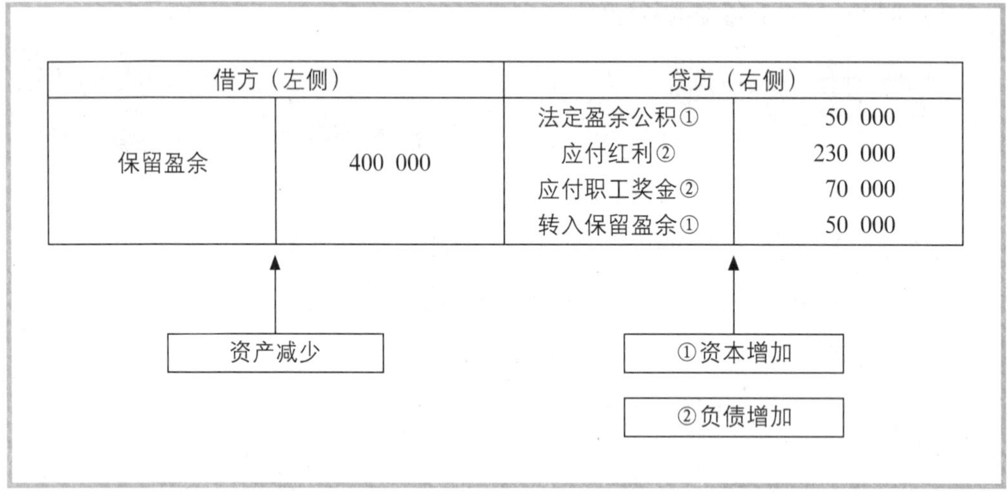

借方（左侧）		贷方（右侧）	
保留盈余	400 000	法定盈余公积① 应付红利② 应付职工奖金② 转入保留盈余①	50 000 230 000 70 000 50 000

六、收入的分录

在分录作业上，收入增加记在贷方（右侧），收入减少如销货退回等，就应记在借方（左侧）。

1．销售收入的分录

销售收入是销售商品后所产生的收入，对企业来说，是最重要的收入。当已销售的产品因质量不符客户要求而遭退货（销售退回），或因此被客户要求减价（销货折让）时，收入可能会变为负数，此时就要作相反的处理。

案例2－26：14 000元的商品被退货，货款由应收账款余额中扣除时的分录。

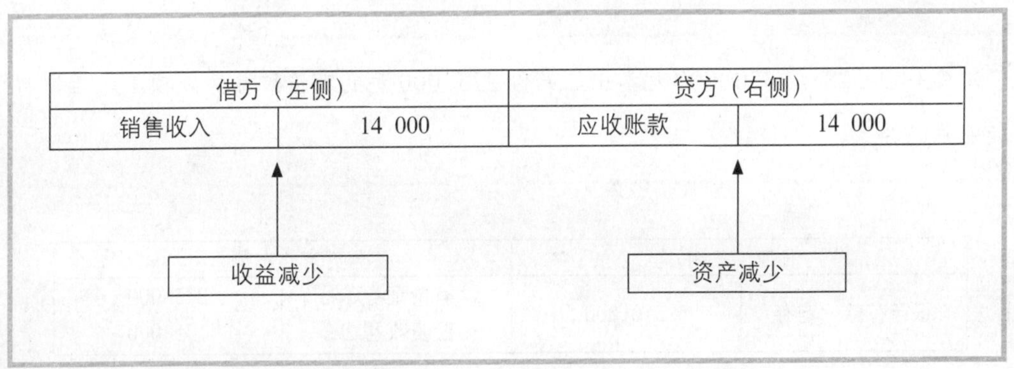

借方（左侧）		贷方（右侧）	
销售收入	14 000	应收账款	14 000

2．利息收入、处分投资收入的分录

利息收入和出售有价证券的投资收入，是代表性的非营业收入，进行分录作业时，到期的定期存款属于资产减少，收到的利息则属于利息收入科目的收入产生。

案例2－27：定期存款到期，以现金领取本金300 000元及利息9 000元时的分录。

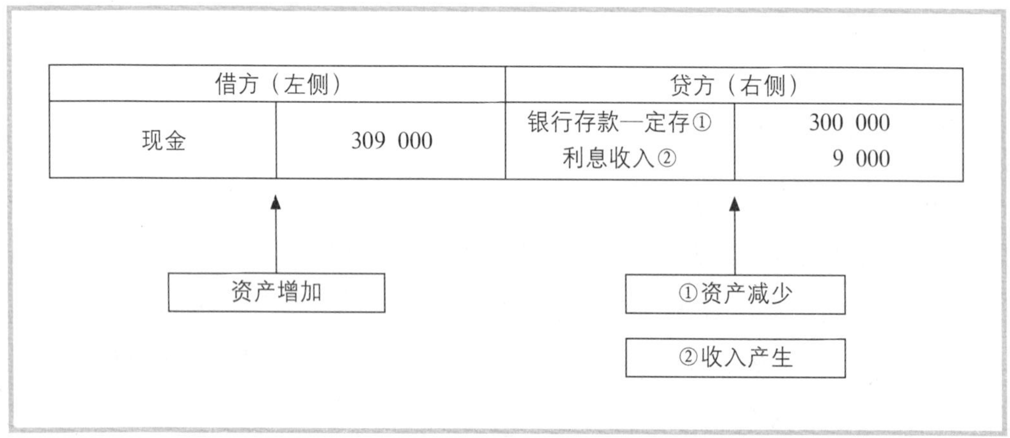

案例2－28：以350 000元卖出原始价275 000元的有价证券，款项汇入活期存款账户的分录。

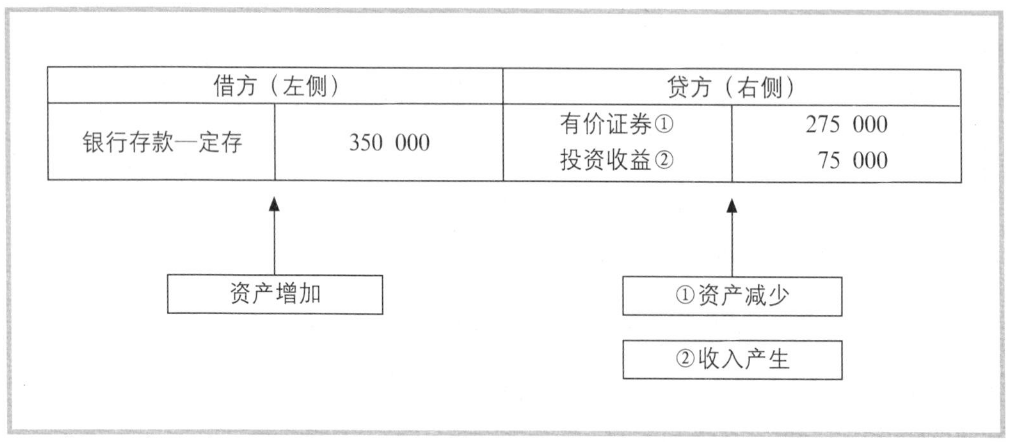

七、费用的分录

费用就是资金的支出，包含现金和应付账款的未来支出。进行分录作业时，费用的增加记在借方（左侧），费用的减少则记在贷方（右侧）。

1．进货的分录

进货是指企业购入商品时所产生的费用，和销售收入相同，是使用频率较高的会计科目。当购入的商品因故需办理退货或要求供应商折让时，此项费用作为进货的负数处理。

案例 2－29：购进 14 000 元的商品退货，货款由应付账款余额中扣除时的分录。

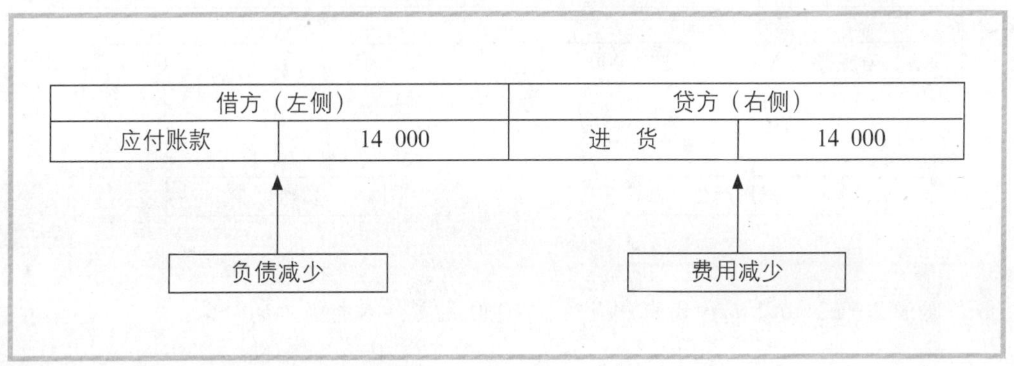

借方（左侧）		贷方（右侧）	
应付账款	14 000	进　货	14 000

2．企业运营相关费用的分录

和企业运营有关的费用种类很多，包括薪资津贴、文具用品、宣传广告费、水电燃料费、杂费、交际费、邮电费、差旅费等，在费用管理上都很重要。如果能分析这些费用发生的合理性和是否有节省的空间，就能达到节流的效果。由于种类较多，在此仅以文具用品费、差旅费及水电费等三个会计科目进行分录说明。

案例2－30：购进4 000元的复印纸，约定月底付款时的分录。

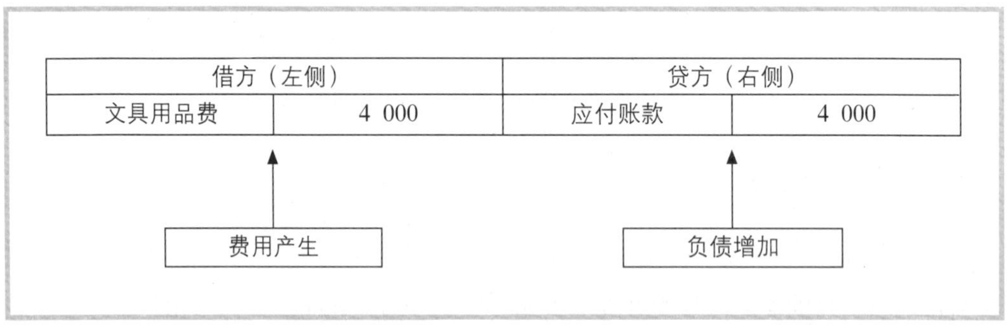

借方（左侧）		贷方（右侧）	
文具用品费	4 000	应付账款	4 000

案例2－31：员工拜访客户出差，现金支付差旅费2 000元时的分录。

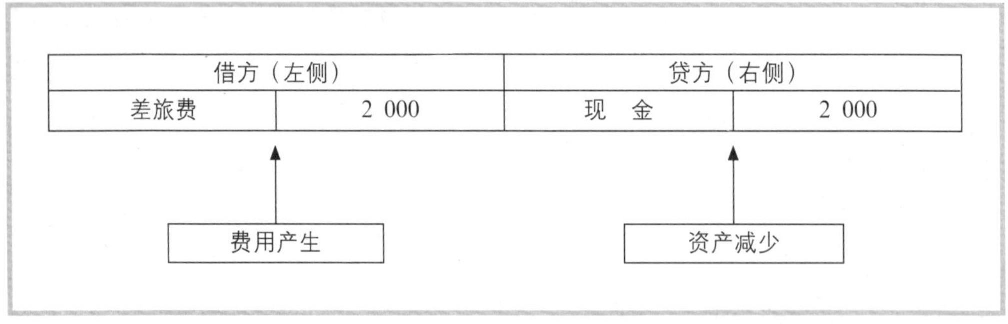

借方（左侧）		贷方（右侧）	
差旅费	2 000	现　金	2 000

案例2－32：由活期存款账户提领34 000元支付水电费时的分录。

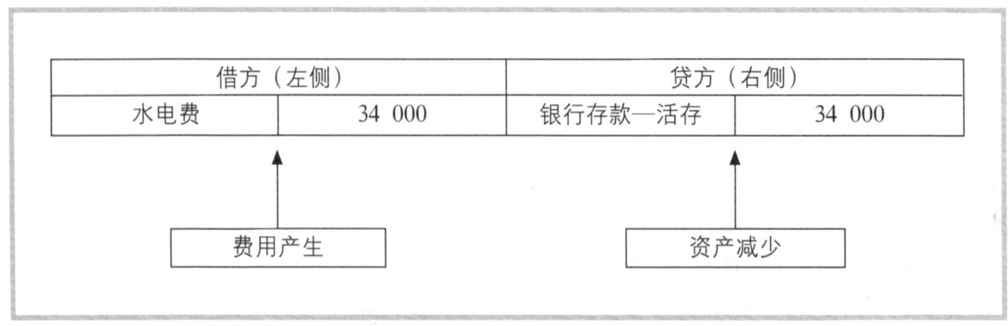

借方（左侧）		贷方（右侧）	
水电费	34 000	银行存款—活存	34 000

3．处理资产损失的分录

临时发生费用的情况，可以以“处理资产损失”作为代表。例如出售已经不用的汽车，就产生处理资产损失的费用，这样的费用与企业正常运营活动无关，在判断企业经营绩效好坏时，就要分开分析。

案例2－33:将原价100 000元的汽车，以87 000元的价格出售，收取即期支票的分录。

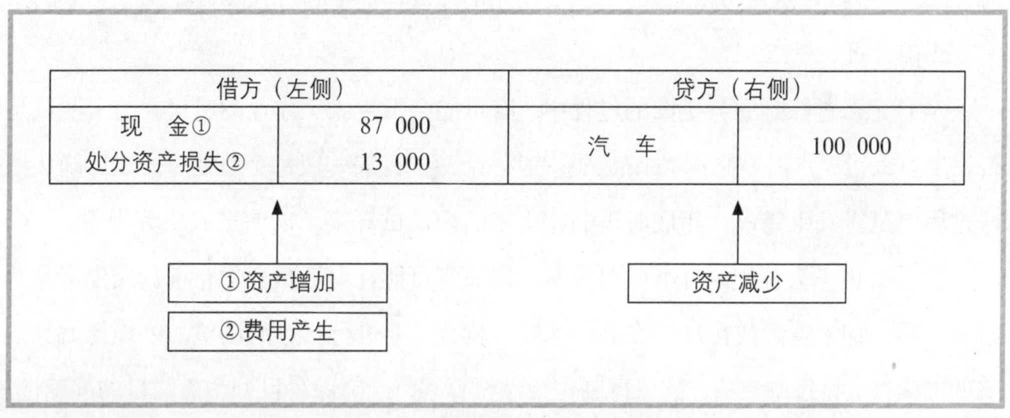

借方（左侧）		贷方（右侧）	
现　金① 处分资产损失②	87 000 13 000	汽　车	100 000

八、账簿的处理方式

从日记账科目中，只能了解到企业每天的交易有多少，却无法从中了解现金的余额有多少及应付账款的余额有多少，因而必须将分录的内容誊写到会计科目并加总，这样的程序就称为“过账”。换句话说，就是在一个会计期间（一般为一个月）内，把日记账上的资料，过账到包含每个账目记录的总分类账的独立账页上。总分类账简称为“总账”，是掌握各会计科目的余额所使用的账簿，现金账目大多数在总分类账的第一页或前几页。

从日记账过账到总分类账的过程中，有可能会发生人工作业的错误。为了测试是否发生过账错误，需要制作“余额试算表”。余额试算表一般每个月制作一次，确认记账过程中是否发生错误，年底时再制作1年的余额试算表，以便进入决算程序。

此外，由于会计记录并非随时更新，因而有可能在财务报表发布前，发生了某些财务交易，却未被记载在日记账上。这样，就有必要进行科目的调整，以维持财务信息的准确性。科目调整后，需要再制作余额试算表，以确保科目调整后账目的准确性。最后再根据调整后的账目进行结账，汇总编制各项财会报表，完成整个财务循环。作业步骤如前述的图1－5所示。

1．账簿体系

(1) 主要账簿

日记账和总分类账是会计账簿中的主要账簿，是会计账务处理不可或缺的重要账簿。但是，光凭主要账簿无法掌握现金、支票存款等银行账户频繁发生的交易明细，因此，虽然从应收账款、应付账款账上可以得知余额，但还是必须设置相关的辅助账簿，才能了解企业和各个客户或供应商间的交易明细。

(2) 辅助账簿

辅助账簿依照账务处理需要，分为明细分类账和项目明细账。

① 明细分类账

明细分类账是用以记录特定交易明细的账簿，如现金账、应收票据明细账等。

② 项目明细账

项目明细账是为掌握特定会计科目所制作的账簿，例如存货明细账等。

各种账簿之间的关系如图 2－5 所示。

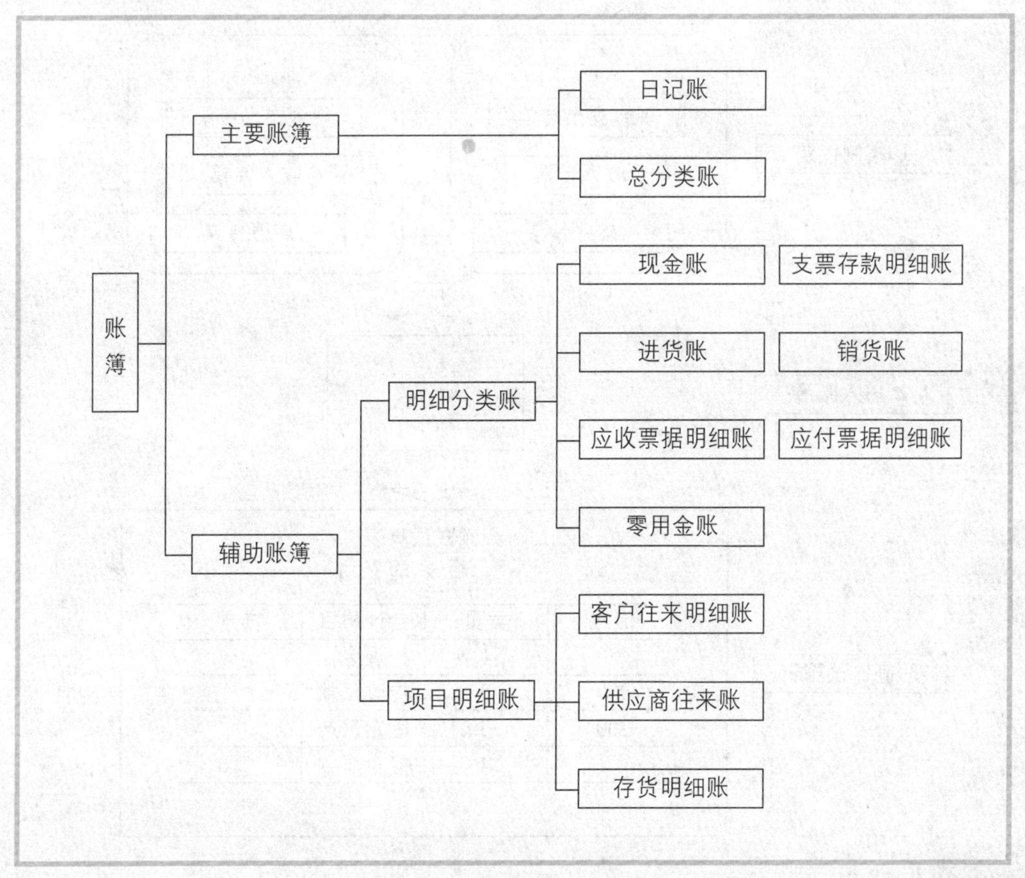

图 2-5 账簿体系的关系图

2. 传票

企业是由许多功能不同的部门组成的，资金的进出也十分频繁，因此，在实务操作上一般都会请各部门先将分录项目及金额记载在传票上，再将这些传票交给财会部门统计后转记到账簿，以分散日记账功能。这样的传票，一般称为“会计传票”，包含能够用于所有交易用的转账传票、记录现金进出的现金收入与现金支出传票、和进货相关的进货传票、与销售相关的销货传票等。传票的使用流程如图 2－6 所示。

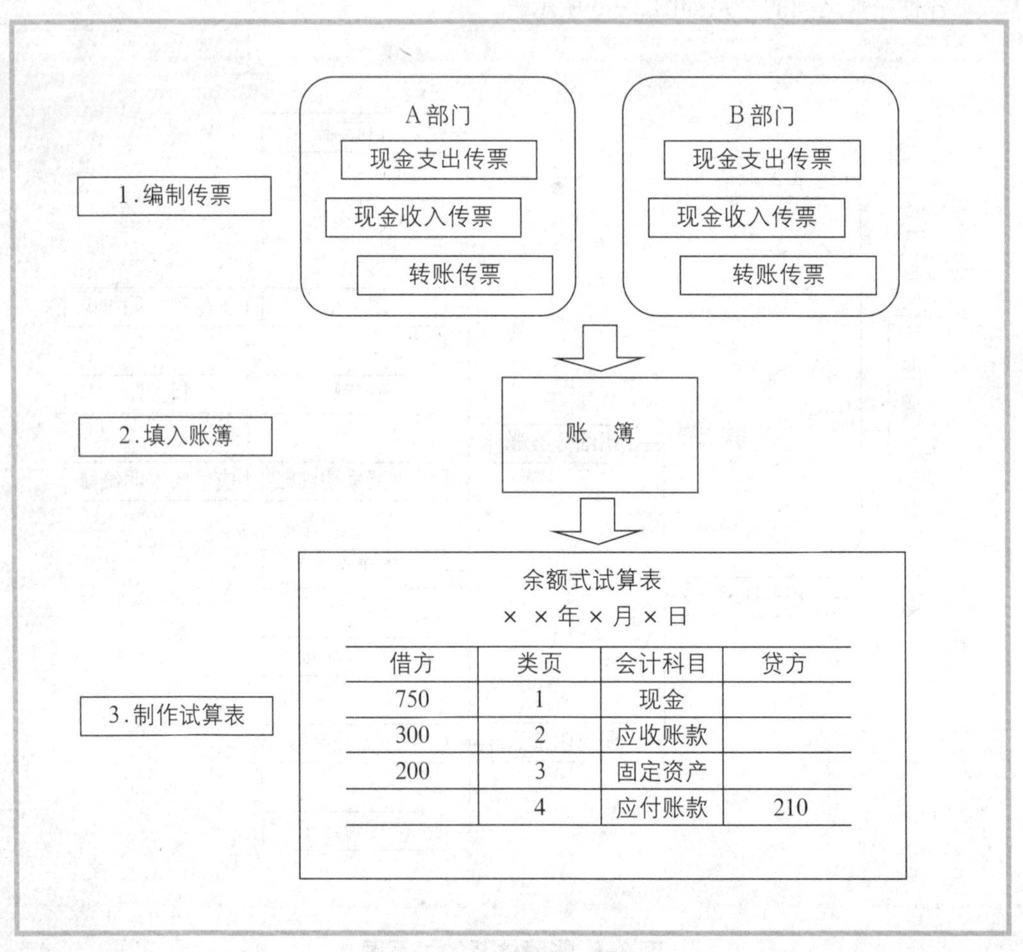

借方	类页	会计科目	贷方
750	1	现金	
300	2	应收账款	
200	3	固定资产	
	4	应付账款	210

图 2-6 传票的使用流程

3．总分类账的过账

过账的规则与分录一样，通过过账可以计算各个会计科目的累计余额，也就是将每日的交易从日记账上过账到总分类账上各个会计科目账目后，可以求得每个科目的累计总额，各个会计科目的借方与贷方的差额就是各个科目的余额。从日记账过账到各个会计科目如图 2－7 所示。

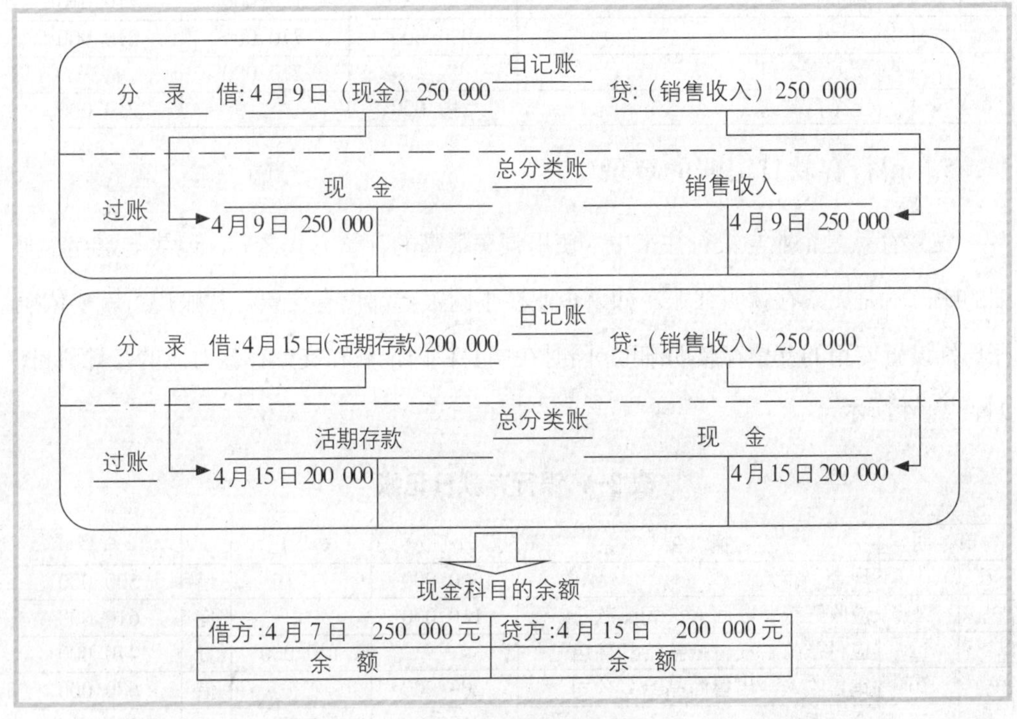

图 2–7 过账的过程

4．现金账簿的登录

使用小额现金来支付小额款项或接受现金货款，在企业的运营中是很普遍的。由于现金的收受交易非常频繁，因而设置了现金簿，记录企业现金进出，使现金交易明细一目了然，实现现金管理。在现金簿的摘要栏内，要记录和现金进出相对应的会计科目，如表 2－3 所示。

表 2-3 现金记账

日期		摘要	收入	支出	余额
5	1	股本　原始资金	700 000		700 000
	4	房租　5 月份 A 房产公司		60 000	640 000
	12	生财器具　办公桌椅　B 商店		320 000	320 000
	17	进货　甲商品　C 供应商		200 000	120 000
	25	销售收入　D 公司	280 000		400 000
	27	薪资　5 月份		190 000	210 000
	31	合计	980 000	770 000	210 000
	31	转入下个月		210 000	
6	1	上个月转入	210 000		210 000

5. 银行存款日记账的登录

支票存款是企业与银行往来中，使用频率最高的存款方式之一，记载支票存款明细的账簿就是支票存款明细账。如果企业在不同银行都设有支票存款账户，就要依照账户别设置专用的支票存款明细账，同时在摘要栏内记载和支票存款对应的会计科目，如表 2－4 所示。

表 2-4 银行存款日记账

日期		摘要	收入	支出		余额
6	1	现金　存入	500 000		借	500 000
	4	应收账款　收回 A 公司账款	110 000		借	610 000
	12	应付账款　支付账款给 B 商店		140 000	贷	470 000
	26	销售收入　出售商品给 C 公司	200 000		借	670 000
	30	合计	810 000	140 000		
	30	转入下个月		670 000		
			810 000	810 000		
7	1	上个月转入	670 000		借	670 000

6. 应收账款明细账、应付账款明细账的登录

企业一般都是采取赊销方式将商品出售给客户，同时也会采用赊购的方式向供应商进货。为了便于日后顺利地向客户收取货款或支付购货款给供应商，应按照客户别

及供应商别，分别设置应收账款明细账和应付账款明细账，掌握客户及供应商的应收账款及应付账款的余额。这两种账目与总分类账的关系，如图 2－8 所示。

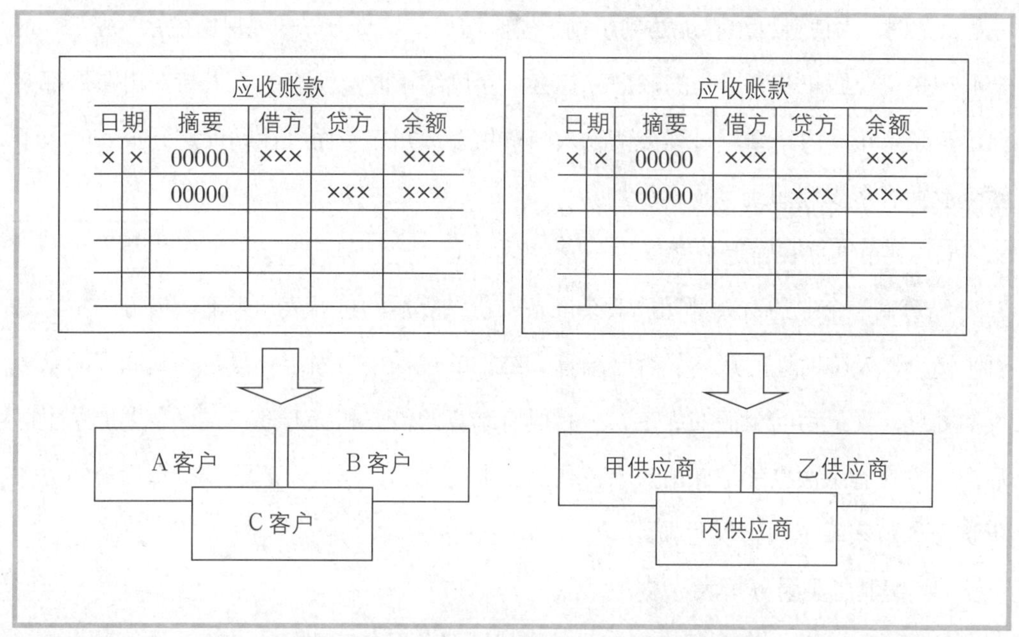

图 2-8 总分类账与应收、应付账款的关系

7．结账

一般来说，会计账务处理最终会在年底进行结算，所有的损益账户（又称为临时账户）在新年度开始时全部归零。这样，新年度的营业额账户才不会和前一年度的营业额混在一起。

⑴ 结算清零的步骤

企业虽然可以随时进行收入与费用的结算，了解当前的财务状况，但是企业的财会部门通常只会在每月底进行一次会计结算，据以编制财会报表。每一项收入与费用的账户，都是通过两个步骤来进行结算归零的：首先决定账户的余额，其次将此余额填入另一方。即结算借方时，平衡日记账的贷方；结算贷方时，也要平衡借方。

⑵ 增加保留盈余账户

在所有的收入与费用账户都结算归零后，将借方与贷方加总时，往往会有金额的差异。此时，为使科目结算能达到平衡，需要增加一项贷方——“保留盈余”账户。这个账户是企业历年获利累积的账户。在会计年度结束时，所有的收入与费用账户都会保留至盈余账户内。结算过程会使收入与费用余额归零，而且让阅读财务报表的人了解企业拥有多少利润或亏损多少。

⑶ 利用试算表确定平衡

结算后，企业的财会部门一般会准备一份结算后的试算表，来确认借方与贷方是否平衡，以及临时性的账户是否已结算。结算的过程相当固定，只是将利润表的余额反向处理，使最后的余额变为零。一旦所有结算的借方和贷方都在试算表上加总了以后，贷方应有余额也就是保留盈余，代表企业的净利。反之，若账户结算后，借方大于贷方，就表示企业出现亏损。

⑷ 编制各类财务报表

当所有的交易、事项都确实依照借贷规则登录至各项账簿，并确认结算结果准确无误后，财会的账务处理作业就算大功告成了。此时企业的财会部门就会据以编制资产负债表、利润表、现金流量表等财务报表，提供给相关人员，以了解企业的经营及财务状况。对于这些报表内容的解读与分析，将在第七章及以后的章节中进一步说明。

第三篇　成本的概念

一、什么是成本

二、成本与费用的关系与区别

三、不同行业成本的基本架构

四、成本的类别

五、成本的内容

一、什么是成本

1. 财会角度的定义

(1) 《现代汉语辞典》（外语教学与研究出版社）的定义

成本是生产一种产品所需的全部费用。

(2) 《经济学辞典》（日本岩波书店，第三版）的定义

成本是用货币价值来表示的与经营有关的，给予财物或服务的消费，是给付生产一定单位的产品或服务所耗费的经济价值，它与和一定期间收益有关联的概念上的费用或开支不同。

(3) 其他类似定义

成本是指经营企业时，花费在产品或服务上的总金额。与支出的差别在于发生在产品出售前或出售后。生产成本是指纯粹为制作产品需花费或已花费的金额。

2. 成本的概念

根据上述对成本下的定义，可以把成本的定义简单地归纳为：成本是生产一种产品或提供一项服务所需要或耗费的总金额。换句话说，成本是对应“生产”或“服务”而言的。

(1) 成本是企业资源的消费

企业生产产品，必须使用材料、人力、设备、能源等具备经济价值的资源，这些资源都需要企业付出代价后才能取得，因此可以认定产品的成本，就是企业资源消耗的结果。

(2) 成本是经营支付所产生的价值

产品是企业消耗财产和经营支出后，重新创造出的另一种财产。虽然企业生产产品必须消耗材料、人力、设备、能源等资源，但这些资源的价值，也会加总转移到产品的价值上。

例如，生产一项产品需使用1元的原材料费、0.5元的电费、1个小时的人工费4元，以及设备及其他支付费用2元，将这些消耗金额加总后，就是该项产品的“成本”，也可以说产生了一项价值7.5元的“新财产”。

(3) 成本是根据企业经营目的而产生的，只与经营目的有关

企业经营的重点在于生产和销售产品，通过这样的运作来获取利润，达到企业经营的目的。因此，成本只是指那些直接消耗于产品生产过程中的经济价值，而因为销售行为所产生的费用等，是不包含在成本内的。

(4) 成本是日常经营中资源的正常消耗的价值

成本是指企业日常运营中各项资源的正常消耗额，意外情况造成的损失，如呆账，以及火灾等自然灾害所造成的价值减少，都不包含在成本内。

事实上，成本的计算、管控与改善，在企业实际经营活动中，都只是企业经营运作的手段。只有从日常运营管理作业中，找出庞大的资源浪费源，以最小的成本，来获取企业最大的利润，才是企业经营的真正目的。因此，作为企业一分子的企业人，如果没有深入了解成本的“来龙去脉”，就谈不上管控与改善，也更别奢想达成企业获利的目的。

二、成本与费用的关系与区别

了解了成本的定义后,接下来企业人要了解的是:成本与费用之间的区别在哪里?成本与费用之间又有怎样的关系?

1. 成本与费用的区别

费用是构成成本的基础，企业在经营管理活动中，几乎每天都会提到。而成本是一段期间内的“费用”，通常在核算前一个月公司损益时，才会出现。换句话说，费用就是依照会计作业原则加以分类后，将企业日常运营所发生的支出，按照不同的类别加以归类、汇集、整理而成的记账科目。而“成本”是为核算企业在一段时间内是否获利，收集、归纳该段时间内生产产品所发生的各种“费用”，按设定好的计算原则，核算出的产品的“价值”。

美国会计学会在1951年“成本概念以及成本基准委员会”的报告中，把产品成本(Product Cost)定义为“与一定生产物相关的成本”，把期间成本(Period Cost)定义为“与一定期间内收益相关的成本”。成本和费用的区别，大体上体现在以下几个方面:

⑴ 费用是相对期间而言的，是指为获得期间收益而使用的资金，如销售费用等。

⑵ 成本是相对产品而言的，是指为产出产品而支出的费用，如原料成本等。

虽然“成本”与“费用”基本上可以用“产品”和“期间”来区分，但在一般会计作业上，产品的实际成本都是一定期间内，所有与产品生产有关的各项费用的总和。因此，所谓的成本，实际上是受“期间”约束的。由于受“期间”条件的约束，同样一种产品，其成本在不同的成本核算期间，也会随着每个期间的生产绩效与使用费用的不同而不同。

2．成本与费用的关系

在实际会计作业中，“成本”与“费用”两者是密不可分的。有些费用在会计作业上，可以视同成本项目；同样的，有些成本项目也可以当成费用科目。两者间的关系如图 3－1 所示。

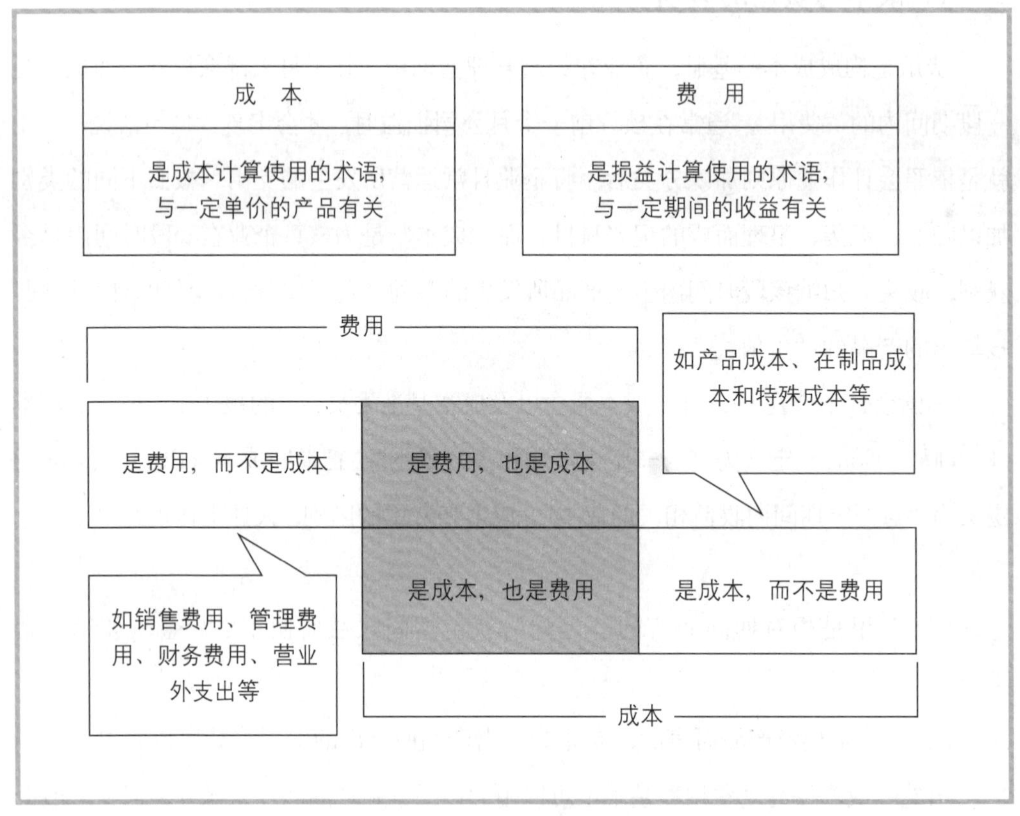

图 3-1　成本和费用的关系

从成本管控与改善的角度来看，“成本”的组成项目几乎都包含在“费用”科目的范畴内，“成本”与“费用”可以视为同义词。例如，降低原料成本也就是要减少原材料的费用；降低人工成本，意味着削减直接与间接的人工费用。此时的　“原料成本”

与“原材料费用”，“人工成本”与“人工费用”，都可以视为一样的。

3. 非成本项目的费用

在企业运营过程中，某些费用要素，因为不是产品制造或生产过程中的经济价值的消耗，因而在进行产品成本核算时，是不会计入产品的成本中的，这些项目就是“非成本项目”，包括：

⑴ 与经营目的无关的价值减少项目；

⑵ 异常状态造成的价值减少项目；

⑶ 其他利润余额必须缴纳的税金项目。

各项非成本项目的类别与内容，如图 3－2 所示。

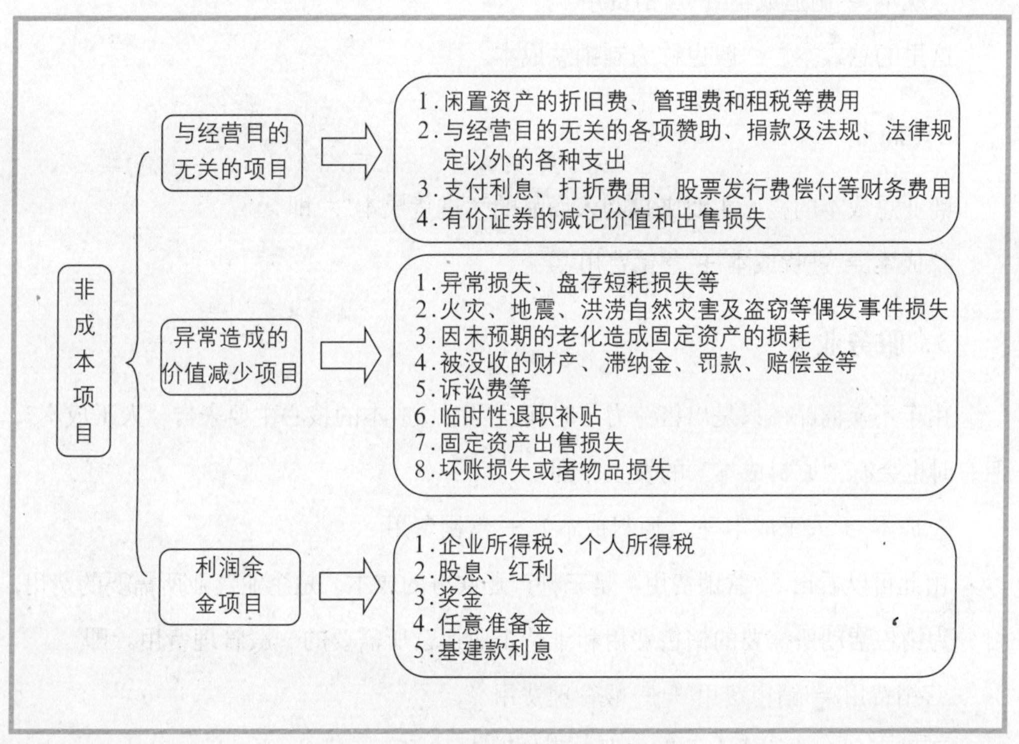

图 3-2 非成本项目的内容

三、不同行业成本的基本架构

企业的类型不同，运营方式也不同，其成本架构也随之而异。基本上，企业大致可划分为制造业、商业、服务业等三大类。

所谓的制造业，就是通过生产制造产品获利的企业；商业就是通过销售所进货的产品，赚取产品的进货价与售价差价而获利的企业；服务业则是不制造或销售产品，只是提供劳力与时间，借以获利的企业。

1．制造业

制造业总成本的核心主要来自制造产品所花费的“制造成本”，即：

总成本 = 制造成本 + 营销费用

这里的总成本，一般也称为制销总成本。

2．商业

商业总成本的核心主要来自购入商品的“进货成本”，即：

总成本 = 进货成本 + 营销费用

3．服务业

由于不卖商品，只是出售劳力与时间，因而总成本的核心主要来自“人工成本”，但有时也会有“原料成本”的发生，即：

总成本 = 人工成本 +（原料成本）+ 营销费用

由此可以看出，“营销费用”是三种产业共有的成本，是企业营业所需要的费用，可分为销售活动所需要的销售费用和维持企业运营所需要的一般管理费用。即：

营销费用 = 销售费用 + 一般管理费用

不同类型企业的成本发生过程，可如图 3－3 所示。

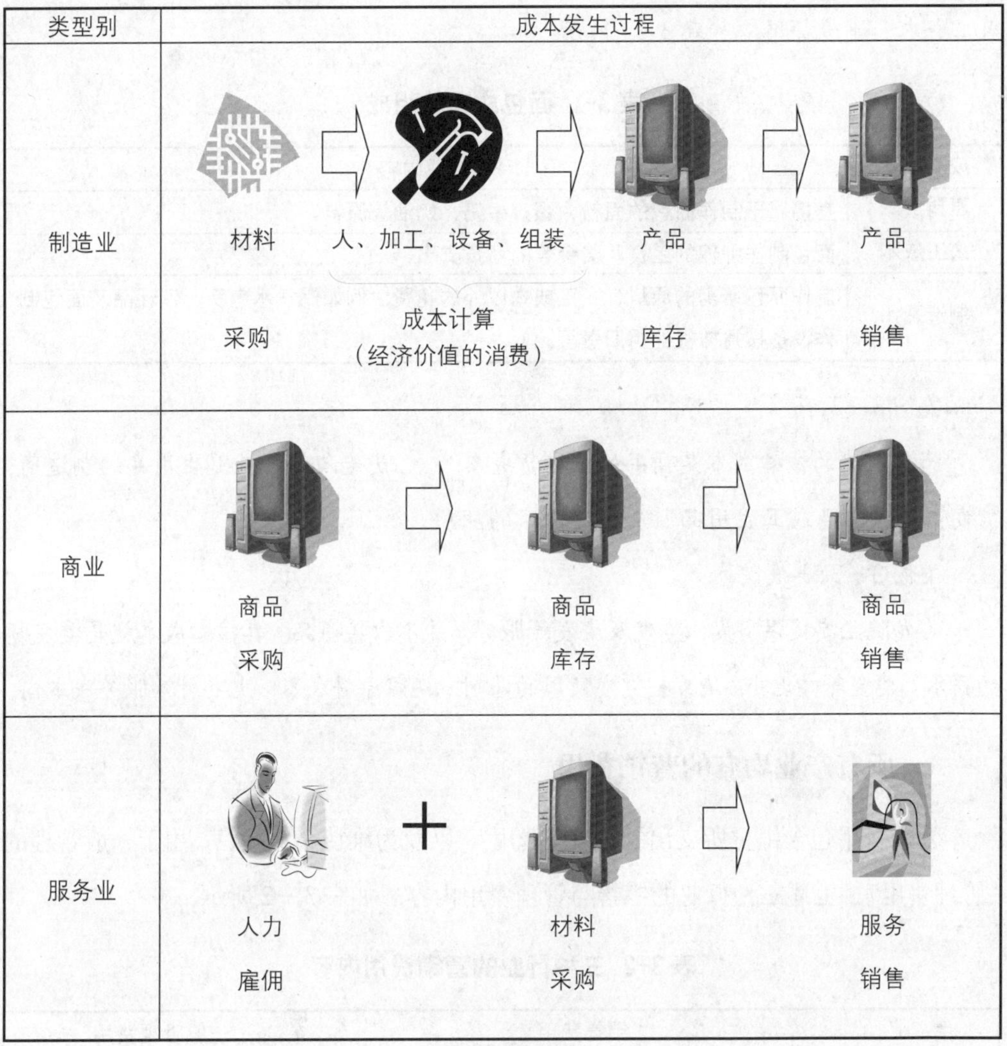

类型别	成本发生过程			
制造业	材料 采购	人、加工、设备、组装 成本计算 （经济价值的消费）	产品 库存	产品 销售
商业	商品 采购	商品 库存	商品 销售	
服务业	人力 雇佣	+ 材料 采购	服务 销售	

图 3-3 不同类型企业成本的发生过程

为了更好地说明这三种类型企业的成本与支出架构，在此以面包厂、药房及美发院等三种行业，分别代表制造业、商业及服务业，具体说明这些企业的成本与费用。

案例 3-1:面包厂

由于是制造业，因而最重要的成本就是制作面包的“制造成本”，包括原料成本、人工成本和制造费用，如表 3－1 所示。

表 3-1 面包成本的组成

成本项目	组成内容
原料成本	直接用于制作面包的面粉、蛋、牛奶、奶油等原料。
人工成本	面包制作师傅的工资、奖金等的薪资支出。
制造费用	制作面包所需的原料、人工成本以外的花费，例如燃气水电费、消耗品及面包制作设备按月摊提的折旧费等。

案例 3－2:药房

药房主要的核心成本是商品的“进货成本”，也就是向药品或卫生用品的制造商、批发商采购药品或卫生用品所支付给卖家的款项。

案例 3－3:美发院

美发院主要提供剪发、烫发及染发等服务，并不出售商品。其核心成本就是美发师的薪水、奖金等。此外，染发、烫发使用的药剂，视同原料成本，也要计入服务成本内。

4．所有产业均有的营销费用

营销费用包含销售所支出的“销售费用”，以及为维持企业运营，用于一般管理的“管理费用”。上述三种行业的销售与管理费用内容，如表 3－2 所示。

表 3-2 三种行业的营销费用内容

产　业	销售费用	一般管理费用
面包厂	营业员的薪资、配送车辆的油费等	行政与会计人员的薪资、其他的各项办公费用等
药　房	店员的薪资、店面的水电费等	
美发院	广告、宣传单或广告牌的费用等	

虽然有些费用如人工成本、水电费、文具费等的名称相同，但还是要确定是用在制造方面还是营销方面，再依据使用情况分别列入制造费用、销售费用或一般管理费用中。

在企业经营管理的运作上，主要的成本项目包含销售成本和制造成本两项。前者是相对企业的销售行为而言的，而后者则是相对产品的制造完成入库而言的。

5. 所有产业的制造成本与销售成本

在制造业中，制造成本的核算通常是以产品制造完成入库后的时间为准。因此，所谓的产品制造成本在广义上可以认定为产品的缴库成本。这个缴库成本，就是销售成本的基础。

(1) 制造业的制造成本与销售成本

一项产品在一定期间的销售成本，基本上就是该产品在不同期间的缴库成本加权后的结果。但当一项产品在制造完成入库后，同时在该段期间销售出去，该产品在这段期间的销售成本就等于制造（缴库）成本。也就是：

产品别销售成本 ＝ Σ不同期间产品制造（缴库）成本

$$= \left(\begin{matrix} \text{期初产品} \\ \text{库存成本} \end{matrix} + \begin{matrix} \text{本期产品制造} \\ \text{(缴库)成本} \end{matrix} \right) - \text{期末产品库存成本}$$

销售成本和制造成本的关系与销售成本计算说明示例，可如图 3－4 与图 3－5 所示。

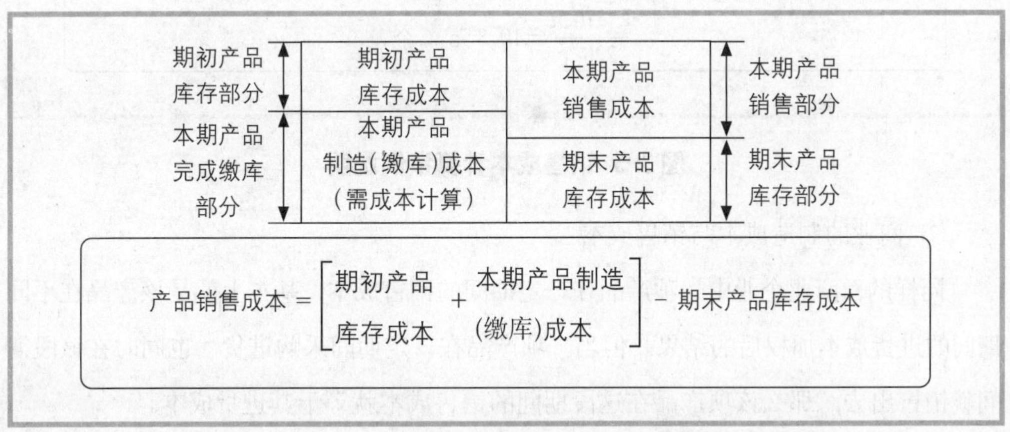

图 3-4 销售成本和制造成本的关系

A图

- 期初产品库存余额　50个×10元＝500元
- 制造完成入库额　200个×11元＝2 200元
- 销售额　220个×15元＝3 300元
- 期末产品库存余额　30个×10.8元＝324元

B图

期初产品库存数 50个	销售数量 220个
制造完成入库数 200个	期末产品库存数 30个

期初产品库存数＋制造完成入库数＝销售数量＋期末产品库存数
(50个)＋(200个)＝(220个)+(30个)

C图

期初产品库存余额 500元	销售额 3 300元
制造完成入库额 2 200元	期末库存商品余额 324元

(期初产品库存余额＋制造完成入库额－期末产品库存余＝销售成本
(500元+2 200元)　－324元　＝2 376元

$$\frac{\text{销售成本}}{\text{销售数量}} = \text{单位销售成本}$$

$$\frac{2\ 376\text{元}}{220\text{个}} = 10.8\text{元}/\text{个}$$

图3-5 销售成本计算举例说明

(2) 商业的制造成本与销售成本

同样的，商业企业中一项产品在一定期间的销售成本，基本上就是该产品在不同期间的进货成本加权后的结果。但当一项产品在一定期间采购进货，也同时在该段期间就销售出去，那么该项产品在这段期间的销售成本就等于其进货成本。

由于在制造业、商业与服务业等三大行业中，有关成本的概念、核算、管控与改善等，以制造业的制造成本最为复杂，因此，在接下来各章节有关成本的解说上，将以制造成本为基础，依序说明成本的类别、内容、核算、管控与改善。

四、成本的类别

根据企业在经营管理方面的需求与成本核算的目的，可以按照成本类型、成本范围与成本发生形态来区分成本的内容。

1. 按成本类型分类

包含成本要素范围、成本制度范围与成本计算时间等三种分类方式。

(1) 成本要素范围

以成本的构成要素来区分成本，主要分为全部成本与部分成本。

① 全部成本

全部成本是指全部制造成本，或制造成本加上营销费用（销售费用与管理费用）后统计的产品“制销成本”。

② 部分成本

部分成本则是根据成本计算的目的，对产品制造成本的组成部分，分别进行统计的成本。例如，统计随产量增减而增减的直接变动费用所构成的直接成本，或不受产量增减影响、固定不变的间接费用等。

(2) 成本制度范围

以是否在成本制度规范内持续定期作业来区分成本的内容，主要分为制度成本与特殊成本。

① 制度成本

如标准成本、预估成本与实际成本等以制度来规范成本的核算方式，并持续定期进行核算作业的成本，就称为制度成本。

② 特殊成本

特殊成本是指在特殊情况下，为了配合经营计划与预算编制，根据特殊项目计算的成本，是制度规范外产生的成本。例如，企业因经营发展需要进行新的投资项目，为了分析新投资项目给企业带来的利益，必须进行相关成本项目的调查，并依据调查结果计算出成本。这种为特定目的去核算的成本，可归为特殊成本。

由于特殊成本是因应不同的特定目的才进行核算的，在会计作业上，可再细分为替代成本、附加成本、机会成本、沉没成本、可回避成本、可延期成本和现金支出成本等不同类别，其内容如图 3－6 所示。

由于各项特殊成本在企业日常运营管理与财会作业上的使用机会不多，在此就不作进一步的说明。

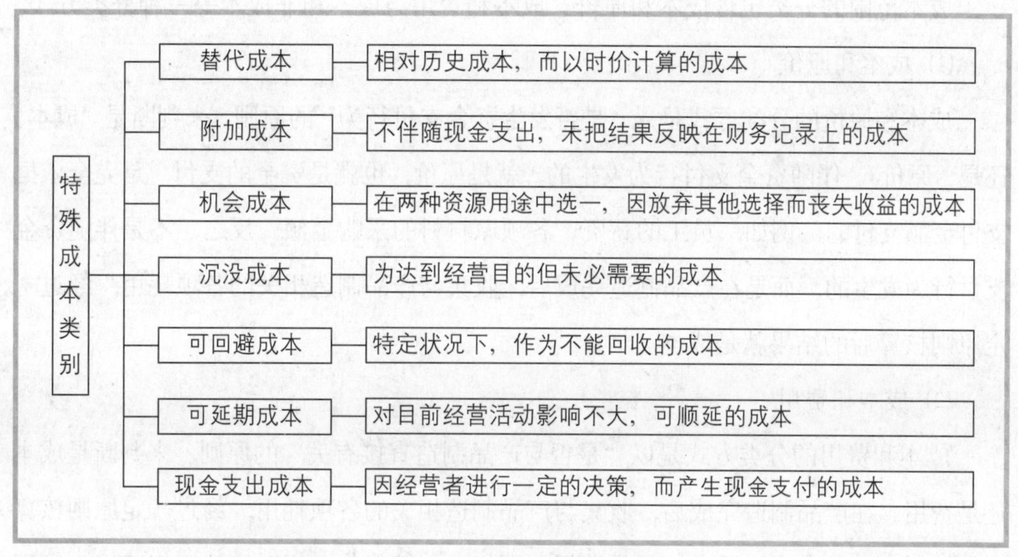

图 3-6 特殊成本的类别

(3) 成本计算时间

按成本计算时间的原则来区分成本的内容，可分为未来成本与过去（或历史）成本。

① 未来成本

未来成本是指未来经营活动产生的成本，根据目的和条件的不同，可分为标准成本与预估成本。标准成本是以可规范或标准的消耗量和价格为标准，计算出来的成本，通常作为评价成本绩效的标准。预估成本则是根据预估的未来的消耗量与预定价格计算出来的成本，往往作为制订售价的基础。

② 过去成本

过去成本也称为“实际成本”，是根据产品制造完成后实际消耗的材料费、人工费等，计算出来的实际发生的成本。

2. 成本范围的分类

成本范围的分类包含成本和原价、成本和费用与成本和非成本等三种分类方式。

(1) 成本和原价

成本和原价的分类方式是以“是否发生资金支付行为”的原则，来判断是“成本”还是“原价”。伴随资金支付行为发生的，就是原价，也就是资金的支付，是完全依据支付金额支付的。例如，员工的薪资、各项原材料的采购金额。反之，不是伴随资金支付行为发生的，而是在产品制造完成后，收集与产品制造相关的各项耗用，经过一定原则核算后的结果就是成本。

(2) 成本和费用

成本和费用的分类方式是以“是否与产品制造直接有关”的原则，来判断是成本还是费用。在产品制造完成后，收集与产品制造相关的各项耗用，经过一定原则核算后的结果，就是成本。反之，就是费用。例如，与销货收入相对应的销售费用、管理费用和财务费用，这些费用的发生与产品的制造没有直接的关系，因此属于费用。

(3) 成本和非成本

成本和非成本的分类方式是根据“是否是产品制造或生产过程中经济价值的消耗”的原则，来判断是成本还是非成本。

3. 成本发生形态

包含制造成本、销售管理成本和资金成本等三种分类方式。

(1) 制造成本

制造成本根据成本的发生内容，依据一般财会原则，可以分为原材料成本、人工成本和制造费用。

(2) 销售管理成本

销售管理成本一般包含销售费用和一般管理费用，是与销货收入相对应的费用。

(3) 资金成本

资金成本一般是指与银行或融资公司往来所产生的费用，包含支付银行贷款的利息、贴现手续费等的财务费用。

上述对成本的各种分类与内容，可以汇总如图 3－7 所示。

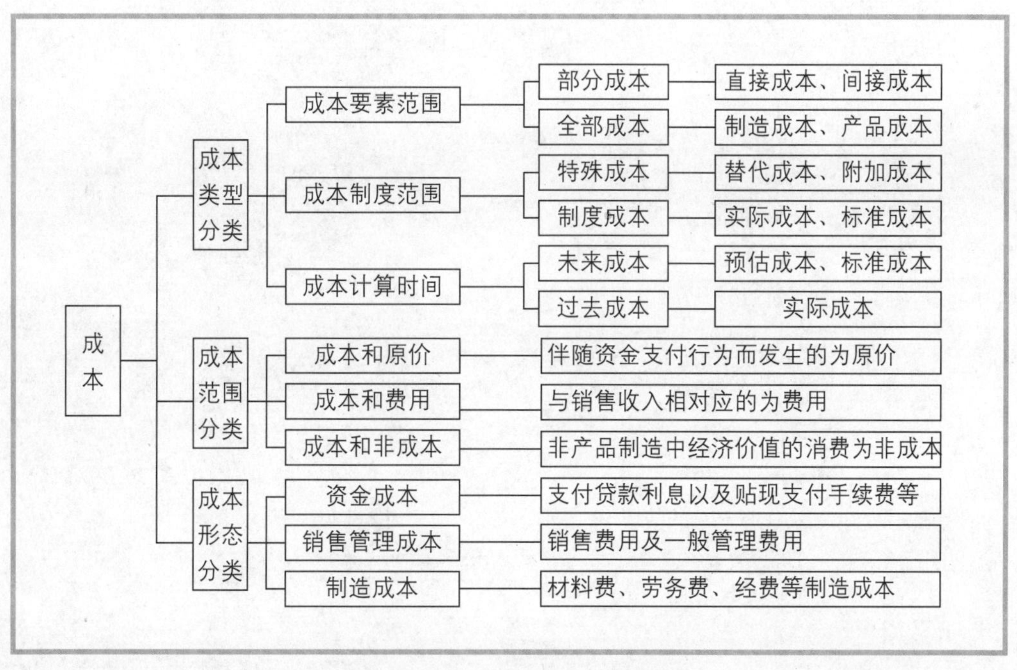

图 3-7 成本分类的方式与内容

上述的成本分类，都是配合经营管理需求与要达到的成本核算、分析、改善的目的而产生的。在接下来的各个章节中，或多或少都会提到或使用到这些分类的结果，企业人如果能充分了解这些成本的分类内容，在实际参与有关成本的作业方面，就能收到事半功倍的效果。

五、成本的内容

成本，通常指的是制造时的消耗或支出，也就是制造成本。制造成本可以根据消耗或支出内容的不同，再分为原料成本、人工成本和制造费用等三大要素。

1．原料成本

原料成本，是指花费在产品制造上的原材料金额。按产业的不同，原料成本也不同。例如，在面包制造业，原料成本指的是耗用的面粉、鸡蛋、奶油等的费用；在家具制造业，原料成本则可能是木材、涂料等的费用；在纺织业，原料成本就是原丝、纱和浆料等的费用；在染织业，原料成本可能是胚布、染料和助剂的费用；在制衣业，原料成本可能是布料、钮扣和缝线的费用；而对印刷业来说，原料成本则是纸与油墨等。

广义来说，原料成本的种类，除了变成产品全部或产品一部分的原料外，还包括燃料、消耗品、工具等原材料在内。主要可分为主要原料、辅助材料、包装材料、能源材料、消耗品、消耗性工具及器材与装置等六项。

⑴ 主要原料

主要原料指直接用来制造产品，成为产品的一部分或全部的原材料，包括物料和原料。例如，木材在家具制造厂内加工成为家具，铁板在炊具制造厂内加工成为平底锅。所用的材料、木板和铁板，都只有形状改变而已，因此可以称作物料。相对于此，芋头、米、麦等在酒厂酿成烧酒，及牛奶在加工厂制成奶酪后，形状、内容、性质等已经不同，因此可称之为原料。

⑵ 辅助材料

辅助材料是指直接用于产品生产，有助于产品形成，但不是构成产品主要实体的各种材料。例如，汽车工厂的轮胎、车用空调或音响；台式电脑制造厂的内存、外壳、螺丝等。

⑶ 包装材料

包装材料是指产品制造完成时，用于包装产品，保护产品储存、搬运过程中不受损坏，或增加产品价值的材料。例如，产品的外包装袋、包装箱、标签、打包带、胶带等。

⑷ 能源材料

能源材料是指产品制造时所耗用的向外采购的能源，例如水、电、重油、煤、天然气等，一般都归类在变动制造费用项目下。其中，重油、煤及天然气等在某些行业中，另归类为燃料，计算在原料成本项目内。

⑸ 工厂消耗品

工厂消耗品指在产品制造过程中使用的辅助性物品。这些物品的品种多、价值低，具备容易损坏、有使用期限、需要经常补充或更换的特性。包含机油、润滑油、机零件、涂料、洗洁剂、化学药品、手套、刷子等杂项物品。只要是用于辅助产品制造的各种辅助性物品，都可以归为此类。

⑹ 消耗性器材

消耗性器材一般是指使用年限不到一年，或价格不高、没必要列入固定资产摊提折旧的物品，例如剪刀、砖头、刀片、螺丝起子、钳子等工具类物品。在会计作业上，这些物品在领用时就直接以费用出账处理，但在管理上仍需列账管理，并采取以旧换新的方式作业，防止浮滥使用、增加成本。

以上提到的主要原料及辅助材料，是构成产品的全部或一部分，与产品有着直接且密不可分的关系，广义上可以称为直接材料。其他如包装材料、能源材料、工厂消耗品及消耗性器材等材料，在产品制造上不包含在实际的产品中，广义上称为间接材料。

在一般的财会作业中，间接材料不是构成产品的全部或一部分，因而不会纳入原料成本中计算，只列入制造费用中处理，如表3－3台式电脑的原料成本内容。但若从成本管控改善的观点分析，还是要以原料成本的角度来探讨其合理性，企业人在思考如何进行原料成本的管控与改善时，不能忽略这些间接材料项目的归类。

表 3-3 台式电脑原料成本的内容

<table>
<tr><th>项目</th><th>内　容</th><th colspan="2">成本归属项目</th></tr>
<tr><td>主要原料</td><td>主板</td><td colspan="2">（直接）原料成本</td></tr>
<tr><td>辅助材料</td><td>内存、外壳、螺丝等</td><td colspan="2">（直接）原料成本</td></tr>
<tr><td>包装材料</td><td>包装袋、纸盒、内衬板、胶带等</td><td rowspan="4">间接材料</td><td rowspan="4">制造费用</td></tr>
<tr><td>能源材料</td><td>水、电、重油等</td></tr>
<tr><td>消耗品</td><td>机零件、机油、手套、清洁剂等</td></tr>
<tr><td>消耗性器材</td><td>螺丝起子、钳子等各种工具</td></tr>
</table>

每家企业对各种原材料成本的分类归属定义都不一样，企业人只要具备上述原料成本的知识，再与自身企业内部的分类归属方式进行比较，就能进一步了解企业原料成本的内容，为未来的成本管控与改善奠定良好的基础。

2．人工成本

制造成本中的人工成本，指的是制造产品所花费的人工成本，简单来说，就是支付给工厂或车间内部参与或协助产品制造的从业人员的人工成本。包括工资、奖金、津贴、各项保险、福利费支出等所有与人有关的费用。

⑴ 工资

依照政府及企业自身规定，按工作内容及出勤时间支付给员工的薪资，包括加班费，这是人工成本最重要的组成部分。

⑵ 奖金

奖金是根据员工的工作绩效发给员工，激励员工努力为企业创造更好的业绩的支出。奖金与工资不同，工资是“有劳必有得”，而奖金则是“有绩效才有得”，前者是固定所得，而后者通常是变动的，企业人要能分清楚其不同之处。

⑶ 津贴

津贴是指依据运营管理需要补贴给员工的支出。如支付给承担较多责任的主管职务人员的职务津贴，补贴工作环境较差的环境津贴，补贴员工交通费的交通津贴，鼓励员工不缺勤的全勤津贴等。

(4) 法定福利费

依据政府规定，企业必须承担员工的部分医疗保险、工伤保险、失业保险、养老金及住房公积金等的福利费。

(5) 退职准备金

依据政府规定事先提列的金额，以备未来付给合乎领取退职金规定的退职人员。

(6) 其他人工费用

包括员工的招聘费、培训费等。

上述的人工费用，在财会作业上，如果是支付给直接参与产品制造的员工的，通常都会归类为直接人工费；如果是支付给只协助产品制造的员工的，则归为间接人工费，纳入制造费用内的用人费用项目下。

此外，企业内部还有其他参与企业运营的人员，例如产品销售的营业人员和协助产品销售的相关人员，参与企业人事、财会、总务、仓储等业务的相关部门人员，因不是直接参与产品制造或协助产品制造，这些人员的工资、奖金及福利费用等，都不归入产品制造的人工成本，而是依据管理运营作业性质的不同，分别归类为营业费用的人工成本或管理费用的人工成本。企业内各项运营作业人员的人工费用，在财会作业上的归属，如表 3－4 所示。

表 3-4 各种人工费用的归属原则

运营作业人员	机能部门	费用归属类别
直接参与产品制造人员	制造部门	制造成本（直接人工）
协助产品制造人员	品管部门、保养部门等	制造成本（制造费用中的用人费用）
销售人员	营业部门	营业费用
一般管理人员	财务、人事、总务等部门	管理费用

3．制造费用

所谓的制造费用，是指所有未归类为原料成本及人工成本的其他产品制造的支出。包括租赁费、通讯费、 出差费、交通费、保险费、厂房设备折旧费、委外加工费等，以及前述原材料中的包装材料、能耗材料、消耗品及消耗性工具、器材、装置等制造产品或用于企业制造与经营所需的费用。

这些费用在财会作业上，一般都是依照用途来分类的。所以大部分的制造费用都可以靠“常识”来理解。其中，要特别注意的项目，就是委外加工费及折旧费。

⑴ 委外加工费

委外加工费是指企业不自己制造，而是提供原材料或半成品等委由承包商制造成半成品或成品所产生的费用。例如，织布业者把自己的胚布，委托给染织业者代为染成客户需要的色布时，必须支付相关加工费用给代工厂商，这就是委外加工费。

⑵ 折旧费

折旧费则是指企业运营需要所购的厂房建筑、机械设备和车辆等资产，依照政府规定的使用年限，按一定原则将这些资产的取得金额摊分提列。供产品制造用的，归入制造费用；其他供销售产品或一般管理使用的资产折旧费，按其用途不同，分别归入销售费用或一般费用中逐期摊提处理。

例如，制造用的设备折旧费，一般是保留一年的残值（设备取得金额的$\frac{1}{11}$），然后用设备取得金额扣掉残值后，再将剩余金额分十年摊提，即每月摊提剩余金额的$\frac{1}{120}$，作为设备折旧费计入费用处理。国家对所有固定资产的折旧年限和摊提原则有一定的规定，所有的企业都必须遵循这个规定。

制造费用同原料成本与人工成本一样， 可以分为直接制造费用和间接制造费用。直接制造费用是与产品直接有关的费用，例如包装费、特定产品的委外加工费、专利费、设计费等。间接制造费用是指与产品非直接有关的费用，如租赁费、通讯费、交通费、保险费、折旧费等。

制造费用在成本管理与分析作业上，也可以分为变动制造费用和固定制造费用。耗用量与花费金额会随产品产量增减而相应增减的制造费用项目，归为变动制造费用，例如包装费、特定产品的委外加工费、专利费、设计费等。反之，耗费金额不会随产品产量变动，基本维持在一定范围内的制造费用项目，就归为固定制造费用，例如，租赁费、通讯费、出差费、交通费、保险费、折旧费等，基本上是不会随着产品的产量增减而有所变动的。有关制造费用的分类原则与内容，如表 3－5 所示。

表 3-5 制造费用的分类原则与内容

直接与间接的分类		费用项目	变动与固定的分类	
费用类别	分类原则		分类原则	费用类别
直接制造费用	与产品直接有关的费用	包装费、特定产品委外加工费、专利费、试制费、设计费、能源费.	耗用量与花费金额会随着产品产量增减而对应增减的制造费用项目	变动制造费用
间接制造费用	与产品非直接有关的费用	地租房租、租赁费、通讯费、出差费、交通费、保险费、折旧费	花费金额不会随着产品产量变动，基本上会维持在一定范围内的制造费用项目	固定制造费用

有些费用，如通讯费、出差费、交通费等，如果不是用于产品制造，而是出现在销售部门、管理部门的话，就不属于制造成本内的制造费用，而要视为销售费用或一般管理费。

第四篇　成本的计算

一、原料成本的计算

二、人工成本的计算

三、制造费用的计算

四、委外加工费计算

五、成本三要素与直接费用、间接费用的关系

企业人在了解了成本的内容之后，接下来就要了解成本的计算方法。只有充分了解了成本的“来龙去脉”，确认各项成本的计算是合理的、有效的、完善的以后，才能有效地进行成本的分析、管控和改善，实现降低成本、提升企业利润的目的。

一、原料成本的计算

原料成本的计算，可以用下列公式表示：

原料成本 = 原料单价 × 原料使用量

在计算原料成本时，首先要确定制造的产品耗用了多少的材料，耗用材料的单价是多少。但是，企业在计算实际原料成本的过程中，并不能马上计算出所使用材料的实际耗用量与单价，而是要依据一定的会计原则，先收集实际耗用材料的单价与耗用量等相关数据，汇集整理后才能进行计算。

此外，不论是直接材料费还是间接材料费，原材料成本的计算方法基本相同。区别在于，直接材料费在会计作业上作为原料成本处理，而间接材料费一般作为制造费用处理。

1. 原材料使用量的计算

企业因行业与管理的不同，收集原材料的实际耗用量数据也就不一样，一般有连续记录法、定期盘存法和倒算法三种。其中，连续记录法又称为永续盘存法，倒算法也称为逆推算法。企业在计算原材料的使用量时一般采用连续记录法，当使用这种方法有困难，或者认为没必要时，有些企业就会选用定期盘存法或倒算法计算原料的实际耗用量。

⑴ 连续记录法

连续记录法是逐一记录原材料进出的方法。也就是在各项原材料入库时登记入库单（或收料单），出库时登记出库单（或领用单），然后按连续记录的出入库数量，统计出原材料耗用量的方法。连续记录法的计算公式如下：

全月原材料使用量 = Σ每日原材料出库（领用）量

由于这种方法忠于事实记录，对于使用多种原材料且生产多种产品的制造厂商来说，使用这种方法可以掌握各产品的原材料使用量，在计算成本时最为方便。但是，企业在实际运作过程中，并非所有的原材料都适合使用这种方法，像水、电、油等部分能源材料，或存放于封闭储存槽透过管道输送给使用部门使用的液态化工材料等，就较不适用。

(2) 定期盘存法

定期盘存法是指为配合每月的成本核算作业，只是确认月底库存的数量，加上当月入库收料数量后，与前一个月月底的库存数量进行比较，计算出当月使用的原材料数量。其计算公式如下：

全月原材料使用量 = 月初库存量 + 本月入库量 − 月末盘点量

这个方法只记录原材料入库的数量，并不逐一记录每次原材料出库量或使用数量，可以节约日常库存管理作业时间。但是，由于计算结果仅仅是预测量，在原材料用量出现差异时，无法判断到底是多耗还是遗失造成的。如果仓库有盗窃情形发生时，原材料遗失量就有可能被归入实际使用量中计算，势必影响原料成本的精确度。

因此，从企业经营管理的角度来看，除非像水、电、油等部分能源材料，或存放于封闭储存槽透过管道输送给使用部门的液态化工材料等在领用作业方面受到限制，无法使用连续记录法来统计材料使用数量，否则最好避免使用定期盘存法来计算原材料成本，以免造成原材料成本精确度不够，影响成本管控、分析与改善作业。

(3) 倒算法

倒算法就是指根据每个月的产品数量，推算原材料的使用量。也就是事先设定每件产品标准的原材料使用量，再依据每个月产品加工完成的数量，计算出产品的原材料的总使用量。其计算公式如下：

全月原材料使用量 = 全月产品完成数量 × 单位产品的标准原材料用量

使用这种方法计算原材料的使用量时，要注意其计算的结果，必须与产品的产量成正比。例如，电线生产，只要在生产前事先设定好各种电线每米成品的铅、锡等镀层原料的标准用量，就可以依据当月加工完成的成品数量，推算出当月铅、锡等镀层原料的总使用量。再如，自行车生产厂事先设定好各种类型的自行车每辆的轮胎标准用量，这样，就可以在月底时依据自行车的生产量，推算出整个月自行车轮胎的总使用量。

用这种方法计算出来的原材料使用量，通常只是标准用量，并不包含产品在实际生产过程中所发生的原材料超耗量，所以不是加工完成品的真实耗用量。因此，在核算原材料成本时，如果没有加入超耗量，就会影响成本计算的精确度。

上述三种计算原材料使用量的方法，都有其优缺点，如表 4 - 1 所示。

表 4-1 原材料使用量计算方法的优缺点

方 法	优 点	缺 点
连续记录法	1.可以了解领用原材料的去向，正确地掌握各种产品和部门原材料的耗用量。 2.可随时掌握原材料库存动态，避免库存积压偏高或库存过少影响生产。 3.可以正确掌握耗损或遗失的数量。 4.可避免原材料的浪费使用。	如领料、发料部门勾结舞弊则不易察觉。
定期盘点法	不需逐一记录每次原材料出库或使用数量，可以节约日常库存管理作业时间。	仅是一种推测量，在使用量发生差异时，无法判断到底是由于多耗还是遗失造成的。
倒算法	不需逐一记录每次原材料出库或使用数量，且月底不进行库存盘点，可以节约日常库存管理与盘点作业时间。	换算出来的使用量只是标准用量，并没有加入产品在生产过程中的超耗量，不是原材料的真实耗用量。

(4) 并用的原材料使用量的计算方法

为了避免各种计算方法所造成的原材料成本核算的偏差，许多企业都会使用两种以上的方法来计算原材料的使用量，举例说明如下：

① 倒算法与定期盘存法并用

在实际核算成本时，企业通常会采取倒算法先计算出全月原材料的标准用量，然后再盘点原材料的实物数量，与月底库存账上的结存数量进行比对，计算出当月各项原材料的盘点差异量后，将此差异量加入使用量计算，避免原材料使用量统计失真，影响到成本的核算。计算公式如下：

全月原材料使用量＝全月产品完成数量×单位产品的标准原材料用量＋盘点差异量

$$=\begin{matrix}\text{全月产品}\\\text{完成数量}\end{matrix}\times\begin{matrix}\text{单位产品的标准}\\\text{原材料用量}\end{matrix}+\left(\begin{matrix}\text{实际}\\\text{盘点量}\end{matrix}-\begin{matrix}\text{月末}\\\text{库存量}\end{matrix}\right)$$

例如，前面所提到的生产电线的工厂，如果没有在月底针对原材料的库存账进行盘点，并把盘点差异数量加入使用量计算，而只是按照各种电线每米成品的铅、锡等镀层原料的标准用量及当月加工完成的成品数量来逆推算出整个月份的铅、锡等镀层原料的总用量，核算出来的原材料成本，难免会存在一定的差异。

② 连续记录法与定期盘存法并用

虽然许多企业采用较为精确且方便的连续记录法来计算原材料的使用量，但为能更加完善地收集统计原材料的实际使用量，往往也会采取“定期盘存法”，每个月定期盘点各项原材料的库存量，并将盘点差异量加入使用量中计算，确保原材料成本核算更为精确。其计算公式如下：

全月原材料使用量＝Σ每次原材料出库（领用）量＋盘点差异量

＝Σ每次原材料出库（领用）量＋（实际盘点量－月末库存量）

2. 原材料单价的计算

在企业的日常管理中，仓库一般会不断地接收新进的原材料，随时供应生产的需要，避免造成生产停顿。但因为原材料的采购价格会随着市场行情随时变动，同样的原材料在不同时间采购，其价格也会跟着不一样，如果无法明确区别出哪个单价的原材料，在哪天使用于哪个产品的话，当原材料采购价格有变动时，就无法判断价格的改变，会给核算产品成本带来不少的影响。

所谓的原材料价格，通常是指原材料入库的价值，及原材料出库领用与期末结存的价值。入库原材料的价值，是指原材料本身的价值以及入库时附带的费用。例如，计算国外采购的原材料价格，除原材料本身的采购金额外，还要加上运费、报关费及关税等因为进货所产生的附加费用。常见的不同类别的原材料的入库价格计算，以及原材料入库单价计算说明如表4－2 及表4－3 所示。

表 4-2 不同类别原材料入库价格的计算

原材料入库类别	计 算 内 容
外购原材料	1.采购价格； 2.附带费用（包装费、运费、保险费等）； 3.税金（关税等）； 4.入库整理费用、合理损耗等。
自制原材料	1.直接原材料费； 2.直接人工费； 3.制造费用。
委外加工原材料	1.外发的原材料或半成品的实际成本； 2.委外加工费； 3.运费、应交税金等。
受赠原材料	1.依照同种原材料过去的采购价格； 2.过去未采购，依照同种原材料的市场价格。
盘盈原材料	1.同种原材料的实际结存单价； 2.同种原材料的市场价格。

表 4-3 原材料入库价格计算示例

单位:元

项　目		计算条件	A 材料	B 材料	计算说明
采购价格		A 材料:数量 300kg, 150 元 /kg B 材料:数量 200kg, 100 元 /kg	45 000	20 000	A 材料:300 × 150 B 材料:200 × 100
杂费		运费:400	240	160	A 材料:$400 \times \frac{300}{500}$ B 材料:$400 \times \frac{200}{500}$
		手续费:650	450	200	A 材料:$650 \times \frac{45\ 000}{65\ 000}$ B 材料:$650 \times \frac{20\ 000}{65\ 000}$
		保险费:1 300	900	400	A 材料:$1\ 300 \times \frac{45\ 000}{65\ 000}$ B 材料:$1\ 300 \times \frac{20\ 000}{65\ 000}$
其他杂费		验收费:7 800	5 400	2 400	A 材料:$7\ 800 \times \frac{45\ 000}{65\ 000}$ B 材料:$7\ 800 \times \frac{20\ 000}{65\ 000}$
		保管费:6 500	4 500	2 000	A 材料:$6\ 500 \times \frac{45\ 000}{65\ 000}$ B 材料:$6\ 500 \times \frac{20\ 000}{65\ 000}$
杂　费　合　计			11 490	5 160	各种杂费 + 其他杂费
折　扣		A 材料:优惠 500	-500	-	A 料:500 元
入库成本					A 料:45 000 + 11 490 - 500 B 料:20 000 + 5 160
原材料入库单价			187	126	A 料:$\frac{55\ 990}{300}$ B 料:$\frac{25\ 160}{200}$

(1) 原材料单价的分类

在企业运营过程中，由于每家企业的经营管理需求与使用的原材料不同，对于原材料使用单价的计算方式，也就随之而异。一般采用的原材料单价，可分为实际单价、平均单价与预定单价三种。

① 实际单价

实际单价是指实际的采购价格。

② 平均单价

平均价格是将不同时间的实际采购价格进行加权平均后的价格。

③ 预定单价

预定单价是根据经营管理需要，参考市场行情走势设定的价格，包含预估价格和标准价格。

实际单价与平均单价一般用来计算原材料的实际成本。预定单价中的预估价格主要是用于计算产品的预估成本，是产品报价的基础；而标准价格则是用于计算产品的标准成本，是成本差异分析及预算成本编制的基础。

(2) 原材料成本的计算方法

在原材料成本的计算上，确定原材料价格的方法有个别成本法、先进先出法、后进先出法、加权平均法、移动平均法、最后进价法、预定价格法等七种。其中个别成本法、先进先出法、后进先出法及最后进价法等方法计算的价格都是实际价格；加权平均法、移动平均法计算出的价格是平均价格。

① 个别成本法

个别成本法是指按照原材料的项目，逐批区分领料出库材料的进货批别，以各批的采购价格作为使用价格的计算方式。例如，仓库存有三批不同时间、不同价格采购入库的传动轴，假设第一批3件传动轴的采购价格为25元／件，第二批7件的采购价格是23元／件，第三批5件的采购价格是24元／件。如果是领用第一批2件，则采用25元／件作为使用价格，原材料成本为25元／件×2件＝50元；如果领用第三批2件，则采用24元／件作为使用价格，原材料成本就是24元／件×2件＝48元。同样领用2件传动轴，但是由于不同批次的单价不一样，两者计算出来的原材料成本是不一样的。

理论上，这种确定价格的方法是非常严谨和准确的，但由于作业相当繁杂，实施起来非常困难，因而在实际作业中很难落实。

② 先进先出法

先进先出法是指原材料领用出库时，假设依照采购入库的先后顺序领出使用，以此来确定领用的原材料的使用单价的计算方法。

同样以上述的在不同时间、用不同价格采购入库的三批传动轴为例，初始领用在3件以下时，以25元／件作为每件的使用价格；第4~10件，使用价格为23元／件。因此，前5件与后5件计算出来的原材料成本是不一样的。前5件的原材料成本为：3件×25元／件＋2件×23元／件＝121元；后5件的原材料成本为：5件×23元／件＝115元。同样领5件，但因出库的时间不一样，确定的使用价格不一样，计算出来的成本也就不一样。但是，在实际制造过程，原材料使用未必是按照进库的顺序进行的。

需要注意的是，原材料成本的单价计算与库存管理是不同的。换句话说，库存的原材料价格是以最新的采购价格表示的，而原材料的使用价格却是原始的采购价格。

③ 后进先出法

与先进先出法相反，后进先出法是假设原材料的领用出库是以后购进的原材料先发出使用，从而以最近的采购价格作为领用原材料的使用单价的计算方式。

同样以上述的例子为例，假设第一批3件转动轴的采购价格为25元／件，第二批入库的7件转动轴采购价格是23元／件，第三批5件的采购价格是24元／件。5月18日与 5月25日分别领用3件和4件转动轴，这7件的原材料成本为：5件×24元／件（第三批价格）＋2件×23元／件（第2批价格）＝166元。其结果与先进先出法计算出来的结果：3件×25元／件（第1批价格）＋4件×23元／件（第2批价格）＝167元，并不一样。

这种作业方式是以原材料的最新采购价格来表示出库领用的价格，但是原材料的库存金额却是原先的采购价格，通常用于因通货膨胀导致原材料价格上升等情况。制造成本一般都是以当时原材料的价格为依据，即使原材料入库时间再久，也不会以过去的成本来计算。在企业经营管理上要特别注意，这只是成本的计算方式而已，如果实际库存管理上也这么做，旧原材料就会无法使用。

④ 加权平均法

加权平均法是指在成本核算期间内，根据原材料的期初结存和本期购入的数量与采购成本，在期末一次计算原材料在本期的加权平均单价，作为本期原材料的使用与结存单价的计算方法。其基本公式如下：

$$原材料平均单价=\frac{期初结存金额+本期购入金额}{期初结存数量+本期购入数量}$$

仍以上述的例子为例。假设期初结存2件，结存金额45.5元，本期又购入了三批，第一批3件的采购价格为25元／件，第二批7件的采购价格为23元／件，第三批5件的采购价格为24元／件。依照上述公式计算出原材料的购入价格为：3件×25元／件+7件×23元／件+5件×24元／件=356元，则原材料平均单价为：

$$\frac{45.5元+356元}{2件+3件+7件+5件}=23.6元／件$$

由于是平均后的成本，可以反映出实际状态。但是，这个平均价格必须等到期末才能计算，在企业经营管理上多少会造成一些不便。

⑤ 移动加权平均法

移动加权平均法是指每采购一批原材料时，就在该时间将该批原材料的购入金额与库存相同原材料的结存金额进行加权平均计算出单价后，作为原材料的使用价格的计算方法。其计算公式如下：

$$原材料平均单价 = \frac{变动前结存金额 + 本批购入金额}{变动前结存数量 + 本批购入数量}$$

仍以上述采购三批传动轴为例。假设当前原材料结存2件，结存金额为45.5元，当再购入3件传动轴，每件的采购价格为25元时，使用移动加权平均法计算出的原材料平均单价为:

$$\frac{45.5元 + 25元/件 \times 3}{2件 + 3件} = 24.1元/件$$

较原结存单价22.5元/件，高出1.6元/件。

虽然用这种计算方法计算出的原材料的使用价格较为平均，但是每采购一批同种原材料入库时，就必须加权平均计算一次使用价格，作业较为烦琐。

⑥ 最后进价法

最后进价法是以最后采购的原材料价格计算期末库存金额，再用采购金额减去库存金额作为使用金额的计算方法。

还是以上述的例子为例，第一批3件转动轴的采购价格为25元/件，第二批7件的采购价格为23元/件，第三批5件的采购价格为24元/件。期末结存时还有4件转动轴未领用，使用最后进价法计算原材料期末库存金额为:4 × 24元/件 = 96元;当期原材料使用金额为:(3 × 25+7 × 23+5 × 24)-96=260元，则单价为:

$$\frac{260元}{3件 + 7件 + 5件 - 4件} = 23.6元/件$$

这种计算原材料使用金额的方法非常简单，但当原材料的采购单价频繁变动时，将会在一定程度上影响到原材料使用单价计算的精确度。

⑦ 预定价格法

预定价格法是参考过去原材料的采购价格，预先设定原材料价格作为使用价格，用以计算原材料成本的计算方法。用这种方法计算的价格，不会受到原材料采购价格波动的影响，只要统计出原材料的使用量，就能直接算出使用金额。但因为计算出来的结果与实际情况间存在一定的差异，必须进行处理才能提高原材料成本计算的精确度。

一般来说，企业在进行成本核算作业时，原材料的使用价格基本上都以原材料的采购价格来计算的。但是，在一个成本核算期间，同一种原材料的采购价格经常会因市场行情变动而变化。因此，企业在选定原材料使用价格的计算方法时，必须考虑自身经营管理的情况，衡量库存管理作业的合理性，事先了解各种计算方法的优缺点后，再决定采用哪种计算方法，这样，才能计算出合理的原材料使用价格。

原材料使用价格的计算，一般采用实际成本计价法、平均成本计价法及预定成本计价法这三种计算方式。但在企业的成本核算作业上，绝大多数的企业都是选择在每个成本核算期间，只计算一次原材料使用价格的加权平均法。选择这种方法的主要原因是，在企业的日常运营中，除采购部门需要了解原材料的历史采购价格，作为采购呈核审批参考外，其他相关部门在日常管理作业上，基本上是不会使用到原材料的实际使用价格的，因而就没有必要随时频繁地计算。只要在每个成本核算期间，计算一次使用价格，满足成本核算与分析的需求就可以了。

上述计算原材料成本的方法，同样适用于直接材料费与间接材料费的计算，只是计算结果的归属不一样。直接材料费的计算结果是直接作为产品的原料成本；间接材料费的计算结果，因为无法直接归属到产品上，一般作为制造费用处理。

二、人工成本的计算

要准确地计算人工成本，是一件非常复杂的事情，如果能适度地加以切割，再进行计算，效果更好。一般是以消费形态和时间两项原则来进行人工成本的计算。

1．以消费形态计算人工成本

如前所述，人工成本是指工厂支付给员工的费用，分为直接人工费和间接人工费。直接人工费是指直接参与产品制造的员工的人工费用，而间接人工费则是指支付给非直接参与产品制造，只是协助产品制造的员工的人工费用。间接人工费往往纳入制造费的用人费用项目下。

⑴ 直接人工费的计算

直接人工费一般是与产品制造的直接作业时间有关，在工资的计算上，一般包含基本工资和绩效工资。直接人工费的计算，关键在于绩效工资的计算。绩效工资作为变动工资。其计算方式分为计时工资和计件工资。

① 计时工资的计算

计时工资是指每单位时间（即每小时或每天）的工资，是依据考勤记录上的直接作业时间乘以工资效率核算的。其计算公式如下：

计时工资 = 工资率 × 直接作业时间 + 额外工资（加班费、中夜班津贴）

② 计件工资的计算

计件工资是指完成每件产品或每项工作的工资，是依照完工记录上的产品完工件数乘以工资率核算支付的。其计算公式如下：

计件工资 = 工资率 × 工作件数 + 额外工资（加班费、中夜班津贴）

③ 个人工资的计算

企业可以视自身的实际情况，采用适合的工资计算方式，根据以上的计算公式可以计算出每个直接作业人员的个人工资及直接人工费。其计算公式为：

个人工资支付额 = 基本工资 + 计时工资或计件工资 + 额外工资 + 其他补贴（交通费、餐补费等）

直接人工费 = Σ直接作业人员个人工资支付额

此外，许多企业基于成本上的考虑，往往会将基本工资与绩效工资结合在一起，以计时或计件的方式核算直接人员的工资。当核算出来的效率工资低于基本工资时，就以基本工资支付员工；反之，当效率工资高于基本工资时，则以效率工资支付。

⑵ 间接人工费的计算

一般来说，在工厂内只要不是直接从事产品制造的作业人员的工资，通常都归为间接人工费用。换句话说，这些人员的工资基本上都采用固定薪资方式支付，很少使用直接人工的计时或计件方式来处理。其计算公式如下：

个人工资支付额 = 支付工资率 × 月实际上班天数 + 额外工资（加班费）+ 其他补贴（交通费、餐补费等）

间接人工费 = Σ间接作业人员个人工资支付额

2．以时间计算人工成本

对于员工工资的计算期间及支付日，根据企业经营管理的需要，不同的企业有不同的规定。有的企业规定工资的计算时间为每月 1日至每个月的最后1日，工资支付日为次月10日。但也有企业为缩短成本结算时间，规定工资的计算时间为从上个月的21日至本月的20日，工资支付日为当月25日。有时，由于员工的绩效奖金来不及在进行成本计算前核算完毕，出现无法对应成本计算期间进行人工成本计算的情况。此时，因为实际工资的支付期间与成本计算期间不同而存在时间差，因而人工成本的计提工资就会与实际支付的工资不一致，影响到成本计算的正确性。

为了消除这个时间差的问题，必须对期间进行调整，使实际支付工资期间能与成本计算期间对应，以便能使人工成本的计算较为准确。例如，在每个月的25日支付的工资金额中，先扣除上个月21天至月底最后1天的工资额，再加上当月从21日至月底最后1天的工资额，作为当月的计提工资来计算人工成本，如图4－1所示。

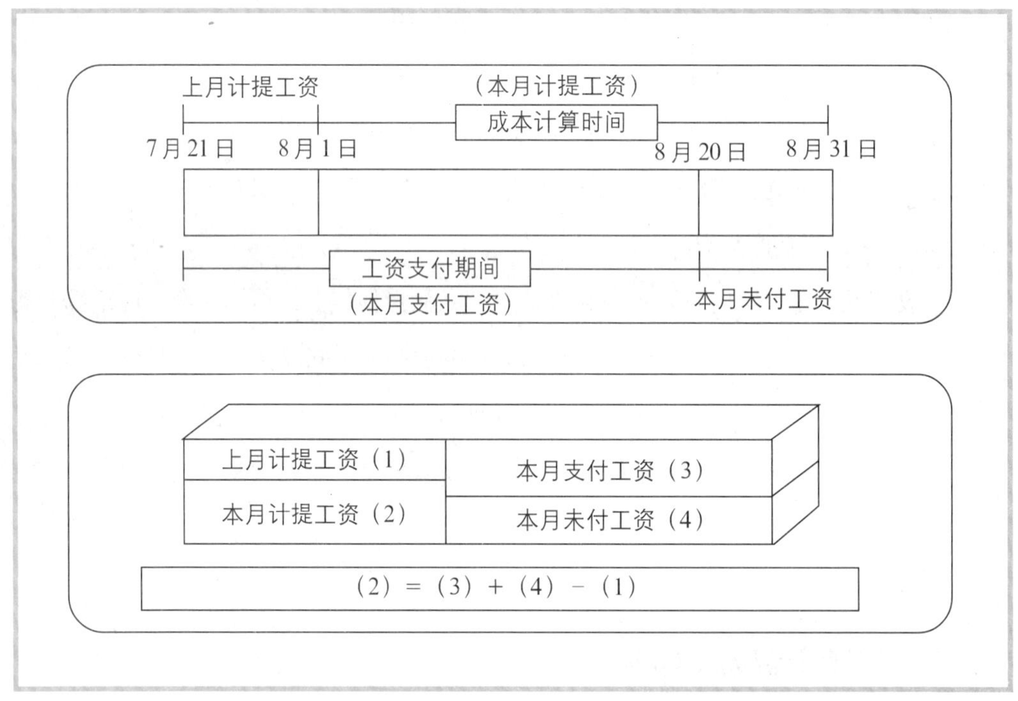

图4-1 支付工资与计提工资的时间差调整

大多数的企业在实际操作中，对于上述的情况都会在财务期间内进行调整，减少期间成本的支付工资金额和产品成本的消费工资金额间的差异。

由上可知，要正确地计算人工成本是一件非常复杂的事情，因而企业在进行人工成本计算时，必须特别注意下列事项：

1. 按月切割计算

可以按月一次性支付的项目，如奖金或交通津贴等，就以月为单位切割计算。

2．按实际情况计算

计时工资往往因为作业员的能力与经验不同，每小时的工资（工资率）也不一样，因而，在计算过去的人工成本时，若能按照实际情况计算，将会更加精确。

3．工资的支付期间与成本计算期间落差的修正

工资计算期间与成本计算期间若有不同，就会有时间上的落差，此时就必须进行修正调整。即使工资尚未支付，也必须配合成本的核算期，当成是已经支付的工资来计算。

三、制造费用的计算

企业在计算制造费用时，一般都先依照费用性质、测定方式与结账日的不同，分为直接与产品有关的直接制造费用和非直接与产品有关的间接制造费用。

1．直接制造费用

直接制造费用，可以按照产品别对应收集成本核算期间的相关费用计算，如特定产品的委外加工费、设计费等。

2．间接制造费用

在会计作业上，间接制造费用，如包装材料、消耗品及消耗性器材等间接材料的费用，先按原材料的计算方式计算出耗用金额，再归入制造费用处理。但是有些企业在进行成本核算时，会考虑到若将一次性领用金额大且可以延续使用多期的消耗性器材的耗用金额，全部作为当期制造费用处理，将会影响到前后期成本核算的准确度，因而会采取类似固定资产摊提折旧的方式，按照器材的使用寿命设定分摊期数，将耗用金额平均分摊到各成本核算期内处理。

间接制造费用，一般分为已付费用、按期摊分费用、计量费用及发生费用等4种类型，再依照不同类型计算制造费用。

(1) 已付费用

已付费用是指在成本核算当期已实际支付，或已申请支付直接作为成本的费用，例如用人费、委外加工费、差旅费、交通费等。这些费用的支付期间几乎与成本核算期间一致，如果不一致也需要进行调整。

(2) 按期摊分费用

按期摊分费用是把成本核算期间内发生的一些数额较大的费用，按照一定比率摊分到各成本核算期，计入相关费用处理。如折旧费、专利费、保险费、租赁费、土地使用税等，通常是按照一个会计年度或几个成本核算期间统一决定，再按一定比率分摊到设定的各成本核算期。

这些费用的分摊期数，如折旧费就必须按照政府规定及一般会计原则处理，一般是将设备金额分10年平均摊提。其他费用在不违反规定的情况下，可以依照企业的经营管理需要来决定，如保险费与土地使用税等，通常是按1年12个月平均分摊提列费用。

⑶ 计量费用

计量费用是指使用测量仪器等适当的计量手段测量耗用量后，计算耗用金额的费用，如水费、电费、燃气费等能源费用。这些费用的付款日，基本上是与实际消费期间不同，因此企业往往会根据期末计量值减去期初计量值后的实际耗用量，来计算成本核算期间的负担额。但有些企业会因每个成本核算期间的能源耗用量稳定，变动不大，而直接把支付金额作为消费金额计算能源费用。

⑷ 预提费用

预提费用是指发生在企业内部但未实际支付的费用。一般是以期间内发生的金额直接作为成本核算期间的负担费用。

事实上，间接制造费用的计算相当复杂，将各种费用区分为这4种类型的目的，就是希望在成本核算作业上，能比较容易且方便地计算出制造费用。

四、委外加工费计算

上述三项成本要素，是构成产品制造成本的主体内容。但某些企业在实际运营过程中，往往会遇到因企业内部缺乏制造设备、产能不足或自制成本过高等因素，而把部分产品委托外部厂商代为制造加工。此时发生的委外加工费，虽然也是构成产品成本的一部分，但通常不会纳入成本三要素中，而是在进行产品成本核算时，单独列项计算。但有些委外加工份额大的企业会把委外加工费另外拆分为原材料费和人工费，作为单独的成本要素看待，这种情况下的原材料与人工费的计算如同上述。

五、成本三要素与直接费用、间接费用的关系

在企业成本核算过程中，单凭前述各项成本要素的计算方式，是无法准确地计算出个别产品的制造成本的。因此，最好能先将各项成本要素按照“是否与产品制造有直接关联”的原则，分为直接费用与间接费用，然后再按类别进行成本的核算作业。

人工费、制造费用也是一样。例如，直接参与面包制作的作业员的工资及相关费用，一般均归为直接人工费，其他负责管理和销售的人员的工资及相关费用，因为是跨产品参与作业，一般归为间接人工费。再如制造费用中的产品专利费，一般都根据产品产量支付的，通常归为直接制造费用；而生产设备往往是跨产品使用，因而设备的折旧费就归为间接制造费用。

此外，如包装材料、消耗品、消耗性器材等材料，都是跨品种共同使用，虽具备原材料的性质，但通常都归为间接制造费用计算。成本各要素的直接成本与间接成本的区分与归属，如图 4 – 2 所示。

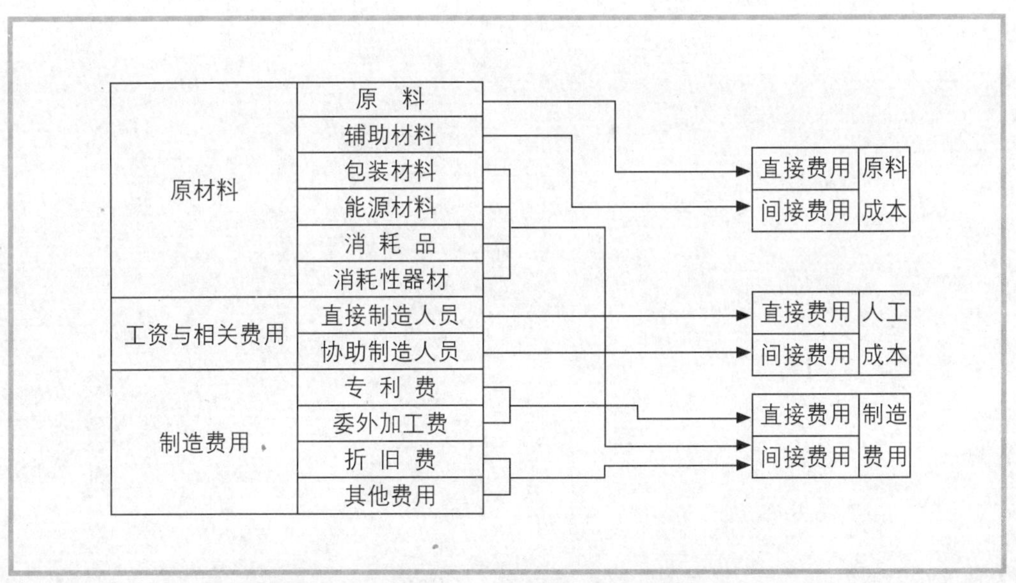

图 4-2 成本三要素与直接费用、间接费用的关系

第五篇　成本的核算

一、成本核算的原则与基本需求

二、成本归集核算步骤

三、项目费用的归集与计算

四、部门费用的归集与计算

五、辅助部门费用的处理

六、各项生产费用对成品与在制品的分配

七、产品成本的计算

制造业的生产经营活动分为供应、生产、销售三大环节。其中，生产环节为组织产品生产所发生的直接材料、直接人工和制造费用，按产品对象形成产品生产成本，即为制造成本。由于企业利润的来源是收入减去成本，因此，产品制造成本核算的准确与否，直接影响到产品销售成本结转的准确性，进而影响到企业的利润。

成本核算就是把一定时期内企业生产经营过程中所发生的费用，按其性质和发生地点，分类归集、汇总、核算，计算出该时期内生产经营费用发生总额及每种产品的实际成本和单位成本。其基本任务是正确、及时地核算产品实际总成本和单位成本，提供正确的成本数据，为企业经营决策提供科学依据，并借以考核成本计划执行情况，综合反映企业的生产经营管理水平。

成本核算的项目繁多，每项费用的计算处理都需要按照一定的计算原则进行，往往带给人“成本核算作业非常难”的错觉。事实上，企业人只要具备成本核算的基本思路，充分了解成本核算的原则与作业过程，则对日常的成本分析与改善工作是很有帮助的。

● 要收集、汇总成本核算期间内用于产品制造的原材料的耗用量和单价、员工工资、水电及燃料费、设备折旧费及制造工时等；

● 计算出原材料费、人工费与制造费等各项费用的金额后，再用该项金额除以生产数量，得出产品的单位成本。如图 5－1 所示。

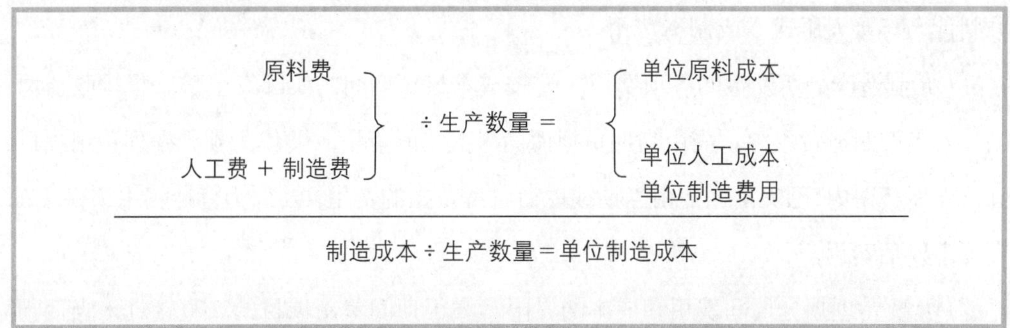

图 5-1 单位制造成本计算思路

一、成本核算的原则与基本需求

一般来说，如果企业仅生产单一产品，其成本核算作业就比较简单，只要统计出成本核算期间内，产品生产所耗用的原材料费、人工费和相关的制造费，加总后直接除以产品生产数量，就可以计算出产品的单位成本。但在企业实际的运营活动中，往往要配合市场需求，生产出许多不同种类、型号或规格的产品，因此产品成本的核算，几乎不可能像生产单一产品那样，把各成本要素当作直接费用进行简单的成本核算处理。但不管产品的种类、型号与规格是单纯还是繁杂，产品成本与费用的核算原则与基本需求都是一致的。

1. 成本与费用的核算原则

为了能正确且有效地核算出产品的成本，成本与费用的核算必须遵守一定的会计原则，具体如下：

(1) 产品制造过程中所耗用的各项原材料，要按照成本核算期间的实际耗用数量与账面单价，计算出使用金额，分为原料成本或制造费用，分别计入相关成本或费用内。

(2) 依据规定的工资标准、工时或产量记录，计算员工工资，含补贴及福利等，依据成本核算期间计算的产品制造所耗费的工资费用，分为直接人工费或间接人工费，分别计入直接人工成本或制造费用。

(3) 制造产品所发生的各项费用，要按成本核算期间的实际发生数，根据收益原则计入当期制造费用内。需由当期负担而尚未支出的费用，要作为预先提列费用项目计入当期费用内；已支出但需由当期或以后各期负担的费用，要列为待摊费用项目，分期摊入以后费用。

(4) 要合理划分期间费用和成本的界限，属于期间费用项目的，直接计入当期损益处理；属于成本项目的，计入生产产品或所提供劳务的成本内。

(5) 要根据企业自身的经营形态、特点和管理上的需要，确定满足企业作业需求的成本核算对象、成本项目与成本计算方法。

(6) 考虑到成本核算作业的周期性与连贯性，企业最好不要随意变更已经确定好的成本核算对象、成本项目与成本计算方法。如因经营形态改变或配合管理需要不得不变更时，最好根据管理权限，经企业经营决策会议或类似权限机构批准后，再交财会部门执行。

2. 成本与费用核算的基本需求

虽然确定了成本与费用的核算原则，但企业若要有效、准确地核算出产品的成本，还必须尽可能地满足各项成本与费用核算的基本要求：

(1) 加强成本核算前相关数据正确性与时效性的审核与管制，确保成本核算作业的时效性、完整性、正确性与有效性。

(2) 明确成本的开支范围，避免各项成本与费用的浮滥支出，管控各项成本费用。

(3) 正确划分费用界限，明确以下几个方面：

① 可列入成本的项目，包含应列入本期费用及不应列入本期费用两种。前者是将各项费用分别计入各种不同产品成本内，再按产品的完工程度，计算出本期完工入库产品的成本及期末在制品的成本；而不应列入本期费用的，一般均以待摊费用处理。

② 可列入期间费用的项目，包含销售费用、管理费用、财务费用等。

③ 不可列入成本或费用支出的项目，包含购建固定资产、无形资产和其他资产的支出，对外投资的支出，被没收的财产，支付滞纳金、罚款、赔偿金等，各种赞助款、捐款、法律法规规定以外的支付，营业外支出的费用等。

(4) 切实做好成本核算的各项基础工作，包含：

① 建立健全的定额管理制度；

② 建立完善的原始记录制度；

③ 建立健全的存货计量、验收、领退、仓管和盘点制度；

④ 建立健全的成本相关数据稽核制度；

⑤ 明确各项财产与物资的计价和价值结转方法；

⑥ 选用适当的成本核算方法。

二、成本归集核算步骤

1. 成本核算过程

企业的成本核算过程，一般是按以下三个阶段进行的。

⑴ 项目费用计算

按照原材料费、人工费、制造费用等三个成本要素进行统计、汇集、计算，并根据与产品的关系，将这些费用再区分为直接费用和间接费用。

⑵ 部门费用计算

计算哪些部门存在着哪些间接费用，作为间接费用与产品单位链接的基础。

⑶ 产品成本计算

计算各产品的成本，直接费用直接按产品单位计算，部门间接费用按照设定好的合理分配标准分配到各产品。其核算过程如图 5－2 所示。

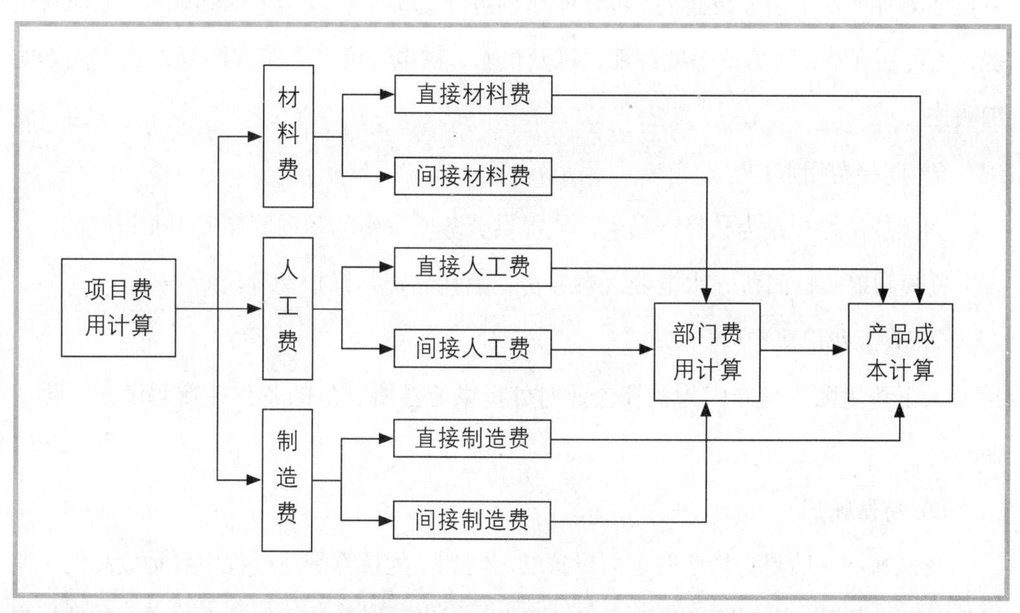

图 5-2 成本核算过程

2. 设定成本核算账户

企业的财会部门为了能顺利完成成本核算作业，通常会先设定产品成本核算所需的不同费用账户，收集、统计并汇总成本核算所需的数据与金额。这些账户主体主要分为基本账户与特殊账户。前者为核算成本必需设置的账户，后者则是因应管理需要而设置的。

(1) 基本账户

基本账户的设置，一般是根据行业别设置不同的账户。例如，制造业的基本账户是生产成本账户与间接费用账户，服务业的基本账户则是劳务费用账户与间接费用账户。

① 生产成本账户

生产成本账户是专门为核算自制材料、自制工具、自制设备、半成品、产成品所发生的各项费用需要设置的，包含产品别各项基本生产成本的明细账户。如原材料费、工资福利费、动力费等明细账，以及供水、供电、机修等车间的辅助生产成本明细账户。

② 间接费用账户

间接费用账户是为核算产品生产或提供劳务所发生的各项间接费用而设置的，包含工资福利费、折旧费、水电费、事务费、消耗品费、修护费等。

③ 人工费用账户

人工费用账户是专门为核算企业对外提供劳务所发生的各种耗费而设置的明细账户。

(2) 特殊账户

特殊账户一般是为特定管理而设置的。例如，为核算制造过程中各种废品的报废损失和返工费用，为核算出售不合格品产生的损失，以及核算保管不善或变质的损失等设置的各种废品损失明细账户。不同情况发生的废品损失的成本核算处理方式均不一样，制造过程中的废品报废损失和返工费用，在制造成本中体现;不合格品的出售损失，在销售损益中体现;保管不善和变质的损失，则在管理费用中体现。

再如，企业为核算销售不佳或产能过剩的情况下，部分设备停机所造成的损失，往往也会设置停工损失账户，统计生产车间因停工而发生的各种费用，包括停工期间工人的工资及福利费、耗用能源、动力等费用等。对于季节性的停工费用，一般均采用待摊或预提方式，列入开工期内制造成本。

一般来说，商业和服务业的成本核算方式比较单纯，企业人只要能深入了解制造业的成本核算作业，同样能进行商业和服务业的成本核算作业。因此，在接下来的成本核算作业说明中，都将以制造业为基础进行描述。

三、项目费用的归集与计算

1. 各项费用归集统计原则

在进行各项费用归集和成本计算之前，首先要根据与产品的关系，区分构成成本的各项费用，确定哪些是直接费用，哪些是间接费用。各项费用归集统计原则，如图5－3所示。

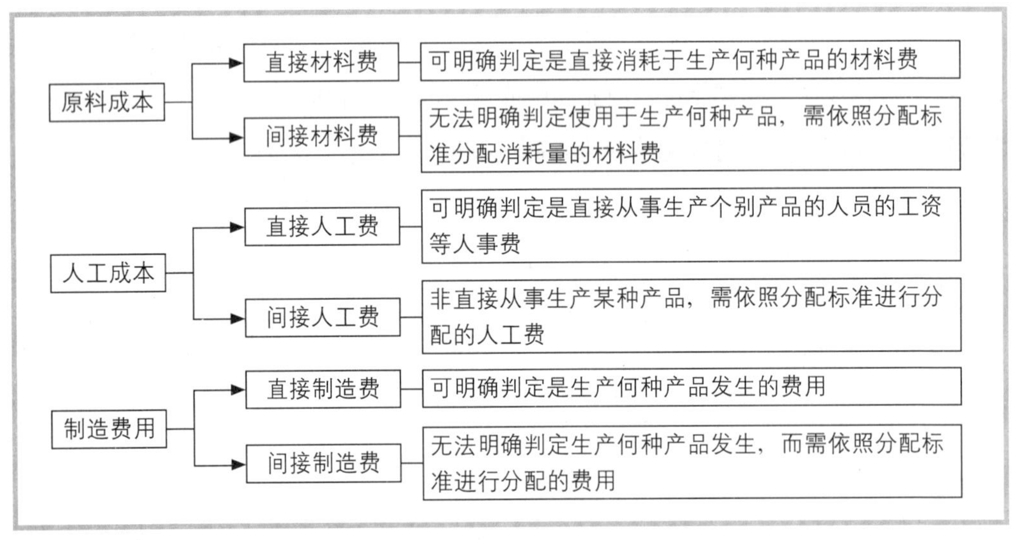

图5-3 各项费用归集统计原则

2. 直接项目费用的计算

企业的生产运作，一般分为计划生产和接单生产两种。但不管是哪种作业方式，通常都是由生管部门下发制造指令给车间，按照指定内容领料生产。制造指令至少要包含指令编号、产品名称、生产数量、生产部门、生产日期等项目。只要制造车间对原料的使用、产品的生产数量与生产工时都能按照指令别汇集统计，就可以核算出每个指令的制造成本，使产品成本的核算结果更为精确。例如，从仓库领料，只要在领料单上填写指令编号、领取的材料和数量，就可以依照指令别领用的原材料数量与单价，归集计算出直接材料费。

⑴ 直接费用的计算

指令别直接材料费 = 指令别领用原料数量 × 原料单价

$$\text{指令别单位直接材料费} = \frac{\text{指令别原料成本}}{\text{指令别生产数量}}$$

⑵ 产品别原料成本的计算

将同种产品不同指令的原料成本加以汇集统计，计算出产品别原料成本。其计算公式如下：

产品别原料成本 = Σ同产品的指令别直接材料费

$$\text{产品别单位原料成本} = \frac{\text{产品别原料成本}}{\text{产品别生产数量}}$$

⑶ 指令别直接人工费的计算

制造车间在产品制造完成后，依据制造指令别汇集统计生产数量、生产日期与生产工时于生产记录单上，就可以计算出制造指令别的直接人工成本。其计算公式如下：

指令别直接人工费 = 指令别生产工时（数量）× 工资率

$$\text{指令别单位直接人工费} = \frac{\text{指令别人工成本}}{\text{指令别生产数量}}$$

⑷ 产品别直接人工成本的计算

将同产品不同指令的人工成本加以汇集统计后，就可以计算出产品别直接人工成本。其计算公式如下：

产品别直接人工成本 = Σ同产品的指令别直接人工费

$$\text{产品别单位直接人工成本} = \frac{\text{产品别原料成本}}{\text{产品别生产数量}}$$

⑸ 包材费的计算

其他依附产品存在且可以以制造指令管控的项目，如产品的包装材料费，可以对照直接材料费和直接人工费的方式，依照制造指令别汇集统计，计算出指令别与产品别的耗用金额后，再列入直接制造费用项目处理。其计算公式如下：

指令别包材费 = 指令别领用包材数量 × 包装材料单价

$$\text{指令别单位包材费} = \frac{\text{指令别包材费}}{\text{指令别生产数量}}$$

产品别包材费 = Σ同产品之指令别包材费

$$\text{产品别单位包材费} = \frac{\text{产品别包材费}}{\text{产品别生产数量}}$$

以制造指令汇集计算直接材料费、直接人工费和直接制造费用，再计算出产品别的相关成本或费用的作业过程，如图 5－4 所示。

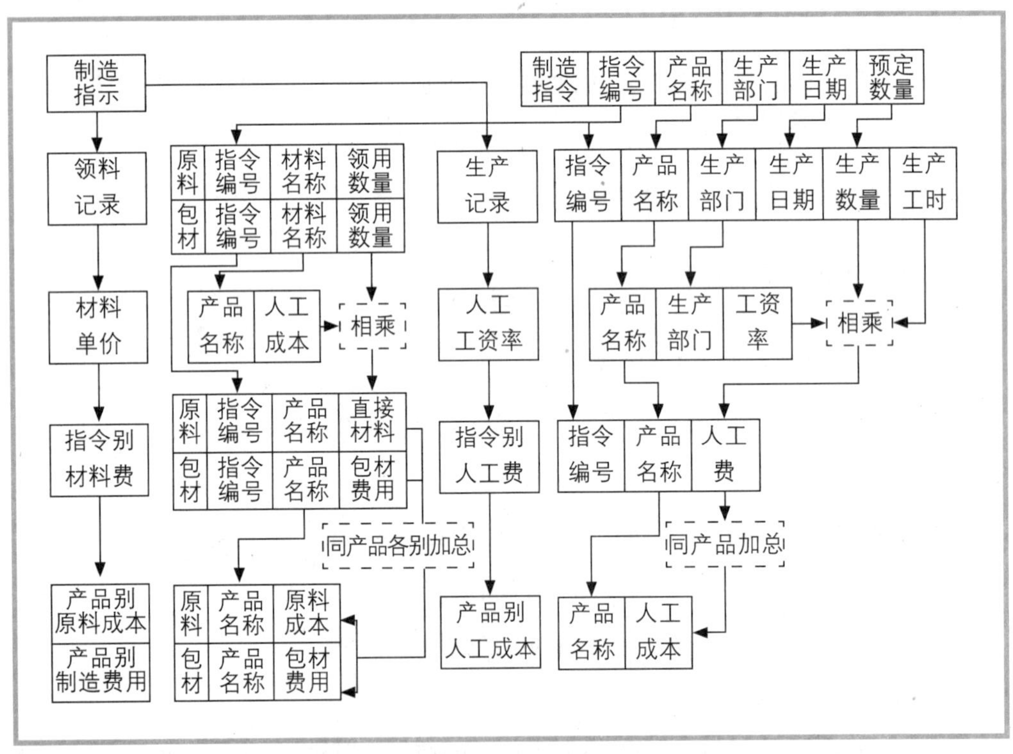

图 5-4 直接费用的归集与计算过程

3. 间接项目费用的计算

除了前述几项可以依照制造指令汇集统计的直接费用项目外，有些间接制造费用也可以预先设置归集项目，再按照项目收集成本核算期间发生的各项费用。例如，消耗品或消耗性器材等的领用，只要在领料单上填写领用部门和领用数量，就能按照部门汇集计算出各部门使用消耗品或消耗性器材的费用，再按照设定的分配原则分配到各产品，得出产品别制造费用中的消耗品或消耗性器材的费用。

案例5-1:某工厂生产甲、乙、丙三项产品，包含间接费用在内的成本计算如表5-1所示。

表5-1 直接费用的归集与计算过程

1. 成本计算基本数据(产品的间接费根据生产时间进行分配)					
成本要素		单位	甲产品	乙产品	丙产品
生产数量		件	1 000	500	2 000
生产时间		小时	200	50	100
计件工资率		元/件	20	10	6
直接材料费		元	45 000	25 000	20 000
直接制造费		元	6 500	3 500	10 000
间接材料费		元	26 800		
间接人工费		元	7 200		
间接制造费		元	8 000		
2.产品成本计算内容					
成本要素		单位	甲产品	乙产品	丙产品
直接费	直接材料费	元	45 000	25 000	20 000
	直接人工费	元	20 000	5 000	12 000
	直接制造费	元	6 500	3 500	10 000
	合计	元	71 500	33 500	42 000
制造间接费用		元	24 000	6 000	12 000
制造成本		元	95 500	39 500	54 000
生产数量		件	1 000	500	2 000
单位产品成本		元/件	95.5	79	27
3.成本计算说明					

续表

直接人工费	甲产品:1 000件×20元/件=20 000元 乙产品:500件×10元/件=5 000元 丙产品:2 000件×6元/件=12 000元
制造间接费	总间接费=间接材料费+间接人工费+间接制造费 =26 800+7 200+8 000 =42 000元 甲产品 $=\frac{42\ 000}{200+50+100}\times 200=24\ 000$ 元 乙产品 $=\frac{42\ 000}{200+50+100}\times 50=6\ 000$ 元 丙产品 $=\frac{42\ 000}{200+50+100}\times 100=12\ 000$ 元
制造成本	直接费合计+制造间接费用
单位产品成本	$\frac{\text{产品制造成本}}{\text{产品生产数量}}$

四、部门费用的归集与计算

对于无法明确判定生产何种个别产品发生的费用，如间接材料费、间接人工费和间接制造费等，在财会作业上都采用分配原则，将这些费用分配到各个产品上。因此，在进行间接费用分配前，必须将各项不同的间接费用，依照费用发生或耗费的部门别进行汇集统计，计算出各项间接费用耗费的金额后，再计算出各项产品的制造成本。

在财会作业上，这样做的目的主要是明确费用发生部门的责任，以便能针对部门别进行费用管控与改善，及将各部门耗用的间接费，准确合理地分配到产品的制造成本上。

1. 制造费用的计算步骤

在企业的经营管理运作上，通常会统一划分出各职能管理部门，并将费用责任部门与组织部门的配置结合在一起，使两者的区分保持一致，确保成本部门可直接依附在管理部门下运作。换句话说，成本部门或成本中心就是组织管理部门，两者在成本核算作业中视为一体，不但部门名称一致，而且成本部门或成本中心的管理代号即为组织管理上的部门代号。

由于每个成本部门所发生或耗费的费用内容不一样，在财会作业上也就会按管理目的的不同，按照部门别设定不同的费用归集项目，汇集统计各部门耗用的间接费用，两者间的关系如表 5－2 某纺织厂的例子所示。

表5－2中纺织厂的整经、织布、品检与动力等四个车间，即是组织管理部门也是成本部门。其中的整经车间与织布车间为直接从事胚布制造加工的制造部门，而品检车间和动力车间则是成品品质检查与能源供应的辅助部门。从表上的资料可以看出，各部门的工作不同，消耗费用的内容也就随之不一样。

有些企业会再依据产品的加工过程，将制造部门细分为制程或工序结合在一起的成本中心。同样的，对于辅助部门也会根据组织管理需要，按照职能别的不同设定更细化的成本中心。这样做的目的，一是确保产品成本的核算结果更为精确，二是加强内部人员的成本管控与改善责任。

表 5-2 某纺织厂各车间的制造费用

费用项目	整经车间	织布车间	品检车间	动力车间
辅料费	V	V		
物料费	V			V
燃料费				V
水费				V
动力费	V	V	V	V
软水费	V	V	V	V
废水费	V	V	V	V
蒸汽费	V			
空调费	V	V		
变动费用小计	V	V	V	V
薪工费	V	V	V	V
加班费	V	V	V	V
福利费	V	V	V	V
用人费用小计	V	V	V	V
设备折旧费	V	V	V	V
税捐	V	V	V	V
保险费	V	V	V	V
维修费	V	V	V	V
设备费用小计	V	V	V	V
差旅费	V	V	V	V
电话费	V	V	V	V
文具印刷费	V	V	V	V
交通费	V	V	V	V
事务费用	V	V	V	V
其他费用	V	V	V	V
固定费用小计	V	V	V	V
制造费用合计	V	V	V	V

由此可知，各项制造费用是可以遵循如下的步骤计算出的：

(1) 按照成本部门或成本中心别收集各项费用；

(2) 把各成本部门或成本中心发生的制造费用，分为部门个别费用和部门共同费用，部门共同费用按照各部门使用比率进行分配；

(3) 把辅助部门汇集统计出的部门费用，分配到制造部门中。

2. 部门费用的分摊方式

部门费用指的是按照成本部门或成本中心汇集统计的费用。包括部门个别费用和部门共同费用。部门个别费用是指直接使用于部门本身作业的费用，如辅料费、物料费即设备折旧费等费用;部门共同费用是指其他跨多个部门发生的费用,如各部门共同使用的厂房的折旧费、租金、保险费等。

一般来说，部门共同费用不会仅让一个部门来承担全部费用，而会将之分配给相关使用部门负担。这种把部门的共同费用分配到各相关部门的作业，称为第一次分配，如图 5－5 所示。

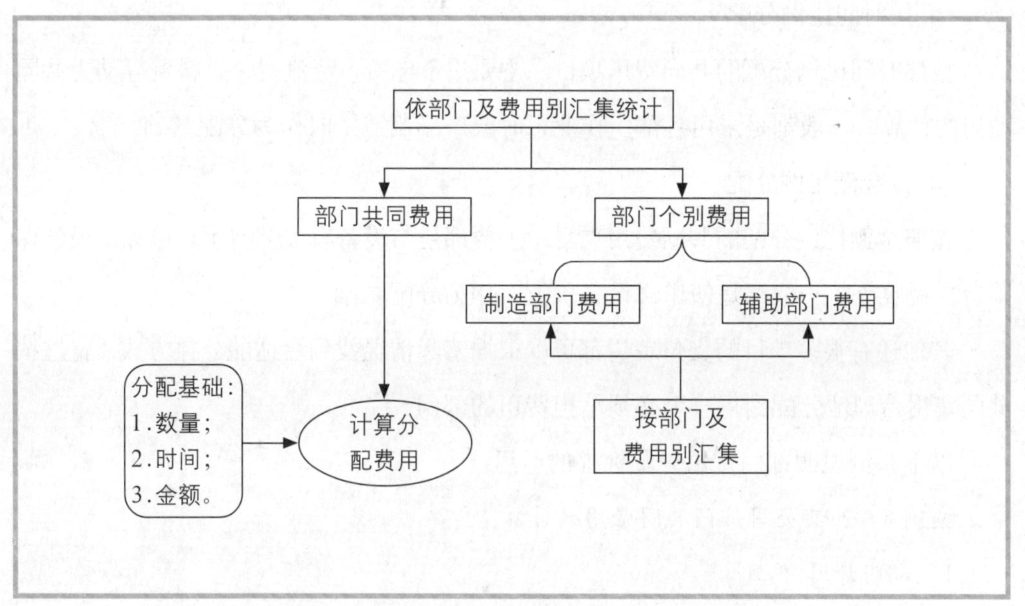

图 5-5 部门共同费用的分配（第一次分配）

在进行费用分摊前，首先要考虑费用项目的内容及性质，确定最合适的分摊方式。在财会作业上，主要的分摊方式有按数量比例分配、按时间比例分配及按金额比例分配三种，其中的数量、时间及金额是分配的基础。分配的公式可以简单归纳如下：

$$\text{各部门分配费用} = \frac{\text{部门共同费用}}{\Sigma\text{各部门分配基础}} \times \text{各部门分配基础}$$

(1) 按数量比例分配

最常用的分配基础，有人数、面积、用量、产量等。如厂长的工资、福利费、职工培训费等，一般采用各部门员工人数比例作为分配的基础；厂房的折旧费、租金、保险费等使用费用，则采用各部门占用面积比例作为分配基础；各部门的水费，可以采用各部门的用水量作为分配基础；至于各部门的共同辅料费，可以考虑用产品产量作为分配基础。

(2) 按时间比例分配

按照时间比例分配的共同费用项目，主要用于电费、蒸汽费、燃料费等动力共同费用的计算，一般都是采用各部门作业工时或产品制造工时作为分配基础。

(3) 按金额比例分配

按照金额比例分配的共同费用项目，主要都是与设备有关的费用。例如，设备保险费、税收等，一般都是使用“设备价值”作为分配基础。

其他还有很多项目的支付费用都可以根据实际情况找到合适的分摊方式，将这些共同费用合理地分配到每一个必须承担费用的部门。

以下举例说明部门费用分配标准的运用。

案例 5－2：某公司部门共同费用的计算。

1．部门费用内容

(1) 部门个别费用发生额（单位：元）

项　目	总金额	制造部门		辅助部门		
		甲车间	乙车间	动力部	维修部	厂务部
间接材料费	16 000	8 000	6 400	–	1 600	–
间接人工费	47 200	16 000	12 800	8 000	6 400	4 000

(2) 部门共同费用发生额(单位:元)

项 目	总金额
福利费	8 000
厂房折旧费	9 600
电 费	16 000

2. 分配标准

分配标准	甲车间	乙车间	动力部	保养部	厂务部	合计
员工人数	8人	5人	3人	2人	2人	20人
占地面积	$50m^2$	$30m^2$	$10m^2$	$20m^2$	$10m^2$	$120m^2$
机械功率	500kW	300kW	100kW	100kW	–	1 000kW

3. 分配原则

(1) 福利费按员工人数比例分配;

(2) 厂房折旧费按占地面积比例分配;

(3) 电费按机械功率比例分配。

4. 计算说明

(1) 福利费的分配计算

甲车间:$8\ 000元 \times \frac{8}{20}人 = 3\ 200元$

乙车间:$8\ 000元 \times \frac{5}{20}人 = 2\ 000元$

动力部:$8\ 000元 \times \frac{3}{20}人 = 1\ 200元$

保养部:$8\ 000元 \times \frac{2}{20}人 = 800元$

厂务部:$8\ 000元 \times \frac{2}{20}人 = 800元$

(2) 厂房折旧费的分配计算

甲车间:$9\ 600元 \times \frac{50}{120}m^2 = 4\ 000元$

乙车间:9 600元×$\frac{30}{120}$m²=2 400元

动力部:9 600元×$\frac{10}{120}$m²=800元

保养部:9 600元×$\frac{20}{120}$m²=1 600元

厂务部:9 600元×$\frac{10}{120}$m²=800元

(3) 电费的分配计算

甲车间:16 000元×$\frac{500}{1000}$kW=8 000元

乙车间:16 000元×$\frac{300}{1000}$kW=4 800元

动力部:16 000元×$\frac{100}{1000}$kW=1 600元

保养部:16 000元×$\frac{200}{1000}$kW=3 200元

厂务部:16 000元×$\frac{0}{1000}$kW=0元

5．部门费用分配结果

根据以上的计算，可以得出如下的部门分配表：

项目		总金额	制造部门		辅助部门		
			甲车间	乙车间	动力部	保养部	厂务部
个别费用	间接材料费	16 000	8 000	6 400	–	1 600	–
	间接人工费	47 200	16 000	12 800	8 000	6 400	4 000
共同费用	福利费	8 000	3 200	2 000	1 200	800	800
	厂房折旧费	9 600	4 000	2 400	800	1 600	800
	电费	16 000	8 000	4 800	1 600	1 600	–
制造费用合计		96 800	39 200	28 400	11 600	12 000	5 600

五、辅助部门费用的处理

事实上，对于产品制造过程比较单纯的企业来说，可能只要进行一次分配作业，就能完成部门费用的汇集计算。但对于产品制造过程或组织复杂的企业来说，部门费用的汇集计算可能就不是仅仅进行一次分配就结束，而是还要进行第二次分配、第三次分配。尤其是辅助部门的费用，往往需要通过几次分配，才能把部门费用完全分配到各制造部门。辅助部门分摊给制造部门的费用项目，在财会作业上定义为他部摊入。

在财会作业上，对部门费用进行如此烦琐的计算主要是因为辅助部门虽然没有直接参与产品的制造，但其所发生的费用，基本上都是因为服务制造部门制造产品所耗费的，因而必须把这些费用转嫁给制造部门，按照不同的服务程度，分摊对应的费用。

当然，辅助部门并不完全只是服务制造部门，各辅助部门间也存在着服务关系。例如，企业动力部门和保养部门之间的关系。动力部门基本上是为所有部门提供水、电、蒸汽、空调等能源供应服务，保养部门则为所有生产及动力设备提供维修保养的服务，当然也为动力部门提供相关的服务。这样，辅助部门的费用除分配到各制造部门外，也可能分配到其他的辅助部门。甚至各辅助部门间，也必须进行相关费用的分配。将辅助部门的费用分配给制造部门及其他辅助部门的作业方式，如图5-6 所示。

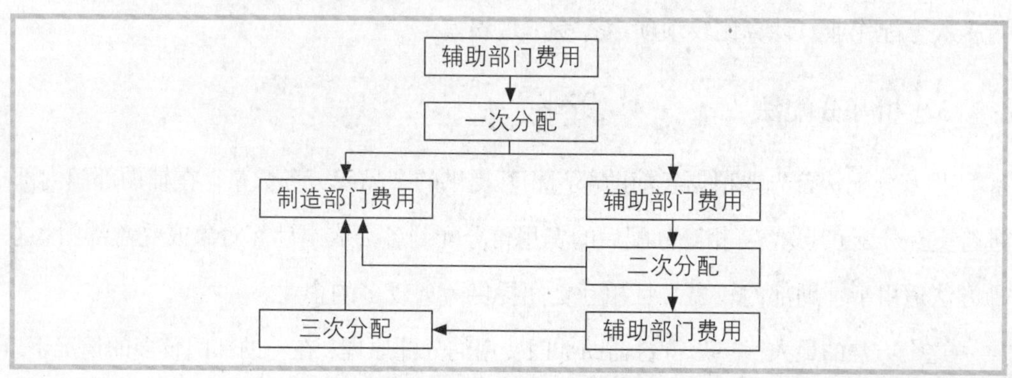

图 5-6 辅助部门费用的分配

辅助部门费用的分配基础，一般都是根据各辅助部门对其他部门提供的服务程度决定的。分配时通常视企业经营管理及财会作业的需要，选择符合自身管理需求的分配方式，一般有直接分配法、阶梯分配法、相互分配法、代数分配法和按计划成本分配法等5种。

1．直接分配法

直接将辅助部门费用分配给辅助部门以外的各个成本计算对象（产品）或受益部门（制造部门或辅助部门），而不考虑各辅助部门相互之间提供产品或劳务的情况。这种方法比较适用于辅助部门内部及辅助部门之间提供产品或劳务不多的企业。优点是方法简单易行，缺点是分配结果不准确。

2．阶梯分配法

当有多个辅助部门时，先将第一个辅助部门的费用按照一定分配标准分配给第二个辅助部门，再将第二个辅助部门的费用加上所承担的第一个辅助部门分配额，按照第一次分配方式将部门费用分配给第三个辅助部门，直至把所有辅助部门费用分配完毕为止。

这个方法的优点是费用的分配简单易行，但在辅助部门多的情况下，因为必须进行多次分配作业，计算比较烦琐，容易出现误差。

3．相互分配法

相互分配法首先要根据各辅助部门相互提供的产品或劳务数量，在辅助部门内部进行交互分配。其次，将相互分配后的费用再分配到各个成本计算对象或受益部门。这种方法适用于辅助部门较多，且相互之间提供劳务较多的企业。

这个方法的最大优点是符合辅助部门费用的分配原理，在辅助部门较多的情况下，费用的计算较简化。但因需要进行两次的分配作业，计算作业比较麻烦，容易出现误差。

4．代数分配法

代数分配法是指先应用代数方程的原理计算出各辅助部门提供劳务的单位成本，再根据各受益部门的受益程度分配辅助部门费用。

这个方法的优点是分配结果在所有分配方法中最为准确，缺点则是计算工作繁杂，比较适用于财会作业已经E化的企业。

5．按计划成本分配法

按计划成本分配法是指辅助部门费用一律按照所提供的产品或劳务的计划单位成本进行分配，分配对象包含其他辅助部门。按计划单位成本分配的费用与实际费用间的差额，直接转入管理费用追加分配。

这个方法的优点是相互分配和对外分配可以同时进行，且无需计算分配率；缺点则是要求具备比较准确的计划成本资料，普及性不够，因而只适用于具有正确计划成本资料的企业。

由上述可知，在这些分配方法中，企业只有具备一定条件才能使用代数分配法和按计划成本分配法，因此绝大多数的企业都是选用较简单的直接分配法和相互分配法，来进行辅助部门的费用分配。

以下举例分别介绍以上的几种分配方法。

案例5－3：各种分配辅助部门费用方法的应用。

某企业供电车间供应12 000度电、供水车间供应40 000吨水给各使用部门。各部门费用及耗用水、电情况如下表：

项　目	制造部门	动力部门		厂务部门	管理部门	合　计
		供电车间	供水车间			消耗量
电消耗量(度)	8 600	–	2 000	600	800	12 000
水消耗量(吨)	22 000	8 000	–	4 000	6 000	40 000
待分配费用(元)	–	4 800	3 200	–	–	8 000

1．采用直接分配法的分配方式

(1) 计算供电部门及供水部门的分配标准。

$$电分配标准=\frac{供电车间费用}{电合计消耗量-动力部门消耗量}$$

$$=\frac{4\ 800}{12\ 000-2\ 000}$$

$$=0.48元/度$$

$$水分配标准=\frac{供水车间费用}{水合计消耗量-动力部门消耗量}$$

$$=\frac{3\ 200}{40\ 000-8\ 000}$$

$$=0.1元/度$$

(2) 按照分配标准计算出各使用部门该承担的部分，将供电车间和供水车间的费用分配给这些部门。

制造部门分摊费用 = 电分摊标准 × 电消耗量 + 水分摊标准 × 水耗用量

=0.48 × 8 600+0.1 × 22 000

=6 328（元）

厂务部门分摊费用 = 电分摊标准 × 电消耗量 + 水分摊标准 × 水耗用量

=0.48 × 600+0.1 × 4 000

=688（元）

管理部门分摊费用 = 电分摊标准 × 电消耗量 + 水分摊标准 × 水耗用量

=0.48 × 800+0.1 × 6 000

=984（元）

(3) 将厂务部门的费用688元全部转给制造部门承担，归集到他部摊入项目下。

(4) 依据上述资料编制如下辅助制造费用分配表：

项目		供电车间			供水车间		
		供应量（吨）	分配率	分摊金额（元）	供应量（吨）	分配率	分摊金额（元）
待分配费用		12 000		4 800	40 000		3 200
对外分配费用		10 000	0.48	4 800	32 000	0.1	3 200
对外分配	制造部门	8 600		4 128	22 000		2 200
	厂务部门	600		288	4 000		400
	管理部门	800		384	6 000		600

2．采用阶梯分配法的分配方式

(1) 将供电车间的费用按照各部门用电比例分配给各用电部门。

$$供水车间分摊费用 = 4\ 800 \times \frac{2\ 000}{12\ 000}$$

$$= 800（元）$$

$$制造部门分摊费用 = 4\ 800 \times \frac{8\ 600}{12\ 000}$$

$$= 3\ 440（元）$$

$$厂务部门分摊费用 = 4\ 800 \times \frac{600}{12\ 000}$$

$$= 240（元）$$

$$管理部门分摊费用 = 4\ 800 \times \frac{800}{12\ 000}$$

$$= 320（元）$$

(2) 把供水车间费用加上供电车间分配额合计后，再按照各部门用水比例分配给供电车间以外的其他用水部门。

$$制造部门分摊费用 = (3\ 200 + 800) \times \frac{22\ 000}{32\ 000}$$

$$=2\ 750(元)$$

$$厂务部门分摊费用=(3\ 200+800)\times\frac{4\ 000}{32\ 000}$$

$$=500(元)$$

$$管理部门分摊费用=(3\ 200+800)\times\frac{6\ 000}{32\ 000}$$

$$=750(元)$$

(3) 将厂务部门的费用740元全部转给制造部门承担，归集到“他部摊入”项目下。

(4) 依据上述资料编制如下辅助制造费用分配表：

项　目		供电车间			供水车间		
		供应量(度)	分配率	分配金额(元)	供应量(吨)	分配率	分配金额(元)
待分配费用		12 000		4 800	40 000		3 200
一次分配	供水车间	2 000		800	8 000		
	待分配费						4 000
	制造部门	8 600		3 440	22 000		2 750
	厂务部门	600		240	4 000		500
	管理部门	800		320	6 000		750

3. 采用相互分配法的分配方式

(1) 首先在动力部门内部进行相互分配。

$$电的单位成本（分配标准）=\frac{供电车间费用}{合计耗用量}$$

$$=\frac{4\ 800}{12\ 000}$$

$$=0.4元/度$$

$$水的单位成本（分配标准）=\frac{供水车间费用}{合计耗用量}$$

$$=\frac{3\ 200}{40\ 000}$$

$$=0.08元／吨$$

供电车间分配给供水车间的费用 =0.4 × 2000

=800（元）

供水车间分配给供电车间的费用 =0.08 × 8 000

=640（元）

(2) 再将供电车间与供水车间的部门费用对外分配，分配前要先计算出水费和电费的分配标准。

$$供电车间对外分配标准=\frac{相互分配后费用}{对外分配电量}$$

$$=\frac{4\ 800+640-800}{12\ 000-2\ 000}$$

$$=0.464元／度$$

$$供水车间对外分配标准=\frac{相互分配后费用}{对外分配水量}$$

$$=\frac{3\ 200+800-640}{40\ 000-8\ 000}$$

$$=0.105元／吨$$

(3) 根据水和电的分配标准，计算出各部门须分摊的费用。

制造部门分摊费用 = 电分配标准 × 电耗用量 + 水分配标准 × 水耗用量

=0.464 × 8 600+0.105 × 22 000

=6 300.4（元）

厂务部门分摊费用 =0.464 × 600+0.105 × 4 000

=698.4（元）

管理部门分摊费用 =0.464 × 800+0.105 × 6 000

=1 001.2(元)

(4) 再将厂务部门的费用698.4元全部转给制造部门承担，归集到他部摊入项目下。

(5) 依据上述资料编制辅助制造费用分配表如下：

项目		供电车间			供水车间		
		供应量(度)	分配率	分配金额(元)	供应量(吨)	分配率	分配金额(元)
待分配费用		12 000		4 800	40 000		3 200
辅助费用相互分配	供电			+640	−8 000	0.08	−640
	供水	−2 000	0.4	−800			+800
对外分配费用		10 000	0.464	4 640	32 000	0.105	3 360
对外分配	制造部门	8 600		3 990.4	22 000		2 310
	厂务部门	600		278.4	4 000		420
	管理部门	800		371.2	6 000		630

4．采用代数分配法的分配方式

(1) 先设X为每度电的成本，Y为每吨水的成本，再根据供电车间和供水车间的供电量、供水量与部门费用，设定方程式如下：

4 800+8 000Y=12 000X

3 200+2 000X=40 000Y

(2) 解方程式，得到电和水的单位成本（分配标准）为：

X(每度电成本)=0.4689元／度

Y(每吨水成本)=0.1034元／吨

(3) 根据水、电的分配标准，将供电车间和供水车间的部门费用分配给其他用水、用电部门。

制造部门分摊费用 = 电分配标准 × 电耗用量 + 水分配标准 × 水耗用量

$=0.4689 \times 8\ 600+0.1034 \times 22\ 000$

$=6\ 309$（元）

厂务部门分摊费用 $=0.4689 \times 600+0.1034 \times 4\ 000$

$=695$（元）

管理部门分摊费用 $=0.4689 \times 800+0.1034 \times 6\ 000$

$=996$（元）

(4) 将厂务部门的费用695元全部转给制造部门承担，归集到“他部摊入”项目下。

(5) 依据上述资料编制辅助制造费用分配表如下：

项目		供电车间			供水车间		
		供应量(度)	分配率	分配金额(元)	供应量(度)	分配率	分配金额(元)
待分配费用		12 000	0.4689	4 800	40 000	0.1035	3 200
动力部门	供电车间				8 000		828
	供水车间	2 000		937.8			
制造部门		8 600		4 032	22 000		2 277
厂务部门		600		281	4 000		414
管理部门		800		375	6 000		621

把这几种分配方式计算出来的结果汇集整理成表，可以发现各种方法的计算结果存在着一定的差异。至于采用哪种方法最合适，企业可视经营管理及财会作业需要而定。

各分配方法的辅助制造费用表

单位:元

分配方法	制造部门			厂务部门			管理部门		
	供电	供水	合计	供电	供水	合计	供电	供水	合计
直接法	4 128	2 200	6 328	288	400	688	384	600	984
阶梯法	3 440	2 750	6 190	240	500	740	320	750	1 070
相互法	3 990.4	2 310	6 300.4	278.4	420	698.4	371.2	630	1 001.2
代数法	4 032	2 277	6 309	281	414	695	375	621	996

六、各项生产费用对成品与在制品的分配

当完成部门共同费用与辅助部门费用等间接制造费用的分配作业，并确定这些费用完全计入制造部门费用后，接下来就要把制造部门的所有生产费用，分配给当期制造的产品。如果在成本核算期间内，期初与期末都没有在制品结存，则本期发生的各项生产费用，就是所有产成品必须负担的费用。反之有在制品结存时，要把本期发生的各项生产费用加上期初在制品结存成本，按照一定的分配原则分配给本期制造完成的成品与期末结存的在制品，以确定本期产成品的成本和在制品的成本。一般常用的分配方式有约当产量比例法、定额比例法、在制品只承担原料费法、在制品成本比照成品成本法等。

1. 约当产量比例法

约当产量比例法就是将期末结存的在制品数量，按照完成程度折合为产成品的产量——约当产量后，再根据在制品的约当产量和产成品的产量的比例分配各项生产费用的方法。其计算方式如下：

在制品约当产量 = 在制品结存量 × 完工程度（完工百分比）

$$各项费用分配标准 = \frac{期初在制品成本 + 本期生产费用}{产成品产量 + 期末在制品约当产量}$$

产成品各项费用 = 产成品产量 × 各项费用分配标准

期末在制品各项费用 = 在制品结存量 × 各项费用分配标准

这种分配方法，一般较适用于期末在制品结存量较大的情况。

2. 定额比例法

定额比例法是指按照定额消耗比例来分配间接费用的方法。其中，原料费按照定额原料费用比例分配，人工费和制造费则按照定额工时比例分配。计算公式如下：

$$原料费分配标准=\frac{期初在制品原料费+本期发生原料费}{产成品定额原料费+期末在制品定额原料费}$$

产成品原料费 = 产成品定额原料费 × 原料费分配标准

期末在制品原料费 = 期末在制品定额原料费 × 原料费分配标准

$$人工费分配标准=\frac{期初在制品人工费+本期发生人工费}{产成品定额工时+期末在制品定额工时}$$

产成品人工费 = 产成品定额工时 × 人工费分配标准

期末在制品人工费 = 期末在制品定额工时 × 人工费分配标准

制造费分配的计算方式，同人工费分配的计算方式一样，这种方法较适用于各项消耗定额比较准确和稳定的企业。

3. 在制品只承担原料费法

在制品只承担原料费法是指期末在制品只计算原料费，其他人工费和制造费全部由产成品承担。其计算公式如下：

$$原料费分配标准=\frac{期初在制品原料费+本期发生原料费}{产成品产量+期末在制品结存量}$$

期末在制品成本 = 期末在制品结存量 × 原料费分配标准

产成品成本 = 期初在制品成本 + 本期生产费用 − 期末在制品成本

这方法较适用于原料费占成本比重大的企业。

4. 在制品成本比照成品成本法

在制品成本比照成品成本法就是按照产成品产量与期末结存在制品数量的比例，来分配各项费用的方法。其计算公式如下：

$$费用分配标准=\frac{期初在制品费用+本期生产费用}{产成品产量+期末在制品结存量}$$

产成品成本 = 产成品产量 × 费用分配标准

期末在制品成本 = 期末在制品结存量 × 费用分配标准

这种方法较适用于绝大多数在制品已接近产成品，或已经制造完成尚未验收入库的情况。

下面举例说明生产费用对产成品与在制品分配的各种作业方式。

案例 5－4：某工厂统计出以下一些资料，请根据这些数据资料用上述介绍的方法计算本期产成品成本及期末在制品成本。

1. 生产数据资料

项　目	产　量(件)	完工程度(%)	定额工时(时)	定额原料费(元)
本期投产	2 000	–	–	
期初在制品	200	40	–	
合　计	2 200	–	–	
期末在制品	400	50	100	9 344
本期产成品	1 800	100	900	84 096

2. 成本数据资料

（单位：元）

项　目	原料费	人工费	制造费	合计
期初在制品	8 400	3 600	2 000	14 000
本期生产费用	108 000	132 000	36 000	276 000
合　计	116 400	135 600	38 000	290 000

3. 在制品与产成品成本的分配计算

(1) 约当产量比例法

在制品约当产量 $= 400 \times 50\%$

$= 200$（件）

$$生产费用分配标准 = \frac{14\ 000 + 276\ 000}{1\ 800 + 200}$$

$= 145$ 元 / 件

产成品成本 =1 800 × 145

=261 000（元）

期末在制品成本 =400 × 145

=58 000（元）

(2) 定额比例法

① 原料费的计算

$$原料费分配标准 = \frac{8\ 400+108\ 000}{9\ 344+84\ 096}$$

=1.25 元 / 件

产成品原料费 =84 096 × 1.25

=105 120(元)

期末在制品原料费 =9 344 × 1.25

=11 680(元)

② 人工费的计算

$$人工费分配标准 = \frac{3\ 600+132\ 000}{900+100}$$

=135.6 元 / 件

产成品人工费 =900 × 135.6

=122 040(元)

期末在制品人工费 =100 × 135.6

=13 560(元)

③ 制造费的计算

$$制造费分配标准 = \frac{2\ 000+36\ 000}{900+100}$$

=38元/件

产成品制造费 =900 × 38

=34 200(元)

期末在制品制造费 =100 × 38

=3 800(元)

④ 产成品成本

产成品成本 =105 120+122 040+34 200

=261 360(元)

⑤ 期末在制品成本

期末在制品成本 =11 680+13 560+3 800

=29 040(元)

(3) 在制品只承担原料费法

$$原料费分配标准 =\frac{8\ 400+108\ 000}{1\ 800+400}$$

=52.9元/件

期末在制品成本 =400 × 52.9

=21 160(元)

产成品成本 =14 000+276 000−21 160

=268 840(元)

(4) 在制品成本比照成品成本法

$$生产费用分配标准 =\frac{14\ 000+276\ 000}{1\ 800+400}$$

=131.818元/件

产成品成本 $=1\ 800 \times 131.818$

$=237\ 273$(元)

期末在制品成本 $=400 \times 131.818$

$=52\ 727$(元)

(5) 各项分配方法分配结果比较（见下表）

（单位:元）

分配方法	约当产量比例法	定额比例法	在制品只承担原料费	在制品比照成品成本
产成品成本	261 000	261 360	268 840	237 273
期末在制品成本	29 000	29 040	21 160	52 727
制造总成本	290 000	290 000	290 000	290 000

七、产品成本的计算

产品成本计算是指对产品制造过程中所发生的各项费用，进行审核、归集和分配的过程，如图 5－7 所示。

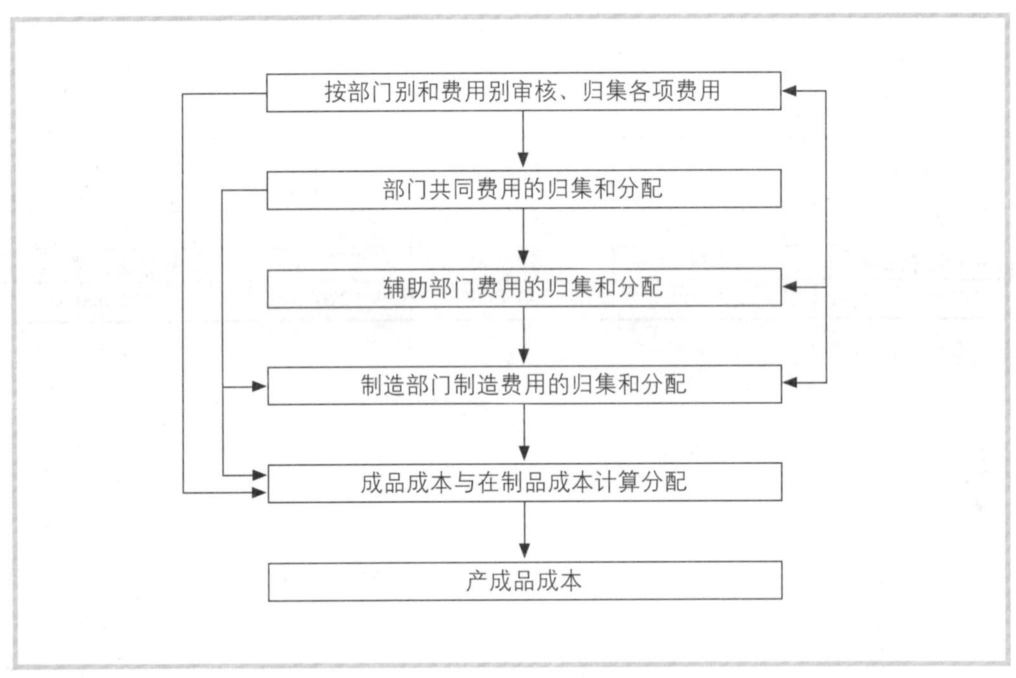

图 5-7 产品成本核算步骤

1．个别成本计算

对于产品成本的计算，企业通常会依据自身的生产特性和管理需要，采用不同的计算方法。例如，像造船、建筑等生产大型个别产品的企业，往往是接到客户订单才安排生产，一般要花上一个月以上的时间才能完成，因此就不能以月为成本核算期，而是以各产品制造指令实际生产资料为基础，汇集累加制造期间的所有费用，在产品制造完成时一并核算出产品的成本。

像这种个别接单生产的企业，制造过程中所发生的直接费用，基本上都是按制造指令别汇集统计。而间接费用则是经过不同部门核算后，再分配到不同订单中，待制造完成后再计算出产品的成本。这种按照制造指令计算产品成本的方法，称为个别成本计算。其计算流程如图 5－8 所示。

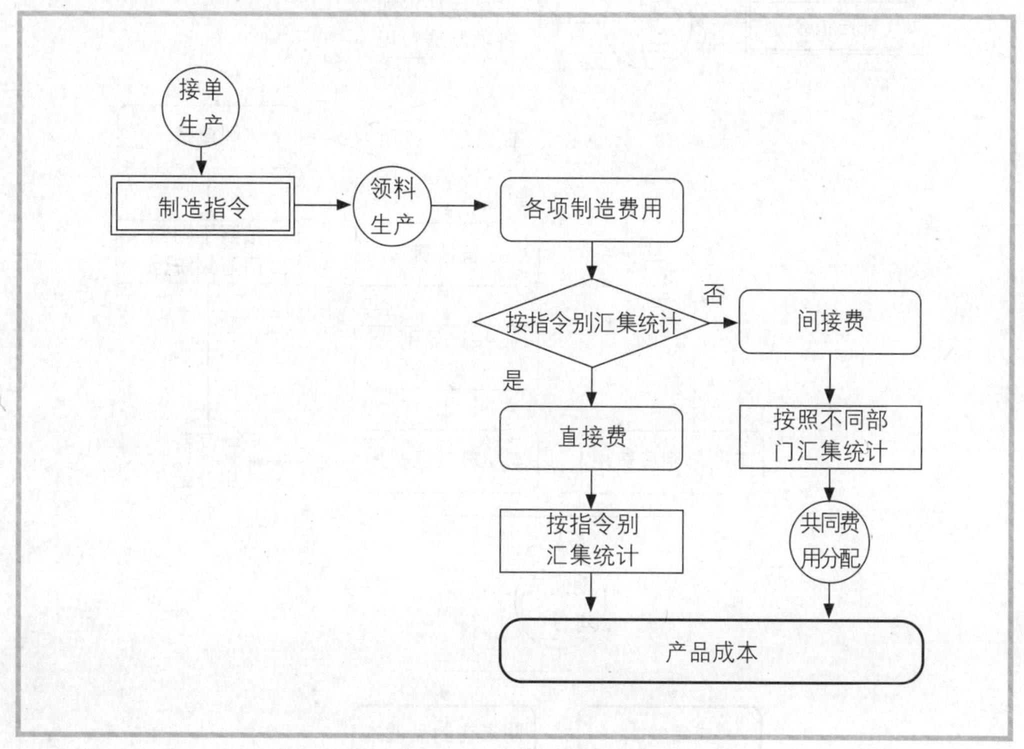

图 5-8 个别成本计算流程

2．批量产品成本计算

像钢铁、电器、汽车、纤维、食品、化工等企业，基本上是以连续性批量生产为主，这种生产形式，一般是按成本的核算期（通常以“月”为核算单位）汇集统计期间所发生的各项费用，计算产品成本。这种按期间汇集费用计算成本的方法，称为批量产品成本计算。其计算流程如图 5－9 所示。

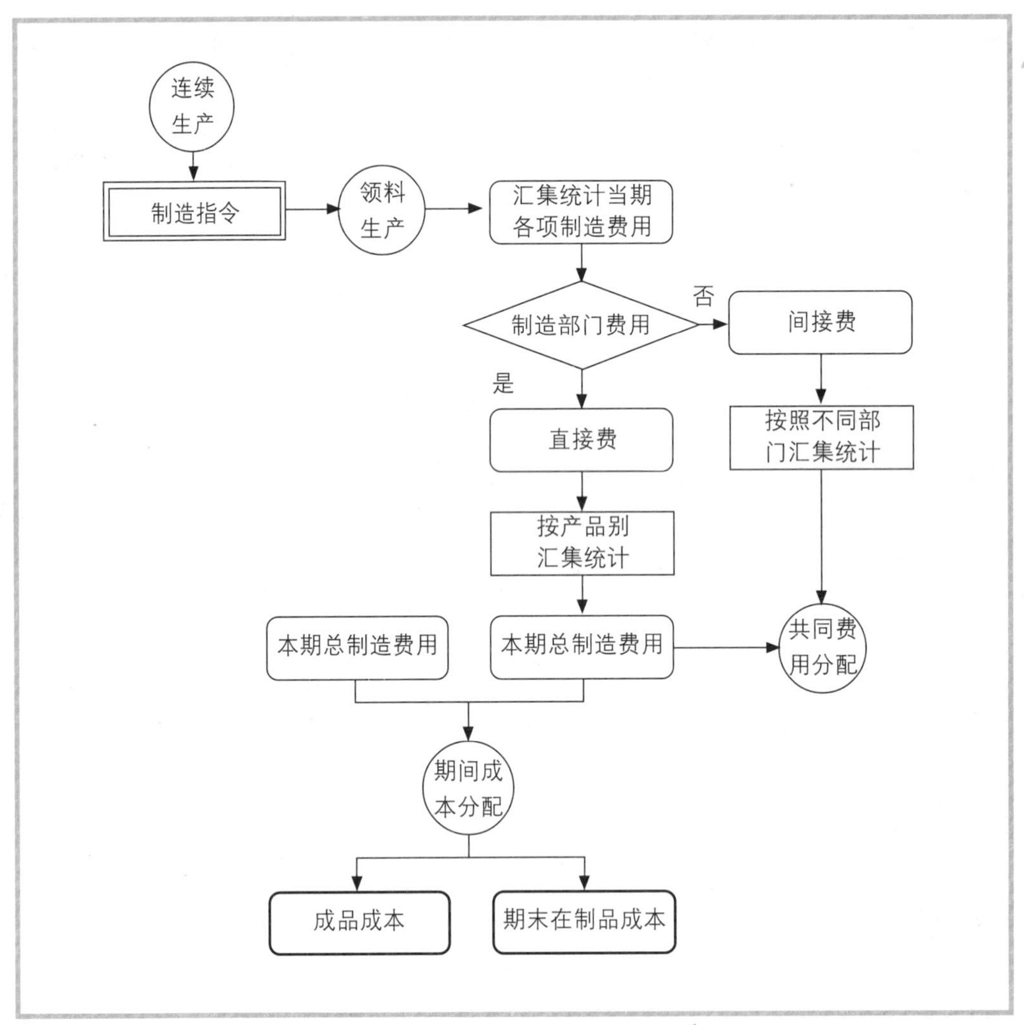

图 5-9 批量产品成本计算流程

3．个别产品成本计算和批量产品成本计算的区别

由此可见，个别产品成本计算和批量产品成本计算的根本差异，在于各成本要素的主要费用是按照制造指令（批号）计算还是按期间汇集统计，如图 5－10 所示。

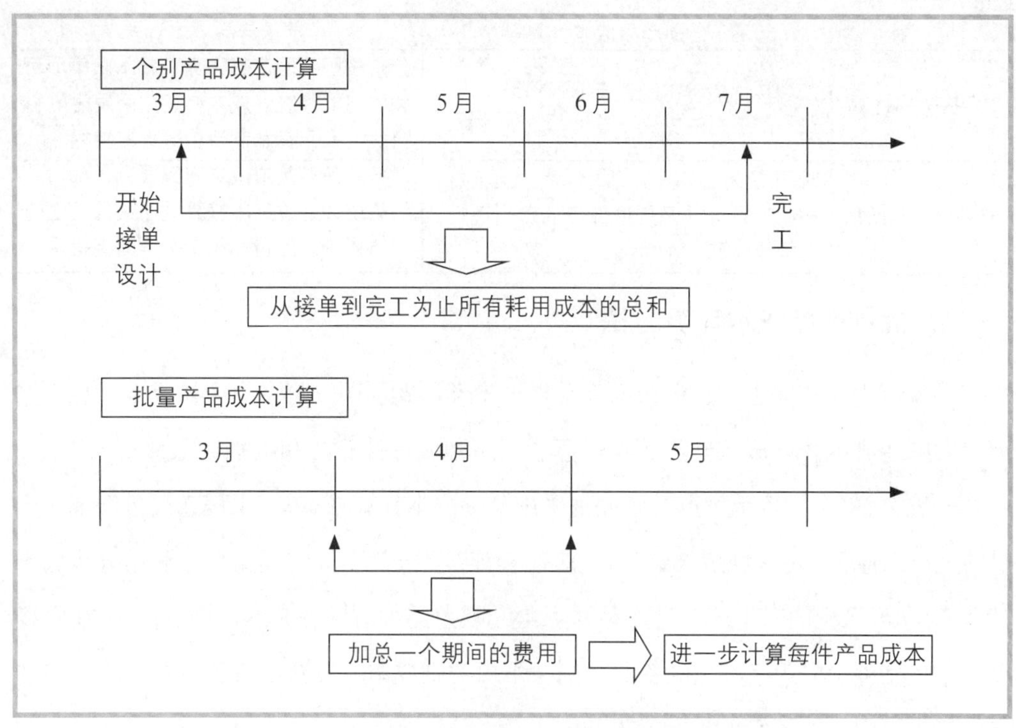

图 5-10 个别产品与批量产品成本计算的区别

两者的费用与成本计算的区别，如表 5－3 所示。

表 5-3 个别成本计算与批量成本计算的比较

项　目	个别产品成本计算	批量产品成本计算
生产形态	接单个别批次生产。	连续性批量生产。
制造指令	特定制造指令（主要成本按指令汇集统计计算）。	连续制造指令（各项成本不以指令汇集统计计算）
成本计算单位统计	按指令生产的产量。	成本核算期间的产品产量。
直接费用与间接费用的区分	成本计算必须区分直接费用和间接费用。	原则上不需要区分直接费用和间接费用。
部门费用计算	原则上只有制造费用。	原则上包含所有成本要素。
在制品成本计算	按照指令汇集统计计算成本，其中包含在制品。	按照成本核算期间计算成本，包含产成品成本和在制品成本。

续表

项　目	个别产品成本计算	批量产品成本计算
直接费用计算	分别就各指令个别发生的材料费、人工费和制造费的发生金额进行统计计算。	分别按照不同产品种类、成本归集项目和部门汇集统计成本核算期间发生的材料费、人工费和制造费等直接费用。
间接费用计算	对各指令共同发生的材料费、人工费和制造费等，及辅助部门的费用进行汇集统计和分配计算。	对各产品种类或成本归集项目、部门，汇集统计计算成本核算期间共同发生的材料费、人工费和制造费等间接费用。

4．批量产品成本计算方法

在实际财会作业上，企业通常都会根据生产形式不同，将多数产品成本计算方法细分为单纯成本计算法、分步成本计算法、品种成本计算法和类别成本计算法。

一般来说，个别接单生产的企业都采用分批成本计算法；单一工程连续量产单一产品的企业，通常采用单纯成本计算法；多制程连续生产产品的企业，多半采用分步成本计算法；同一工程同时生产多种产品的企业，则大都采用品种成本计算法；同一流水线上生产多品种、多规格产品的企业，则会采用类别成本计算法。各项成本计算方法选定的基本原则，如图 5－11 所示。

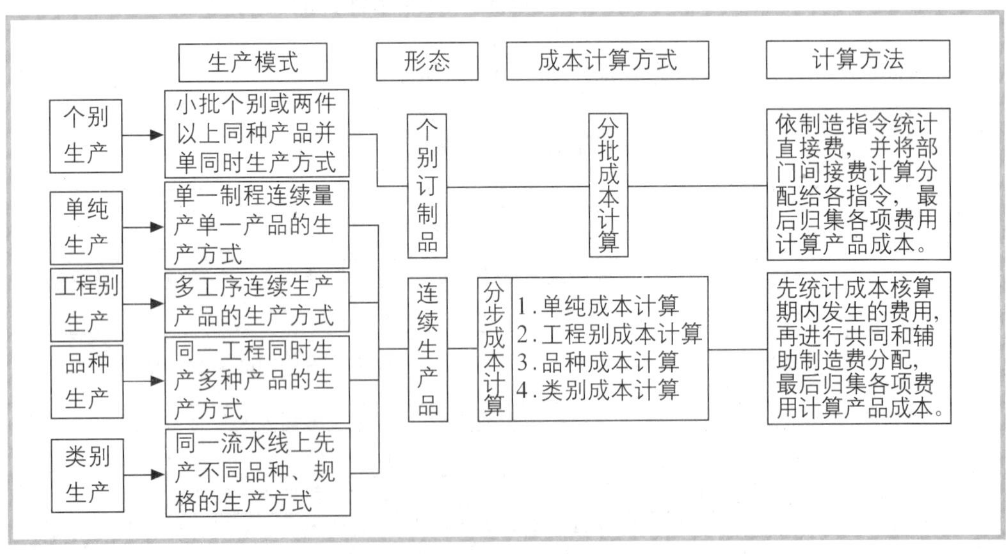

图 5-11　各种不同生产模式的成本计算方法

(1) 单纯成本计算

所谓单纯成本计算,就是将成本核算期间内所有生产费用直接加总后,除以当期产量,计算每单位产品成本的方法。这种方法一般用于只使用单一工程来生产产品的企业,如制冰工厂、采煤工厂等。其计算公式如下:

$$每单位产品的成本=\frac{原料成本+人工成本+制造费用}{产量}$$

(2) 分步成本计算

分步成本计算就是以产品制造工程为成本计算对象的成本计算方法。这种方法一般用于制造过程由多个工程组成的生产企业,如电子设备厂、染印厂、制纸厂、面包厂等。

利用这种方法计算成本时,首先要确定产品的制造部门与制造流程。其次,把各项成本要素分为各部门的个别费用和共同费用。最后,再根据需要,设置如保养、维修等辅助制造部门为费用归集及成本计算的对象。部门的个别费用直接按部门别归集统计,部门共同费用按照适当的分配方式分配到各个部门。辅助部门费用,则按照不同的分配标准,分配到各制造部门或制造工程中。简单来说,就是把所有的制造费用按照制造部门和辅助部门分别进行汇集统计后,再把辅助部门费用分配到各制造工程中,分门别类地计算成本。这种计算成本的方法,可分为逐步结转分步法和平行结转分步法。

① 逐步结转分步法

所谓逐步结转分步法,就是根据产品的制造顺序分段计算成本,直到核算出产品的成本为止的产品成本计算方法。也就是先计算出第一个制程的完工半成品成本及未完成的在制品成本;接着把已完工的半成品成本结转到第二个制程,加上第二个制程发生的各项成本,计算出第二个制程的完工半成品成本及未完成的在制品成本。以此类推,按产品的制造顺序分段累计结转各制程完工半成品成本,直到计算出最后制程的成品成本。

但是，如果各制程段所制造完成的半成品，没有立即移转接续制程生产时，就有必要设立半成品库列账管理，此时须将前期结存的半成品成本与本期生产的半成品成本进行加权平均计算，作为后续制程领用半成品的成本，如图 5－12 所示。

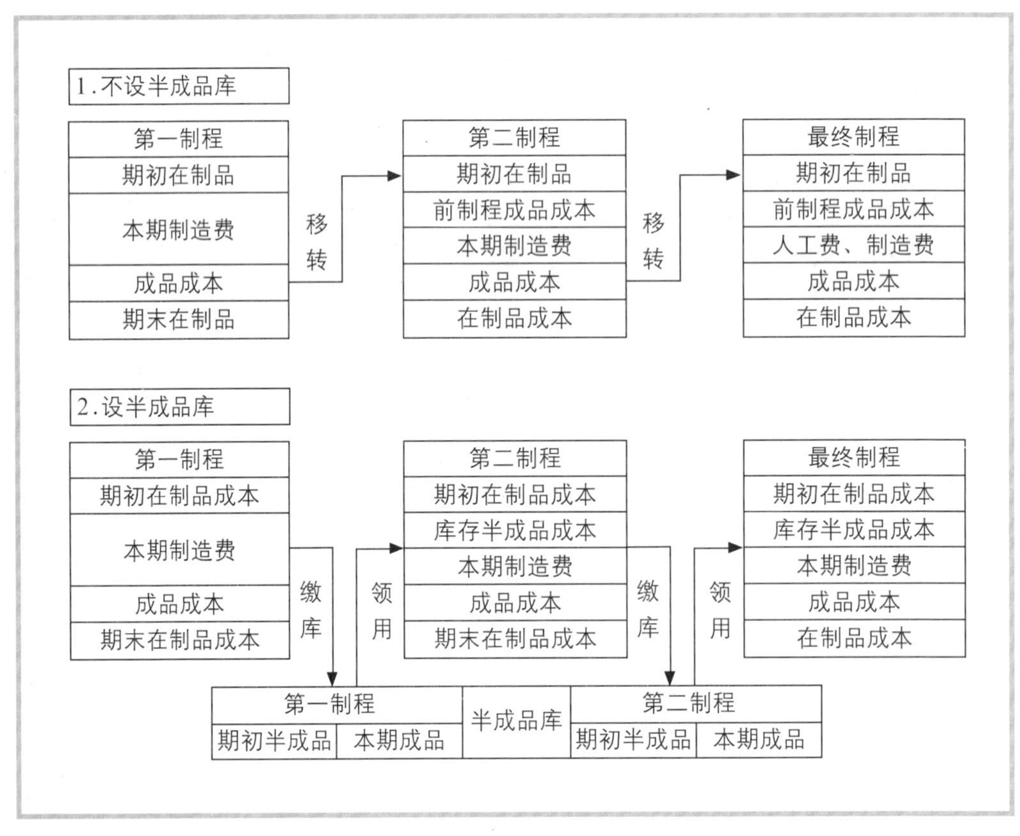

图 5-12 逐步结转分步成本计算步骤

② 平行结转分步法

所谓平行结转分步法，就是在进行各制程成本核算时，不计算所耗费的半成品成本，而只计算本制程成品成本，再将各制程成品成本汇总结转为产成品成本的方法。如图 5－13 所示。

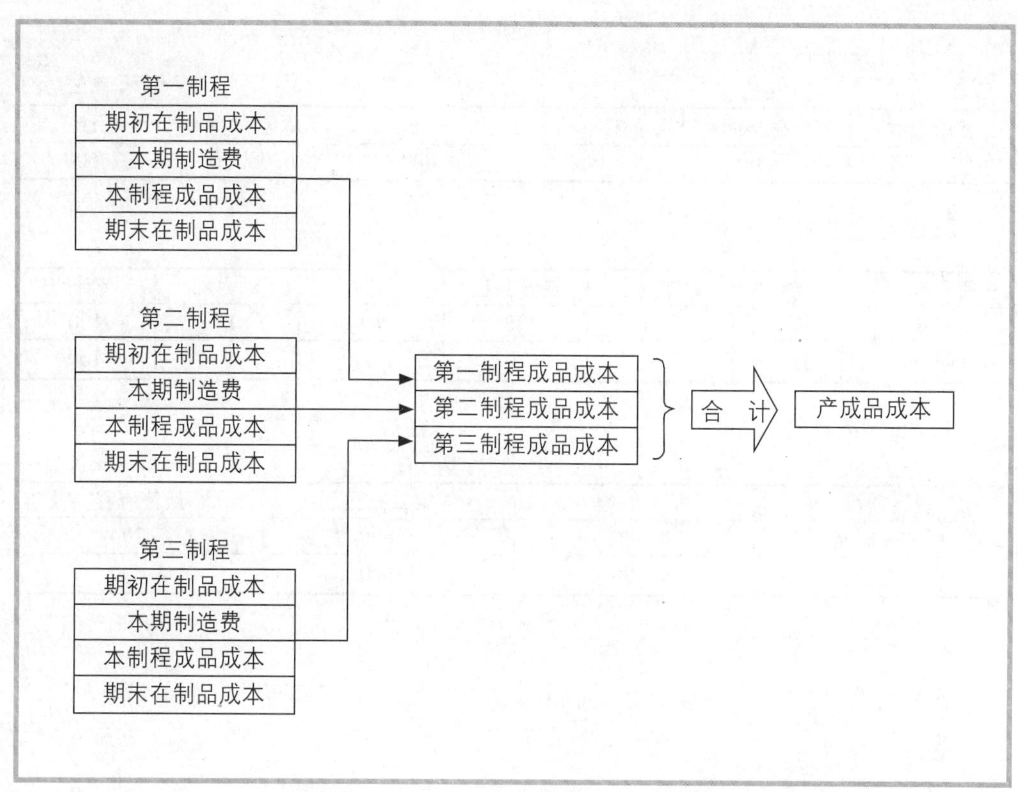

图 5-13 平行结转分步成本计算程序

案例 5-5:某企业采用逐步结转分步法作为产品成本的核算方法，核算某一成本期间 500 件成品的单位成本的计算过程及结果如下:

1.部门个别费

(单位:元)

费用项目	第一制程	第二制程	最终制程	制造部门合计	辅助部门		
					维修部	动力部	合计
材料费	96 000	54 000	36 000	186 000	6 000	10 000	16 000
人工费	24 000	18 000	12 000	54 000	4 000	3 000	7 000
制造费	12 000	9 000	6 000	27 000	2 000	2 000	4 000
合 计	132 000	81 000	54 000	267 000	12 000	15 000	27 000

2.部门共同费

（单位:元）

费用项目	厂房折旧	间接人工	运费	保险费	合计
金　　额	7 200	9 600	4 800	6 000	27 600

3.设定费用分配率（%）

项　目	第一制程	第二制程	最终制程	维修部	动力部	合计
共同费	30	25	20	10	15	100
辅助费	35	35	30	–	–	100

4．在制品结存金额

（单位:元）

费用项目	第一制程	第二制程	最终制程
期初在制品	4 800	6 000	5 200
期末在制品	7 200	4 800	3 600

5．共同费用的分配

各部门共同费 =（厂房折旧 + 间接人工 + 运费 + 保险费）× 各部门分配率

依此计算得出：

第一制程共同费 =（7 200+9 600+4 800+6 000）× 30%

=8 280(元)

第二制程共同费 =（7 200+9 600+4 800+6 000）× 25%

=6 900(元)

最终制程共同费 =（7 200+9 600+4 800+6 000）× 20%

=5 520(元)

维修部共同费 =（7 200+9 600+4 800+6 000）× 10%

=2 760(元)

动力部共同费 =（7 200+9 600+4 800+6 000）× 15%

=4 140(元)

6．辅助部门费用的分配

辅助部门费 =[维修部总费用（个别费 + 分摊共同费）+

动力部(个别费 + 分摊共同费] × 各部门分配率

各制程分摊辅助费 = 辅助部门费 × 各制程分配率

依此计算得出：

第一制程辅助费 =（12 000+2 760+15 000+4 140）× 35%

=11 865(元)

第二制程辅助费 =（12 000+2 760+15 000+4 140）× 35%

=11 865(元)

最终制程辅助费 =（12 000+2 760+15 000+4 140）× 30%

=10 170(元)

7．各制程本期制造费

各制程本期制造费 = 制程个别费 + 分摊共同费 + 分摊辅助部门费

依此计算得出：

第一制程本期制造费 =132 000+8 280+11 865

=152 145(元)

第二制程本期制造费 =81 000+6 900+11 865

=99 765(元)

最终制程本期制造费 =54 000+5 520+10 170

=69 690(元)

8．各制程成品成本

制程成品成本 = 期初在制品 + 前制程成品成本 + 本期制造费 - 期末在制品

依此计算得出：

第一制程成品成本 =4 800+0+152 145−7 200

=149 745(元)

第二制程成品成本 =6 000+149 745+99 765−4 800

=250 710(元)

最终制程成品成本 =5 200+250 710+69 690−3 600

=322 000(元)

9．产品单位成本

$$产品单位成本=\frac{成品成本}{产量}$$

$$=\frac{322\ 000}{500}$$

=644（元）

(3) 品种成本计算

所谓品种成本计算，就是以产品的品种作为成本计算对象来归集生产费用，计算产品成本的一种成本计算方法。运用这种方法进行成本计算时，要先把各品种产品的产量换算成成本计算的共同单位的等价系数，以便将总制造费或总制造成本按照不同产品品种别系数，分配到各产品，计算各产品的成本。

也就是说，把所有不同品种的产量，先依据品种别等价系数折算成单一品种的数量，再把产品总成本分配到各品种产品，最终除以各自产量，计算出各品种产品的单位成本。其计算步骤如图 5－14 所示。

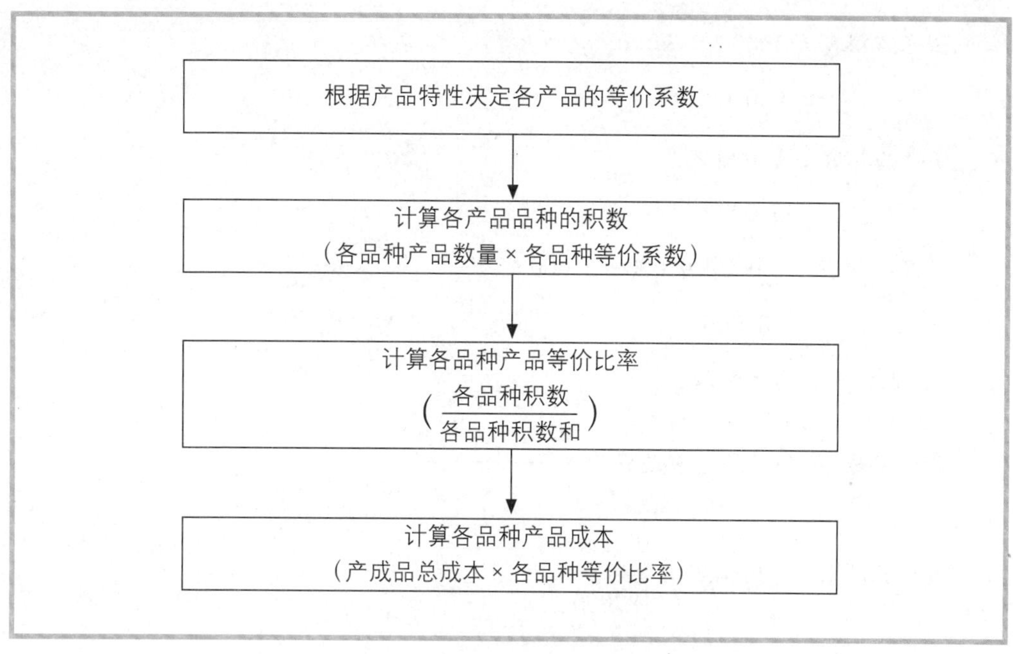

图5-14 品种成本的计算步骤

案例5-6:某工厂在某成本核算期间生产A、B、C三种产品，总制造费用为225 000元，根据下列各项相关生产数据资料，计算各品种成本。

1．相关生产数据资料(等价系数以各品种单位重量比例设定)

品种	单位重量（kg/件）	等价系数	生产数量（件）
A	20	2	2 000
B	30	3	3 000
C	50	5	1 000

2．计算各品种产品积数

各产品积数 = 各品种产量 × 等价系数

A产品积数 =2 000 × 2

=4 000

B 产品积数 $=3\ 000\times 3$

$=9\ 000$

C 产品积数 $=1\ 000\times 5$

$=5\ 000$

产品总积数 $=4\ 000+9\ 000+5\ 000$

$=18\ 000$

3．本期产成品的成本

$$各产品成本 = 产品总制造费用\times\frac{各产品积数}{产品总积数}$$

$$A产品成本=225\ 000\times\frac{4\ 000}{18\ 000}$$

$=50\ 000$(元)

$$B产品成本=225\ 000\times\frac{9\ 000}{18\ 000}$$

$=112\ 500$（元）

$$C产品成本=225\ 000\times\frac{5\ 000}{18\ 000}$$

$=62\ 500$（元）

4．各产品单位成本

$$各产品单位成本=\frac{各产品成本}{各产品产量}$$

$$A产品=\frac{50\ 000}{2\ 000}$$

$=25$(元)

$$B产品=\frac{112\ 500}{3\ 000}$$

$$=37.5（元）$$

$$C产品=\frac{62\ 500}{1\ 000}$$

$$=62.5（元）$$

⑷ 类别成本计算

所谓类别成本计算法，就是针对使用相同原材料，但种类规格多的连续性生产产品，根据产品生产特性先加以分类，再按类别计算产品单位成本的方法。

使用这种方法进行成本计算，必须先将使用同种原材料的产品种类及规格进行归类并设定类别，再根据类别进行领料生产。同时在制造过程中，将能按照类别汇集统计的费用归为直接费，由发生该直接费的类别产品负担。不能按照类别汇集统计的间接费，则按照部门共同费用和辅助部门费用的分配方式进行多次分配处理，如图 5－15 所示。

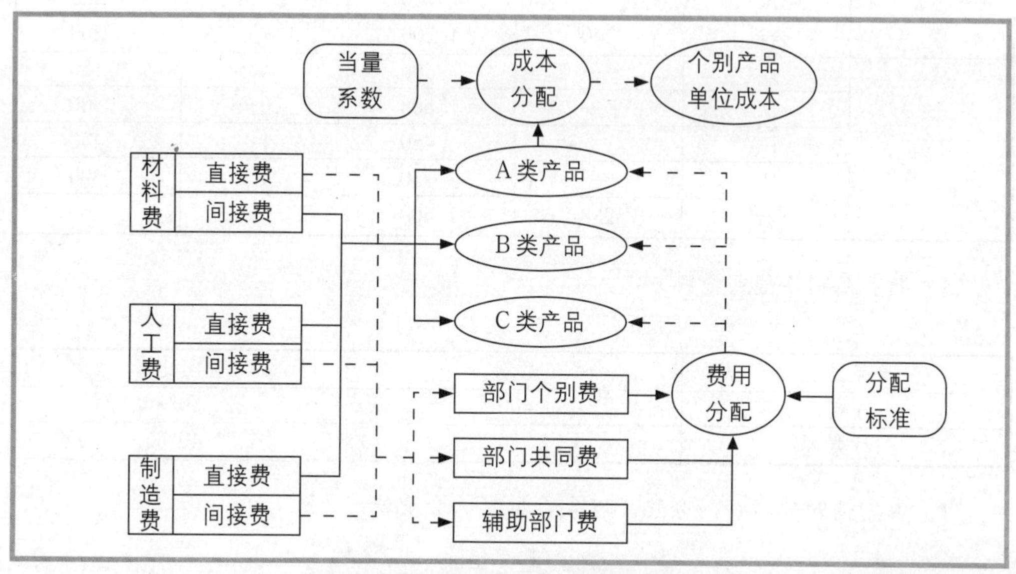

图 5-15 类别成本的计算步骤

在计算出各类别产品的成本后，依据同类中不同产品或规格的当量系数，分别计算各产品、规格的成本，最终除以各产品的成品产量，得出各产品、规格的单位成本。

案例 5－7：根据某工厂相关生产费用的数据资料，用逐步结转成本方式计算各类别及产品的成本。

1．期初在制品与本期发生费用资料

（单位：元）

产品类别	期初在制品成本	本期发生部门个别费用				辅助部门费
		原材料	人工费	制造费	合　计	
A 类	5 100	12 000	3 600	2 200	17 800	2 640
B 类	4 840	18 000	2 600	1 600	22 200	

2．各类产品当量系数与本期产量

（单位：件）

产品类别	产品内容	生产工时	成品产量	当量系数	折合产量
A 类	A_1	–	600	0.8	480
	A_2	–	400	1	400
	A_3	–	200	1.6	320
	合计	240	1 200	–	1 200
B 类	B_1	–	300	0.5	150
	B_2	–	500	0.6	300
	B_3	–	450	1	450
	B_4	–	250	1.2	300
	合计	288	1 500	–	1 200

3．期末在制品盘点资料

（单位：件）

产品类别	数量	完工比率
A 类	400	50%
B 类	250	40%

4．本期辅助部门费用分配（以生产工时为分配标准）

$$产品负担费 = 辅助部门费 \times \frac{产品生产工时}{\sum 产品生产工时}$$

即:

$$A类产品负担费 = 2\ 640 \times \frac{240}{240+288}$$

$$= 1\ 200(元)$$

$$B类产品负担费 = 2\ 640 \times \frac{288}{240+288}$$

$$= 1\ 440(元)$$

5. 产品类别期末在制品及成品成本计算

(1) 产品类别期末在制品成本

$$\text{产品类别期末在制品成本} = \left(\text{期初在制品成本} + \text{本期制造费}\right) \times \frac{\text{期末在制品量}\times\text{完工比率}}{\text{期末在制品量}\times\text{完工比率}+\text{成品量}}$$

$$\text{产品类别成品成本} = \left(\text{期初在制品成本} + \text{本期制造费}\right) \times \frac{\text{成品量}}{\text{期末在制品量}\times\text{完工比率}+\text{成品量}}$$

即:

$$A产品期末在制品成本 = (5\ 100+17\ 800+1\ 200) \times \frac{400 \times 50\%}{400 \times 50\%+1\ 200}$$

$$= 3\ 442.8(元)$$

$$A类产品成品成本 = (5\ 100+17\ 800+1\ 200) \times \frac{1\ 200}{400 \times 50\%+1\ 200}$$

$$= 20\ 657.14(元)$$

$$B类产品期末在制品成本 = (4\ 840+22\ 200+1\ 440) \times \frac{250 \times 40\%}{250 \times 40\%+1\ 500}$$

$$= 1\ 780(元)$$

$$B类产品成品成本=(4\ 840+22\ 200-1\ 440)\times\frac{1\ 500}{250\times40\%+1\ 500}$$

$$=26\ 700(元)$$

6．个别产品单位成本计算

$$个别产品单位成本=类别产品成本\times\frac{\dfrac{个别产品折合产量}{类别产品折合产量}}{个别产品产量}$$

即：

$$A_1产品单位成本=20\ 657.14\times\frac{\dfrac{480}{1\ 200}}{600}$$

$$=13.77(元)$$

$$A_2产品单位成本=20\ 657.14\times\frac{\dfrac{400}{1\ 200}}{400}$$

$$=17.21(元)$$

$$A_3产品单位成本=20\ 657.14\times\frac{\dfrac{320}{1\ 200}}{200}$$

$$=27.54(元)$$

$$B_1产品单位成本=26700\times\frac{\dfrac{150}{1\ 200}}{300}$$

$$=11.125(元)$$

$$B_2\text{产品单位成本} = 26\ 700 \times \frac{\frac{300}{1\ 200}}{500}$$

$$= 13.35(\text{元})$$

$$B_3\text{产品单位成本} = 26\ 700 \times \frac{\frac{450}{1\ 200}}{450}$$

$$= 22.25(\text{元})$$

$$B_4\text{产品单位成本} = 26\ 700 \times \frac{\frac{300}{1\ 200}}{250}$$

$$= 26.7(\text{元})$$

(5) 分批成本计算法

所谓分批成本计算，就是依照产品制造指令别领料生产，并按指令别统计相关制造费用，再逐批分别计算指令别产品成本的方法。也就是以产品的制造指令作为成本计算对象的一种成本计算方法。

企业在使用这种方法计算产品成本前，必须按照各项费用的使用对象区分出哪些是直接费，哪些是间接费，再分别汇集统计。按照制造指令统计的原料费、人工费与制造费等费用，直接归集为制造指令的直接成本。对不同指令所共同发生的费用和辅助部门的费用，一般列为间接制造费，并依照一定的分配原则分配到各制造指令中。最终再将指令别的直接费和间接费加总，就是各制造指令的产品成本。

如果一个制造指令包含两个以上的相同产品，将制造指令的总成本除以该批号的产量所得到的金额，就是该项产品的单位成本。换句话说，分批成本计算的所有生产耗费，从产品投入生产起一直持续累加到产品制造完成为止，计算方式可以简单归纳成图 5－16 所示的基本形式。

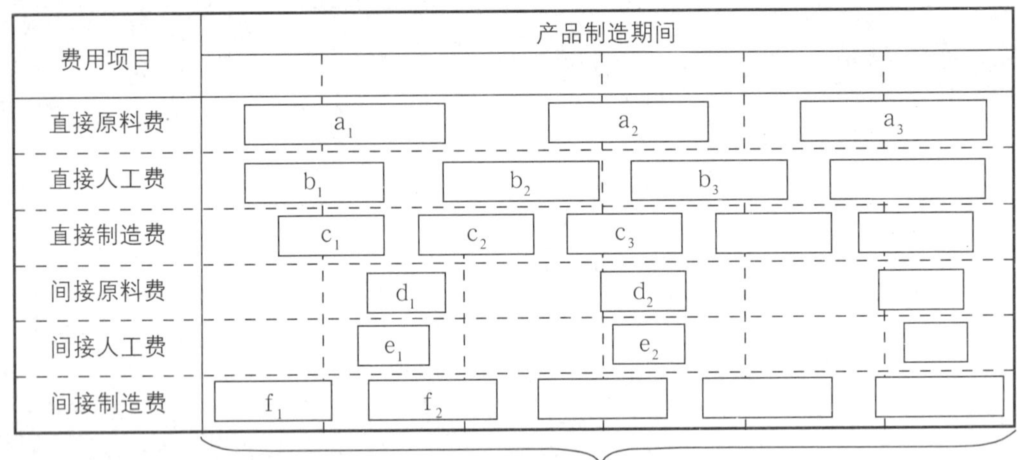

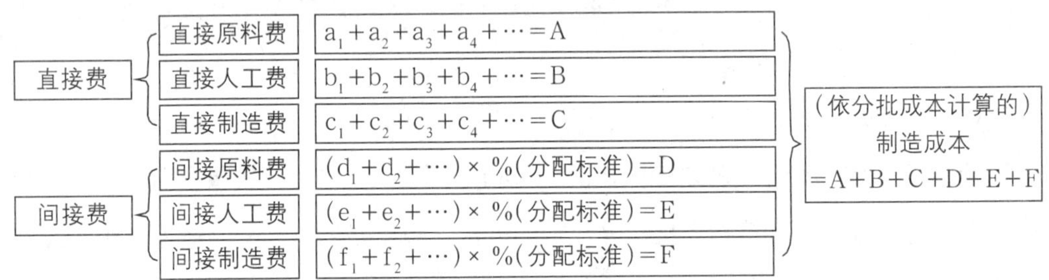

图 5-16 分批成本计算的基本形式

案例 5-8：某工厂生产甲、乙两种产品，间接制造费采用机械作业时间进行分配。相关资料如下：

1．生产数据资料

制造批号	产　品	预定产量（件）	投产月份	完工月份	完工量（件）	机械作业时间（时）		
						A	B	C
801	甲	80	8月	9月	80	720	660	240
802	乙	70	8月	9月	70	480	360	120

2．制造直接费用资料

（单位：元）

制造批号	原　料	人　工
801	61 240	55 120
802	48 320	36 240

3．制造间接费用资料(8、9月合计)

车间别	个别费用（元）	加工时间（时）	共同费用	
			项　目	金额（元）
A	36 512	1 200	建筑物	2 320
B	19 827	1 020	保险费	2 400
C	18 940	360	动力费	7 200
			间接人工	7 086

4．车间共同费用分配基础资料

机械别	设备金额(元)	占用面积（m^2）	用电量（度）	员工人数（人）
A	48 000	20	1 200	10
B	40 000	12	1 200	4
C	32 000	18	600	6

5．机械加工费计算

项　目		分配基础	合　计	生产中心		
				A机械	B机械	C机械
机械个别费用（元）		–	13 280	7 512	2 828	2 940
共同费用（元）	建筑物	面积	2 320	928	557	835
	保险费	设备金额	2 400	960	800	640
	动力费	用电量	7 200	2 880	2 880	1 440
	间接人工	员工人数	7 096	3 543	1 420	2 128
合　计①		–	32 296	15 828	8 485	7 983
作业时间②		–	–	1 200	1 020	360
费用率（元／时）		①／②	–	13.19	8.32	22.17

分配给A机械的各项共同费用计算如下(B、C机械的计算相同)：

$$建筑物费用=2\ 320\times\frac{20}{20+12+18}$$

$$=928（元）$$

$$保险费=2\ 400\times\frac{48\ 000}{48\ 000+40\ 000+32\ 000}$$

$$=960(元)$$

$$动力费 = 7\ 200 \times \frac{1\ 200}{1\ 200+1\ 200+600}$$

$$= 2\ 880(元)$$

$$间接人工费 = 7\ 086 \times \frac{10}{10+4+6}$$

$$= 3\ 543(元)$$

⑥甲、乙产品的成本计算

甲产品制造费 $= 13.19 \times 720 + 8.32 \times 660 + 22.17 \times 240$

$= 20\ 308$(元)

甲产品总成本 $= 61\ 240 + 55\ 120 + 20\ 308$

$= 136\ 668$(元)

$$甲产品单位成本 = \frac{136\ 668}{80}$$

$$= 1\ 708.35(元)$$

乙产品制造费 $= 13.19 \times 480 + 8.32 \times 360 + 22.17 \times 120$

$= 11\ 987$(元)

乙产品总成本 $= 48\ 320 + 36\ 240 + 11\ 987$

$= 96\ 547$(元)

$$乙产品单位成本 = \frac{96\ 547}{70}$$

$$= 1\ 379.24(元)$$

第六篇　损益计算

一、收入、成本及费用核算

二、产品销售收入及成本核算作业

三、期间费用的核算

四、利润的构成及核算

企业经营的目的就是获取利润。因此，在每经营一段时间后，就必须进行收入、成本及损益的核算，了解在每个损益核算期间内，企业的经营是否产生良好的经营成效而获得应有的利润。换句话说，只要在损益计算期间内，企业销售产品或提供劳务的收入，比所付出的成本要高，就表示企业获利；反之，收入比成本来得低，就是企业亏损。具体可以用下列式子表示：

损益 = 销售收入 - 销售成本

销售收入 - 销售成本 > 0（正数），→赚钱；

销售收入 - 销售成本 = 0，→不赚不亏；

销售收入 - 销售成本 < 0（负数），→亏损

由这些式子可知，只要汇集统计这段时间内的产品销售收入（或劳务收入），减去该段时间销售产品的成本后，就能得知企业当期的损益情况。从这个角度来看，可以认为，出于核算企业在某一段期间利润的目的，才会进行成本核算，如果不进行企业经营利润的核算，就不会发生产品成本的核算。因此，在财会作业上，可以认定“产品成本的核算”是依附在“损益核算”作业上的，企业若不进行损益核算，产品成本就没有核算的必要。

对于个别接单生产企业来说，只要把每项“制造指令”的销售收入减去依照该指令汇集统计计算的成本后，就可以得到该“制造指令”的损益结果。对于多数连续批量生产的企业而言，因为涉及“同样产品入库期间不同，会有不同制造成本”的问题，在进行损益计算时，必须先核算成品的库存成本，再进行损益核算。

然而，企业的收入并非只是销售产品或提供劳务等的“主营业务收入”，还包括与企业经营活动有关，但非企业主营业项目的“其他业务收入”，及与企业营业项目无关的其他“营业外收入”。

一、收入、成本及费用核算

1. 收入核算

所谓收入，一般是指企业销售产品、提供劳务及出让财产使用权利等日常运营活动所产生的经济利润的流入,又称为销售收入、营业收入、营业额、营收、业绩、销货收入及营业规模等，是企业获利的主要来源。企业收入越高，获利机会也会随之加大。销售收入也称营业收入，往往被视为企业营业规模排名的指标，如每年公布的世界500强企业，就是以营收多少来排名的。当企业营收创新高时，一方面代表企业业务成长速度加快，另一方面也代表企业获利有可能比预期更好。在财会作业上，一般把收入分为主营业务收入、其他业务收入及营业外收入等三大类。

⑴ 主营业务收入

主营业务收入是指企业主要营业项目的收入，例如产销行业的产品销售收入，服务业提供的劳务收入等。在企业经营运作上，主营业务收入占企业收入的十之八九，是代表企业真正正常运营的结果，也是企业赖以生存的命脉。

⑵ 其他业务收入

其他业务收入是指与企业经营活动有关，但非企业主营业务的收入，如原材料、废料、呆滞存品等的出售所得等。

其他业务收入一般均是伴随着企业主营业务产生的“副产品”，如果企业没有主营业务，也就不会有其他业务收入。同时企业在计算损益时，一般均以“销售收入净额”为准，也就是从销售收入中扣除销售退回及折让后的金额。

⑶ 营业外收入

营业外收入是指与企业营业项目无关的其他收益，如固定资产盘盈、处置固定资产净收益、罚款净收入等。

企业的营业外收入，并不是由企业经营资金耗费所产生的，往往是财务部门资金运作产生的收益，跟企业的主营业务没有多大的关系。鉴于绝大多数的企业人在企业内部的工作，都是主营业务方面，因此，有关收入的核算说明，都将以主营业务收入为主。

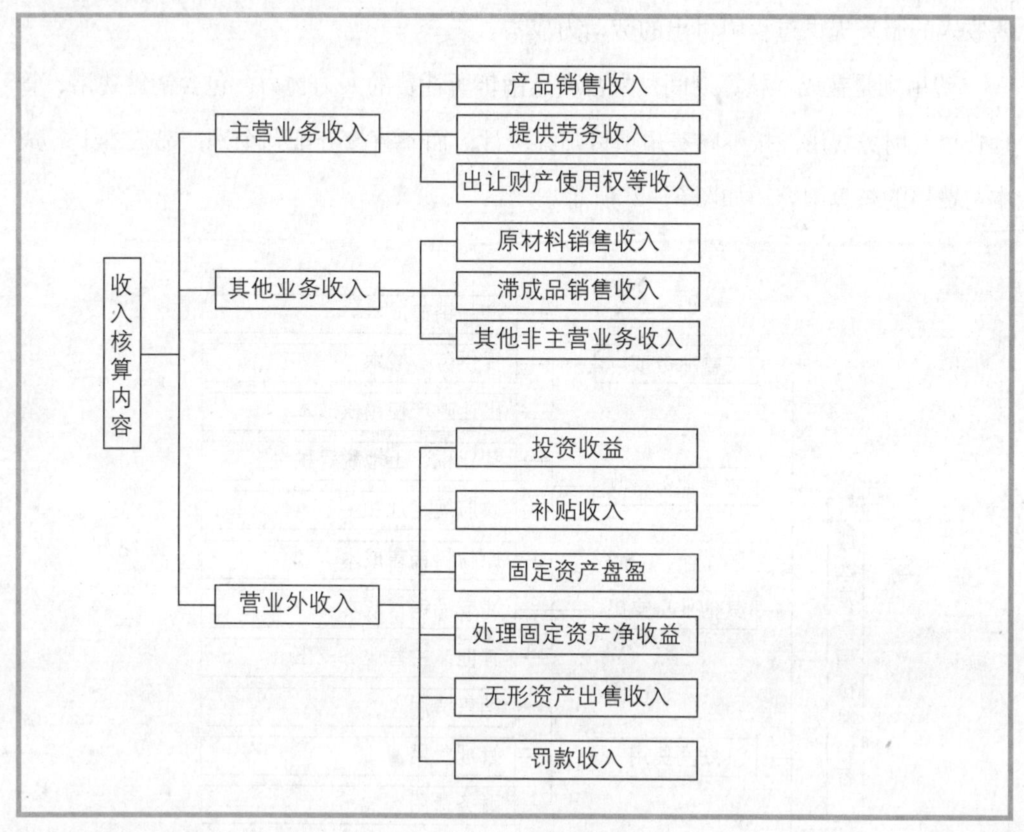

图 6-1 收入核算内容

2．成本与费用核算

如前所述，成本与费用都是配合企业核算损益而产生的。两者的主要区别在于成本是对应“产品”或“期间”而言的，是指为获得销售产品、提供劳务等经济利润，而发生的各种耗费，如原料成本等。而费用是指一定期间内企业为获取经济利润而发生的经济资源的耗费，如销售费用等。

产品销售计算的成本，就是销售成本；劳务收入核算的成本，就是劳务成本。比如，商业的商品销售成本，是销售收入的商品在采购过程中发生的成本；制造业的产品销售成本，是销售收入的产品在生产制造过程中发生的成本；服务业的销售成本，则是销售收入的服务提供过程中付出的劳动力成本。

费用则是在成本核算期间，配合产品销售所耗费的人力物力，包含销售费用、管理费用及财务费用，按不同费用项目归集统计，而不直接分配到个别产品成本上。成本与费用的核算内容，如图6－2 所示。

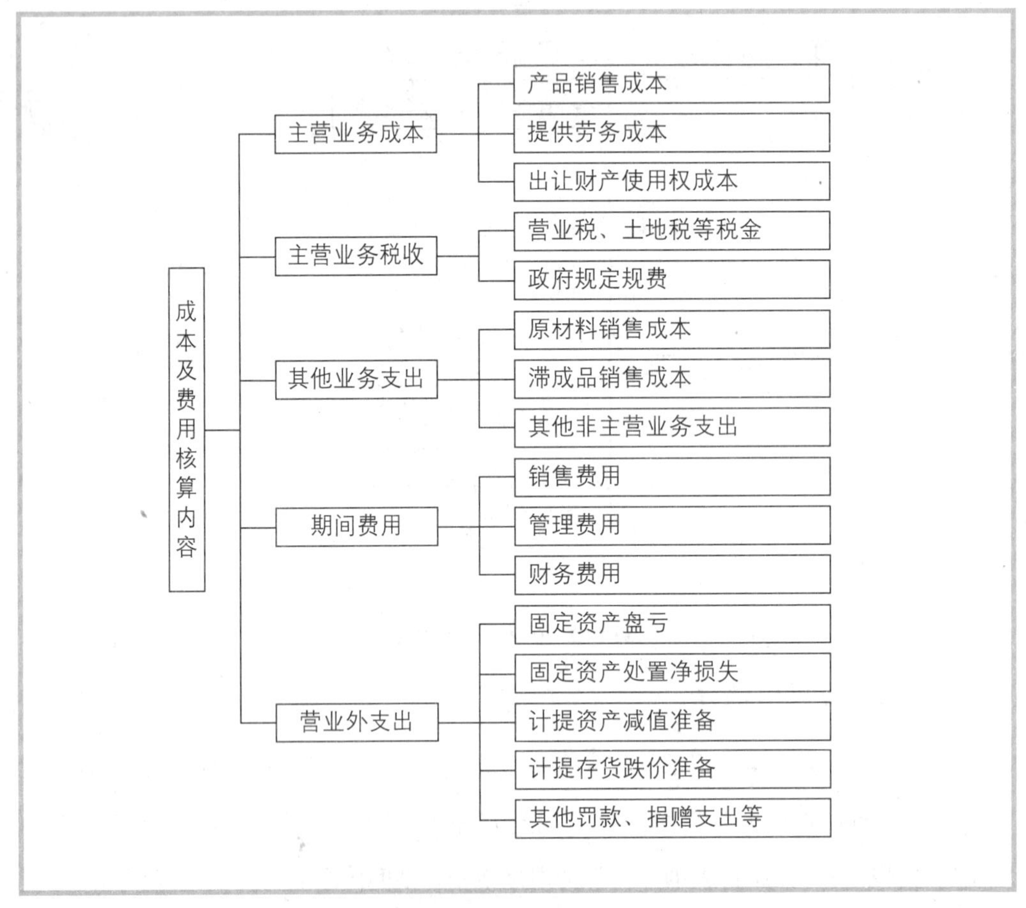

图 6-2 成本及费用核算的内容

二、产品销售收入及成本核算作业

从财会的角度来说，产品销售收入就是将产品的所有权和未来报酬转让给买方，而从中获取对应金钱的回报。在财会作业上，产品销售方式不同，销售收入的核算程序也就不一样。只要产品实质上已经转让给买方，即使还没有收到买方必须支付的货款，都可以列入销售收入账处理。至于货款，则依据不同的结算方式，列入不同的账项。例如，交款提货或分期付款的货款，一般列入现金、银行存款账处理;商业汇票结算的货款，列入应收票据账处理;托收承付、委托收款或赊销方式的货款，列入应收账款账处理;预收货款结算则列入预收账款账处理。

1. 销售收入净额

虽然在企业的实际营销运作上，产品的销售收入一般是指企业与买方签订的合同或协议金额，或双方接受的确定金额，但这些确定下来的金额，难免会受某些营业因素的影响而有所不同。例如，给予买方的现金折扣，在实际发生时一般都作为当期费用处理，而不从产品销售收入中扣除。但是，因为产品质量不合格所发生的“销售折让”或“销售退回”，前者就要冲减发生当期的销售收入，而后者则冲减退回当期的收入。此外，产品的销售价格一般有含税的价格和不含税价格，在进行产品销售收入统计时，也要采用一致的标准，以不含税价格为准。

将产品销售收入扣减销售折让、销售退回及税金等以后的余额，称为销售收入净额，一般以此为核算企业产品损益的基础。换句话说，销售收入是本期中所有产品或商品的订价减去打折、佣金等各种扣除项目后的最终净销售价格，乘以销售量后的总金额，即:

销售收入净额 = 最终净销售价格 × 销售量

2．销售产品成本

核算企业经营利润的另一个基础项目，就是成本。在企业经营管理的运作上，主要的成本项目包含销售成本与制造成本。前者是相对企业的销售行为而言的，后者则是对产品的制造完成入库时点而言的，据此核算出来的产品缴库成本，就是正常产品销售成本的基础。

当一项产品在损益计算期间制造完成入库，也同时在该段期间销售出去，那么该项产品在这段期间的销售成本就等于制造（缴库）成本。反之，若一项产品跨越几个损益核算期间，不断地连续生产入库，则在每一个损益计算期间内，销售的产品在期初、期末都有库存时，就必须加入期初产品库存成本，以计算出产品销售成本。

一般计算产品销售成本的方法有实际成本法和计划成本法两种。

⑴ 实际成本法

实际成本法是根据每一损益计算期中，销售产品品种的数量与平均单位成本，先计算出已销售产品的实际成本，再结转销售产品成本，亦即：

销售产品成本 ＝ Σ销售品种数量 × 单位产品成本

⑵ 计划成本法

计划成本法指的是参考产品过去的缴库成本，预先设定产品的单位销售成本后，据以计算产品销售成本的计算方法，也称为预定价格法。

3．实际成本计算法

使用实际成本计算产品单位销售成本时，可以比照材料领用实际成本的六种计算方法，具体如下：

⑴ 个别成本法

按照产品的品种，逐批区分出缴库批号别，以各批的缴库成本作为产品的销售成本。

⑵ 先进先出法

假设依照产品缴库的先后顺序依序出售产品，以此来确定产品的销售成本。

⑶ 后进后出法

与先进先出法相反，后进后出法是假设产品的销售是先售出后缴库的产品，以最近的缴库成本作为产品的销售成本。

⑷ 加权平均法

在产品损益核算期间，根据产品的期初结存和本期缴库的数量与成本，在期末一次计算产品在本期的加权平均单位成本，作为本期产品销售与结存的单位成本，即：

$$产品加权平均单位成本 = \frac{期初库存金额 + 本期缴库成本}{期初库存数量 + 本期缴库数量}$$

产品销售成本 = 产品加权平均单位成本 × 本期产品销售数量

⑸ 移动加权平均法

每当缴库一批产品时，就在该时点将该批产品的缴库成本与库存相同产品的结存金额进行加权平均，计算出产品的单位成本，作为产品的销售成本，即：

$$产品移动平均单位成本 = \frac{本批缴库前结存金额 + 本批缴库成本}{本批缴库前结存数量 + 本批缴库数量}$$

产品销售成本 = 产品移动平均单位成本 × 本期产品销售数量

4．最后进价法

以产品最后的单位售价计算期末产品的库存金额，再用缴库成本减去库存金额作为产品的销售成本。即：

产品销售成本 = 产品缴库成本 －（产品单价 × 期末库存数量）

通常，企业在核算产品的销售成本时，都是以产品的缴库成本来计算的。但是，对于连续批量的企业来说，同品种产品的缴库成本，经常会因原材料市场行情、车间生产效率、各项费用的耗费而变化，连带影响到产品销售成本的计算。因此，企业在选定产品销售成本计算方法时，必须考虑自身的经营管理情况，并衡量库存管理作业的合理性，事先了解各种计算方式的优缺点后，再决定采用哪种计算方式，计算出合理的产品销售成本。

如上所述，产品销售成本的计算，主要有实际成本法及预定成本法两种计算方法。但绝大多数的企业都是选择在每个成本核算期间，只计算一次产品销售成本的加权平均法。在企业的日常运营中，基本上很少使用到产品的实际销售成本，因而就没有必要随时频繁地进行产品销售成本的计算。只要在每个损益核算期间计算一次产品的实际销售成本，满足企业损益核算与分析的需求就可以了。

三、期间费用的核算

所谓的期间费用就是为获得期间收益而使用的资金，包括销售费用、管理费用和财务费用。期间费用核算就是配合计算期间损益，按照不同的运营管理，分别汇集统计损益期间所发生的费用。也就是说，这些期间费用直接计入当期损益计算。

1．销售费用

销售费用是指企业在产品销售过程中发生的各项费用，包括产品的包装费、运输费、装卸费、保险费、广告费和展览费，以及销售部门员工的薪资奖金、福利费、差旅费、办公费、水电费等。这些费用在日常财会作业上，都会按照费用项目别设置明细账进行明细核算，在每个损益核算期末将这些明细费用汇集为本期销售费用后，将余额结转入“本年利润”账户。

2．管理费用

管理费用是指企业为组织和管理生产经营所发生的各项费用，包括董事会和财务、人事、总务、研发等行政管理部门在企业经营管理中发生的或者应当由企业统一负担的经费（如行政部门员工薪资奖金、修缮费、办公费、差旅费、水电费等）、工会经费、劳动保险费、业务招待费、房产税、土地使用税、职工培训费、研究开发费、存货盘盈亏、计提坏账准备和存货跌价准备等。这些费用在日常财会作业上，按照费用项目别设置明细账进行明细核算，在每个损益核算期末将这些明细费用汇集为本期管理费用后，将余额结转入“本年利润”账户。

3．财务费用

财务费用是指企业为筹集生产经营所需资金而发生的费用，包括应作为期间费用的利息支出、汇兑损失以及相关的手续费等。这些费用在日常财会作业上，按照费用项目别设置明细账进行明细核算。在每个损益核算期末时，要先从这些明细费用内减除利息收入、汇兑收益，再汇集成为本期财务费用后，将余额结转入“本年利润”账户。

四、利润的构成及核算

1. 利润的种类

所谓利润，就是企业在一定会计期间的经营成果。因应企业经营管理的需要，可以分为销售总利润、营业利润、营业外利润、税前利润、本期利润和本期未分配利润等。

⑴ 销售总利润

销售总利润又称为销售毛利，是指产品或商品销售后获得的利润，由销售收入减去销售成本而得。销售总利润是判断产品的生产制造活动或商品的采购活动，对产品或商品利润的贡献程度的重要工具，其计算公式如下：

销售总利润 = 主营业务利润 + 其他业务利润

=(主营业务收入 - 主营业务成本)+(其他业务收入 - 其他业务成本)

=(主营业务收入 + 其他业务收入)-(主营业务成本 + 其他业务成本)

= 销售收入 - 销售成本

⑵ 营业利润

营业利润又称为净利润，是指企业营业活动所获得的利润，由销售总利润减去销售费用、管理费用和财务费用。营业利润主要用来判断企业的各项营业活动对企业利润的贡献程度，其计算公式如下：

营业利润 = 销售总利润 - 销售费用 - 管理费用 - 财务费用

⑶ 税前利润

税前利润是用以向税务机关申报缴纳相关税项的利润，就是企业的营业利润以及营业外收益扣除营业外支出后的利益。其计算公式如下：

税前利润 = 营业利润 + 营业外收益 - 营业外支出

⑷ 税后利润

税后利润是税前利润减去企业所得税等各种税项后的剩余利润，其计算公式为：

税后利润 = 税前利润 - 企业所得税

(5) 本期未分配利润

本期未分配利润是本期利润加上上一期结转利润后的利润，这部分的利润减去股金和公司董事酬劳等分配金后的余额就是保留盈余，其计算公式为:

本期未分配利润 = 本期利润 + 前期结转利润

利润的主体结构如图6－3 所示。

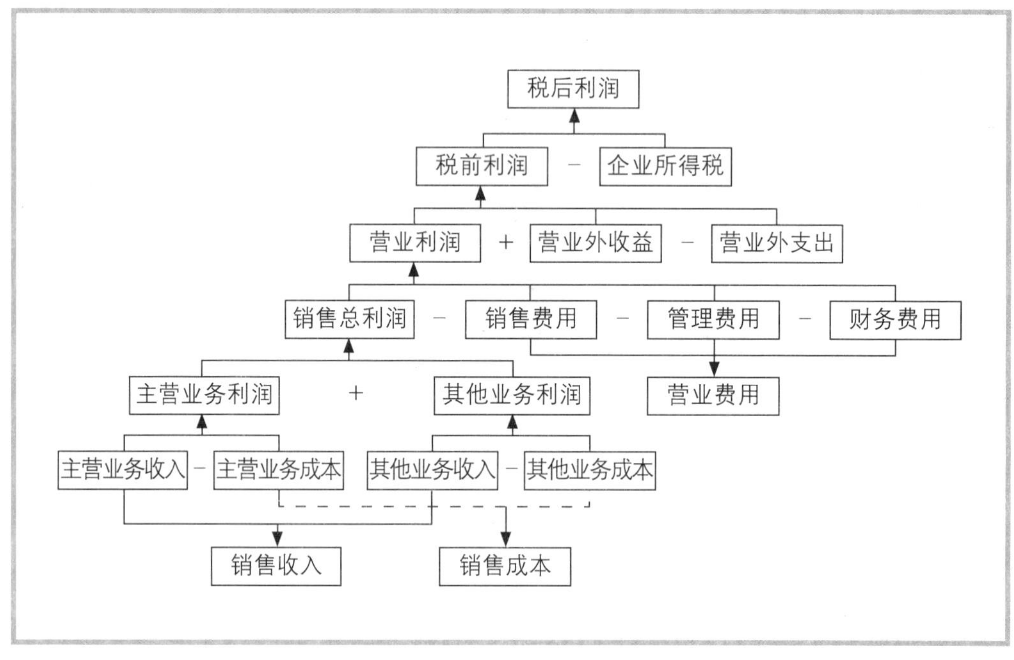

图 6-3 利润结构图

2. 利润的计算方法

绝大多数的企业都是按期（月）计算利润的，其计算方法有账结法和表结法两种。

(1) 账结法

账结法是每期（月）结束时，将损益类各科目余额转入“本年利润”科目，再通过“本年利润”结转本期实现利润（亏损）和本年累计利润（亏损）。账结法的计算步骤如图6－4所示。

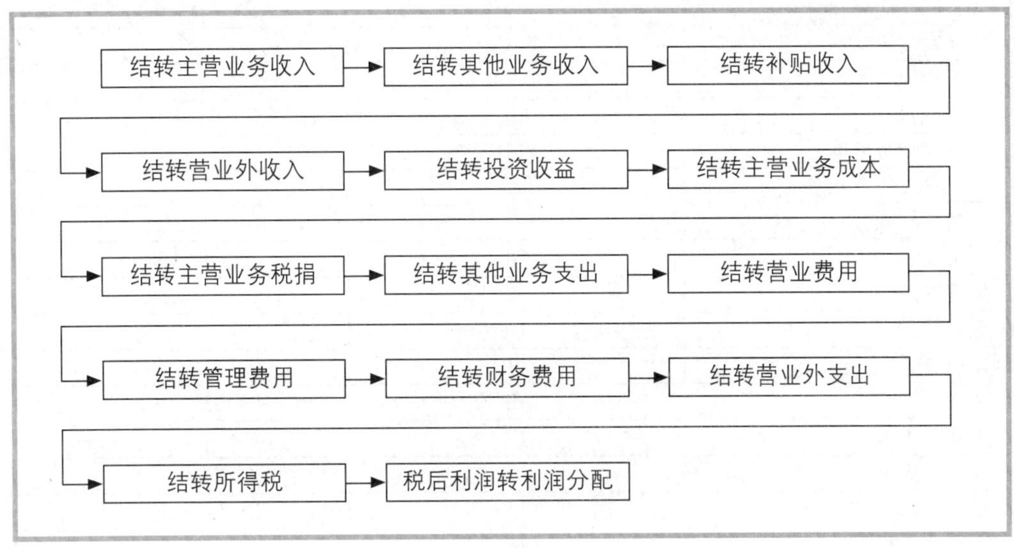

图6-4 账结法的计算步骤

⑵ 表结法

表结法是在每期（月）结束时，损益类各科目余额不转入“本年利润”科目，而是直接记入“损益表”，计算出当期（月）税前损益。再于年终结算时，将损益类各科目余额全部转入“本年利润”科目，最终计算出“本年实现利润（亏损）”。表结法的计算步骤如表6－5所示。

表 6-5 "表结法"的计算步骤

损益项目	记入顺序	计算说明
销售收入	3	3=1+2
主营业务收入	1	
其他业务收入	2	
销售成本	6	6=4+5
主营业务成本	4	
其他业务成本	5	
销售总利润	7	7=3−6
营业费用	8	8=9+10+11
销售费用	9	
管理费用	10	
财务费用	11	
营业利润	12	12=7−8
营业外收入	13	
营业外支出	14	
利润总额	15	15=12+13−14
企业所得税	16	
税后净利润	17	17=15−16

由于表结法可以体现出企业每期（月）的经营成果，基本上能满足企业经营者的经营管理需要，因而绝大多数的企业都采用表结法来核算企业的利润。

第七篇　财会报表——经营结果的体现

一、财会报表的用途

二、利润表的解读

三、制造成本明细表的解读

四、资产负债表的解读

五、现金流量表的解读

根据相关规定，企业每月及每年都必须进行会计核算，把一定期间的经营情况及财务状况整理成财会报表，向相关的管理机构申报及提供报表或财务信息。这些报表包括利润表、资产负债表和现金流量表等。虽然财务报告的核心在于揭露经营状况的利润表和揭露财务状况的资产负债表，并未将制造成本表纳入财务报告，但因为生产制造部门的生产制造、品质及绩效，最终是显示在制造成本明细表上的，企业必须深入了解制造成本表的内容，才能针对不合理的成本进行分析改善，协助企业获取应有的经营利润。因此，站在追求经营绩效的立场上，企业有必要将制造成本明细表也列为财务或经营报告的项目。

企业的财会作业一般采用复式记账规则进行记账。生产制造业也会通过成本计算作业，把产品的生产制造情况记录在账簿中，并根据这些基础资料编制制造成本明细表、利润表和资产负债表等财会报表。换句话说，就是依据产品生产制造成本核算作业的需要，先将所有的成本要素区分为直接材料费、直接人工费和直接制造费等直接成本账户和间接材料费、间接人工费、间接制造费等间接成本账户，再把生产制造过程中各项消耗依照不同类别，分别记入相关费用账户。在成品完成之前，这些费用都是记录在在制品账户内的。从材料领用、生产记录到成品制造完成前的账务处理，属于成本计算的范畴;产品销售完成后，根据销售产品汇集收入，计算对应销售成本核算损益的过程，则属于损益核算的范围。也就是企业财会部门在每期的损益核算作业之前，必须先核算出产成品的当期制造成本，才能结算出本期销售产品的成本和整体损益状况。两者之间的关系，如图 7 - 1 所示。

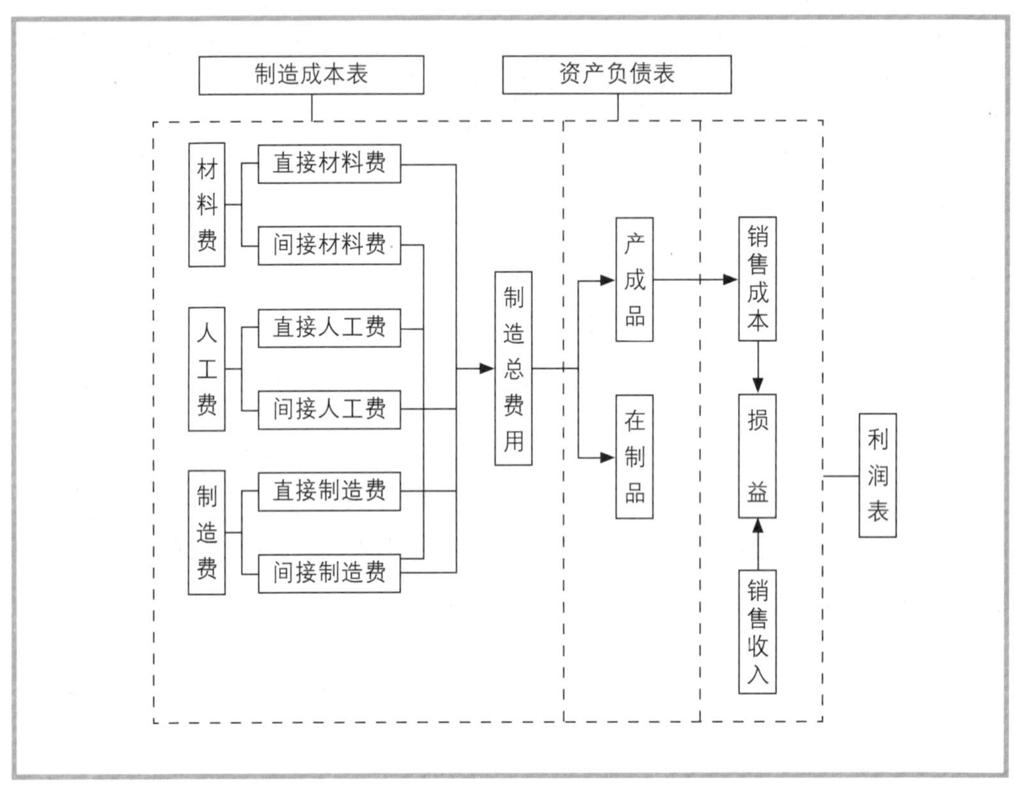

图 7-1 制造成本明细表和利润表的关系

由图 7－1 可以得知，制造成本表并非只是与利润表有关，与资产负债表之间也存在一定的关系。除了图 7－1 中提到的按照产品制造成本计算出来的产成品与在制品，是资产负债表中的存货项目外，把资产按照使用年限摊提转成费用计入产品制造成本的折旧费，累加起来成为累计折旧，也就构成资产负债表上固定资产项目中的减项。

此外，资产负债表与利润表之间，也并非单纯是产成品与销售成本的关系，每个会计期间结算后的损益，也要结转到资产负债表中“所有者（股东）权益”的本期利润项目中。两者之间的关系如图 7－2 所示。

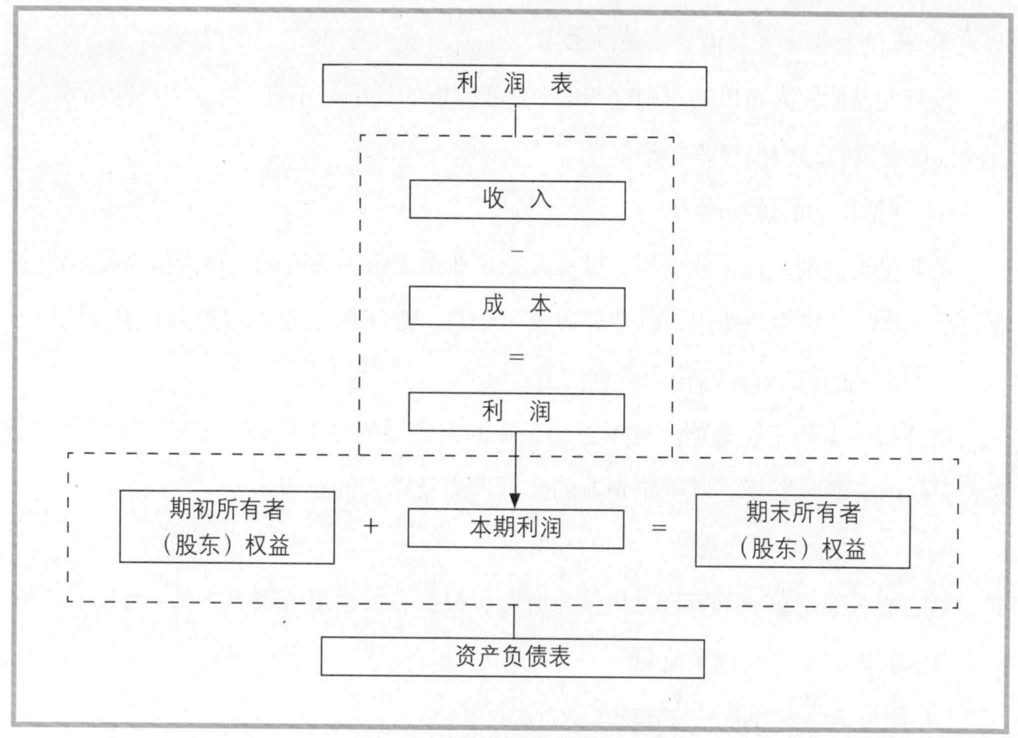

图 7-2 利润表与资产负债表的关系

一、财会报表的用途

1. 财会报表的主要作用

看懂财会报表是每个企业人必须具备的基本能力，因为掌握了财会报表上的各项数据，就掌握了公司的命脉。企业经营者查看财会报表可以了解整个企业的经营状况；主管及财会人员可以通过财会报表分析，了解公司运营的优缺点及产品成本是否有改善的空间，协助企业经营者研拟精准的运营决策，提升经营效率；一般企业人则可以从公司财会报表中，了解公司当前经营的情况及未来的前景，判断自己的发展前途，并采取适当的措施。由此可知财会报表在企业经营管理上的重要性。

(1) 提供企业投资及借贷决策的参考

投资人及债权人可以通过财会报表，判断投资的报酬好不好、贷款的风险高不高，以降低投资风险，增加投资报酬。

(2) 评估企业的盈利能力

企业是否盈利，是企业老板、投资人或企业员工最为关心的，财会报表显示的企业盈余、营收、成本、费用、营业外收支等信息，是了解企业盈利能力的重要依据。

(3) 评估企业的财务结构及借贷能力

财会报表上的相关数据，可以评估企业的财务结构是否完善，偿债能力强不强，是否需要增资或减资等，以确定企业的发展潜力及未来的竞争力。

(4) 了解企业的经营资源

财会报表显示企业的资产、负债与所有者权益等可运用资源的情况，有助于评估企业未来的盈利能力及现金流量。

(5) 评估企业主管的经营管理绩效

通过财会报表的分析，可以评估企业主管是否尽管理职责，是否有效运用资源，是否保护企业资产不受大环境的影响。

(6) 评估产品成本中各项费用的合理性

企业是否获利取决于产品的制造成本与售价。通过分析产品成本报表，可以评估产品成本中料、能、工、费是否合理，以便进行成本改善，提升企业利润。

2. 财会报表的使用时机

对生产制造企业来说，各项财会报表的编制，都有一定的目的。例如，利润表是用来显现企业在某一段期间的经营成果；资产负债表是反映企业在某一个时点的财务状况；制造成本明细表是以金额表示产品在某一会计期间的生产制造及品质绩效；现金流量表则是用以说明企业某一时点的现金流动状况。这些定期整理的报表，除可作为企业分析经营绩效外，也可在下列时机使用：

(1) 投资人准备进行投资时；

(2) 企业经营者评估及改善企业运营时；

(3) 贷款给企业时。

在财会作业上，企业一般都会先进行产品成本的核算，编制出制造成本明细表后，再进行损益核算，并据以编制利润表，最终再根据制造成本明细表、利润表及相关账务资料，编制出资产负债表和现金流量表。但是，由于企业经营的目的是获取利润，因此通常都会先阅读利润表，再针对有疑义的项目，采取先观察总额并把握数字变化的方向，再浏览个别具体项目寻找变动原因，最后借助相关比率分析透视企业的经营情况和财务状况，进一步进行其他相关报表的解读。因此，接下来对财会报表的解读，将按利润表、制造成本明细表、资产负债表和现金流量表的顺序进行。

二、利润表的解读

1. 利润表的作用

利润表是反映企业在一定会计期间的经营成果及其分配情况的会计报表，是一段时间内企业经营业绩的财务记录，反映企业在这一会计期间的营业收入、营业成本、经营费用及税收状况。

作为一个基本的财务报表，利润表在以下方面发挥着重要的作用：

(1) 有助于分析、评价、预测企业的经营成果和获利能力；

(2) 有助于分析、评价、预测企业未来的现金流动情况；

(3) 有助于分析、评价、预测企业的偿债能力；

(4) 有助于评价、考核管理人员的绩效；

(5) 是企业经营成果分配的重要依据。

2. 利润表的主要内容

利润表的常见结构主要有多步式利润表和单步式利润表。国内企业的利润表多采用多步式，其格式如表 7－1 所示。

表 7-1 利润表范例

编制单位:　　　　　　　　年　　月　　　　　　　　单位:元

损益项目	本　月　数	本年累计数
一、主营业务收入		
减:主营业务成本		
营业税金及附加		
二、主营业务利润		
加:其他业务利润		
减:营业费用		
管理费用		
财务费用		

续表

损益项目	本 月 数	本年累计数
三、营业利润		
加:投资收益		
补贴收入		
营业外收入		
减:营业外支出		
四、利润总额		
减:所得税		
五、净利润		
加:年初未分配利润		
六、可供分配的利润		

利润表的“本月数”栏反映各项目的本月实际发生数。在编制月度报表时，可根据“主营业务收入”、“主营业务成本”、“主营业务税金及附加”、“其他业务收入”、“其他业务支出”、“营业费用”、“管理费用”、“财务费用”、“投资收益”、“营业外收入”、“营业外支出”、“所得税”等账户本月发生额合计数字分析计算填列。在编制年度报表时，为了便于将上年和本年的利润构成情况进行比较分析，应将“本月数”栏改为“上年数”栏，并填列上年全年累计实际发生额;如果上年度利润表项目的名称和内容与本年度利润表不相一致，应加以调整。

“本年累计数”栏反映各项目自年初起到本月末止的累计实际发生数，可根据“本月数”和本表上月“本年累计数”相加后所得的和填列。

(1) 主营业务收入

主营业务收入应当是实际已经确定的主营业务净收入。

(2) 主营业务成本

主营业务成本是指相对于主营业务收入的活动中对于相应利润流入所发生的成本。

(3) 营业税金及附加

营业税金及附加是指企业经营业务应负担的营业税、消费税、城建税、教育费附加等的总和。

(4) 其他业务利润

其他业务利润是指企业从事主营业务以外的其他销售及其他业务所取得的收入，是其他业务收入减去相应支出的结果。

(5) 营业费用

营业费用是指企业在销售产品或提供劳务中所发生的各项费用，如广告费、装卸费等。

(6) 管理费用

管理费用是指企业为组织和管理企业生产经营所发生的费用。

(7) 财务费用

财务费用是指企业筹集生产经营所需资金而发生的费用。

(8) 营业利润

营业利润是指企业从生产经营活动中取得的全部利润。

(9) 投资收益

投资收益是指企业对外投资所获得的收益。

(10) 补贴收入

补贴收入是指企业从政府或某些国际组织得到的补贴，一般是企业履行了一定的义务后，得到的定额补贴。

(11) 营业外收入

营业外收入是指企业发生的与生产经营无直接关系的各项收入。

(12) 营业外支出

营业外支出是指企业发生的与生产经营无直接关系的各项支出。

(13) 利润总额

利润总额是指企业在报告期内实现的利润总额。

(14) 所得税

所得税是指企业按税法规定，根据应纳税利润和适用税率计算出的应纳所得税。

⒂ 净利润

净利润是指企业在报告期内取得的净收益，是根据利润总额减所得税而得。

⒃ 年初未分配利润

年初未分配利润是指企业上年的利润未分配完的余额。

⒄ 可供分配的利润

可供分配的利润是指企业当年实现的净利润加上年初未分配利润和其他转入后的余额得出的结果。

3．如何看懂利润表

⑴ 清楚各项目之间的数字关系

阅读利润表首先要弄清楚利润表各项目之间的内在联系。阅读财务报表的所有方法中，最简单、直接的方法是看绝对金额，即某时期报表的各个指标，并根据指标本身的含义来评价企业过去的情况。利润表中的主要项目有主营业务收入、主营业务成本、主营业务税金及附加、其他业务利润、投资收益、所得税、净利润等，其上下项目之间存在计算程序上的承接关系。它们之间的计算关系是：

可供分配的利润 = 净利润 + 年初未分配利润

净利润 = 利润总额 - 所得税

利润总额 = 营业利润 + 投资收益 + 营业外收入 - 营业外支出

营业利润 = 主营业务利润 + 其他业务利润 - 营业费用 - 管理费用 - 财务费用

主营业务利润 = 主营业务收入 - 主营业务成本 - 主营业务税金及附加

但是在分析企业的业绩时，表面的数字有时不能很好地说明问题。因此，评价企业的另一种方法是计算相对比率。

⑵ 计算相对比率

这种方法是对两期或两期以上的资料进行水平分析、结构分析、比率分析等。比较的对象可以是本企业的过去实际数或本期计划数，也可以是同行企业的本期实际数。通过计算相对比率，从指标的差别或观察趋势中获得更有价值的线索，进而推断企业业绩的增长情况和其他对企业有重要影响的因素。

① 水平分析，即将报表指标进行横跨期间的分析对比。例如，今年与去年相比，销售额增长了20%，利润增长了15% 等，这是最简单的方法。

② 结构分析，又称为垂直分析法，是将报表中的项目作纵向分析。例如本年度利润总额中，营业利润60%，投资收益占10% 等。

③ 比率分析，是通过计算一系列联系的指标，综合分析企业的经营成果。比如，企业的主营业务利润是85 万元，其他业务利润是25 万元，由此可见，其主营业务还是比较突出的;企业的营业费用、管理费用、财务费用分别为21 万元、19 万元和25 万元，这说明该企业的费用支出是比较大的，管理者应该想办法控制企业的费用;企业的投资收益有30万元，说明该企业的投资策略是比较合适的;企业的营业收入是15万元，营业外支出却有20 万元，说明营业外支出的数额比较大，应引起管理者的重视。

通过以上的分析，可以直观地了解企业的经营状况，若把这些指标和同行其他企业的相同指标作比较或者与本企业以前的指标进行比较，将会获得更多的有用信息。

三、制造成本明细表的解读

制造成本明细表是表示产品在某个会计期间的成本核算结果，主要以数量、单价、金额的方式体现产品成本。从制造成本明细表中可以看出产品在这个会计期间耗用的原料、人工和制造费用的金额，据以判断各项成本的合理性。其基本格式如表7－2所示。

表7-2 制造成本明细表

成本项目		单位	现状①			目标、预算或标准②			差异（③＝①－②）		
			数量	单价	金额	数量	单价	金额	数量	单价	金额
原料成本（原料项目）											
	小　计										
直接人工											
制造费用（制造费用项目）	电　费										
	水　费										
	折旧费										
	维修费										
	交通费										
	保险费										
	事务费										
	其　他										
	小　计										
制造成本											

企业运营管理的最终结果都会体现在“制造成本明细表”上。因此，仔细解读制造成本明细表，深入了解、分析各项成本的合理性和可改善性，持续不断地进行成本的管控与改善，有效地降低各项成本，才能提高企业的获利空间。

1．制造成本明细表的内容

⑴ 原料成本

原料以数量、单价、金额的方式表示，同时可以根据企业自身经营管理的需要，分为主料和辅料。考虑到成本分析改善的需要，最好再细分到原材料的明细项目，此时当察觉用料成本有问题时，就能直接看出是哪些原料影响造成的。

⑵ 人工成本

在人工方面，直接人工部分最好也同原料一样，以数量、单价、金额的方式表示。当发现人工成本有问题时，就可以直接看出是受工作量影响还是工作效率影响所致。但如果人工成本计算单一，也可以同间接人工费那样直接以金额表示。

⑶ 制造费用

制造费用，一般都是配合经营管理需要，事先设定好费用项目，直接以金额表示的。

2．细分成本项目，编制不同报表

如果企业事先已经设定好产品的标准成本、目标成本、预算成本或报价成本，则最好在核算每期产品的实际成本和编制制造成本明细表时，一并将这些成本纳入比较，确定当期产品成本管控是否合理，以便针对差异项目进行分析改善。同时，若企业产品的生产制造成本中的项目繁多，无法完全显示在制造成本明细表上时，也可以再细化成本项目，分别编制以下的报表：

⑴ 显示产品的各项材料耗用情况的用料明细表；

⑵ 显示产品耗用直接人工的工作量（产量或工时）和工作效率、加班等情况的人工分析表；

⑶ 显示当期生产制造产品耗用多少能源的能源耗用统计表；

⑷ 显示当期生产制造产品的各项制造费用的制造费用明细表。

这些配合产品制造成本解读分析所衍生的报表，可以作为解读分析产品制造成本的辅助工具。编制时除纳入实际的成本资料外，最好也将事先设定好的各项成本费用的标准、目标、预算等纳入比较，以便判定实际成本是否合理，是否有改善的空间。

3．按产品别编制细分报表

也可以按照产品别将各期制造成本中的细分项目编制在同一张报表上，例如：

⑴ 了解比较各期原料耗用成本变化趋势的原料耗用趋势比较表；

⑵ 了解比较各期直接人工成本变化趋势的直接人工趋势比较表；

⑶ 了解比较制造费用中各明细项目变动趋势的制造费用趋势比较表。

从企业追求经营绩效与获利的角度来看，制造成本明细表及相关衍生报表上若增添标准、目标或趋势的比较，可以了解成本的合理性、可改善性，进行成本的改善，此外，借助各项成本和费用的变动趋势的解读，也可以进一步完善各项成本的管控。

四、资产负债表的解读

1. 资产负债表的作用

资产负债表又称为财务状况表，是反映企业在某一特定时期的资产、负债及所有者权益等可运用资源情况的主要财会报表。也就是显示企业的财务状况，即其资源结构和财务结构状况。通俗地说，资产负债就是企业的一份财产清单。作为反映财务状况的基本报表，资产负债表在财务报表体系中具有举足轻重的地位，可向使用者传递十分有用的信息，包括：

⑴ 了解企业资产及分布情况；

⑵ 反映企业所承担的债务及偿还时间；

⑶ 明确所有者权益的构成情况；

⑷ 预测企业未来的发展趋势。

2. 资产负债表的主要内容

资产负债表主要由资产、负债和所有者权益三个部分组成。资产是资产负债表成立的先决条件，其格式为左侧是资产部分，右侧是负债和所有者权益部分，如表7-3所示。这是最常用的“账户式”样式，通常是按照变现性、流动性的高低顺序排列的，排列方式称为流动性排列法。但如果资产、负债和所有者权益是按照从上到下排列的方式，就是“报告式”报表。某些企业也会将本期与前期资料编制在同一份报表上，让报表研读者能比较各项数据前后变动情况，即时采取适当的措施。

表 7-3 资产负债表

编制单位:　　　　　　　　　　　　　　　年　　月　　日　　　　　　　　　　　　　　单位:

资　产	本期数	期末数	负债及所有者权益	本期数	期末数
流动资产			流动负债		
现金			短期借款		
短期投资			应付票据		
应收票据			应付账款		
应收账款			预收款项		
其他应收款			应付工资		
预付账款			应付福利费		
存货			应付税金		
待摊提费			预提费用		
1 年内到期的长期债权投资			1 年内到期的长期负债		
其他流动资产			其他流动负债		
流动资产合计			流动负债合计		
长期投资			长期负债		
固定资产			长期借款		
固定资产原价			长期应付款		
减:累计折旧			其他长期负债		
固定资产净值			长期负债合计		
未完工程			负债合计		
固定资产合计			所有者权益		
其他资产			实收资本		
无形资产			资本公积		
递延资产			本期利润		
其他长期资产			保留盈余		
其他资产合计			所有者权益合计		
资产总额			负债及所有者权益合计		

资产负债表中的“资产”是企业可以用于经营活动的资源，按其变为现金的速度，再分为流动资产、长期投资、固定资产和其他资产;“负债”是企业未来必须支付的债务，按照负债到期日分类，一年之内到期的为流动负债，一年以后到期的为长期负债。“所有者权益”又称为“股东权益”或“净值”，是股东原始投资金额加上累计盈余，也就是资产扣除负债的金额。

(1) 资产

① 流动资产

流动资产是指企业可以在1年内或超过1年的一个营业周期内变现或者耗用的资产，是企业资产中必不可少的组成部分。

● 现金

现金是指一般指企业期末库存现金、存放银行的各类款项以及其他货币资金的合计数。

● 短期投资

短期投资是指企业持有的各种随时能够变现并且持有时间不准备超过1年（含1年）的投资。

● 应收票据

应收票据是指企业收到的由客户开立并能在一年内兑现的票据。

● 应收账款

应收账款是指在资产负债表编制日尚未偿还,但能在一年内收回的客户赊欠货款,

● 其他应收款

其他应收款是指企业其他可以收回的款项，是扣除计提的坏账准备后的金额等。

● 预付账款

预付账款是指企业按照购货合同预付给供应商的款项。

● 存货

存货是指企业期末在库原材料、半成品及产成品金额。

● 待摊费用

待摊费用是指企业已经支出，但应当由本期和以后各期分别负担的，分摊期在1年以内（含1年）的各项费用，如预付房租、水电费、保险费等。

● 1 年内到期的长期债权投资

1 年内到期的长期债权投资反映企业将于 1 年内到期的长期债权投资，应根据有关科目的期末余额填列。

● 其他流动资产

其他流动资产是指企业除以上流动资产项目外的其他流动资产。

② 长期投资

长期投资是指投资时间在 1 年以上，预计长期持有而不准备或无法在 1 年内变现的投资，如公司的转投资、长期股权投资等。

③ 固定资产

固定资产是指企业使用期限超过 1 年的房屋、建筑物、机器、机械、运输工具以及其他与生产、经营有关的设备、器具、工具等。不属于生产经营主要设备的物品，单位价值在 2000 元以上，并且使用年限超过 2 年的，也应当作为固定资产。

● 固定资产原价

固定资产原价一般是指固定资产的取得成本，又称为固定资产原价，包含土地、建筑物、机器设备和办公设备等固定资产。其中建筑物是指供生产和营业用的厂房和建筑物；机器设备是指用于生产制造产品的各项机器设备；办公设备指供营业用的各项办公设备，如电脑、打印机等。

● 累计折旧

累计折旧是指除土地外，其余的固定资产按照可使用年限摊提费用加总累计的金额，它作为固定资产减项，必须从固定资产成本中扣除。

● 固定资产净值

固定资产净值是指固定资产原价扣减累计折旧后的余额

为了保持固定资产最初价值的完整，磨损部分通过累计折旧记录下来，原价减去折旧而得到的就是净值。在汇总资产时，是以净值来汇总的。

● 未完工程

未完工程是指还未产生经济效益的未完工工程或在建工程，也称为在建工程。

④ 其他资产

其他资产是指无适当项目可以归属的资产都列入其他资产，包括无形资产、递延资产和其他长期资产。

● 无形资产

无形资产是指对企业有经济效益，但不以实体存在的资产，例如，商誉、专利权、著作权等。

● 递延资产

递延资产是指长期预付费用或是预期效益超过1年的支出。如企业预缴所得税或导入ERP系统的费用等。

● 其他长期资产

其他长期资产是指在上述范围之外的其他资产。例如企业依据销售合同支付给客户的保证金，因为是在合同结束后才能全数收回，因此属于企业的资产之一。

⑤ 资产总额

资产总额是指所有资产项目金额的总和，即流动资产合计、长期投资、固定资产合计和其他资产合计等各项金额的总和。

⑵ 负债

负债是指企业应付但尚未支付的、客户提前支付给企业的和企业向外借贷的款项，主要包括流动负债和长期负债。

① 流动负债

流动负债是指企业在1年内（含1年）需要偿还的债务合计，包括应付票据、应付账款、预收款、短期借款和其他应付账款等。

- 短期借款

短期借款是指偿还期限在 1 年内的各种借款。

- 应付票据

应付票据是指企业因赊购商品、材料或接受劳务而出具的在 1 年内可以兑现的商业票据。

- 应付账款

应付账款是指企业在经营过程中因采购物资或接收劳务等而应支付的账款。

- 预收款项

预收款项是指企业按销售合同向客户预收的订金或货款。

- 应付工资

应付工资是指企业应付给员工的工资。

- 应付福利费

应付福利费是指属于工资性质，按照员工工资总额的一定比例提取，用于员工的福利设施建设和开支。

- 应付税金

应付税金是指企业按照税法等规定，应交纳的各种税费。

- 预提费用

预提费用是指企业预先提取的已经发生但尚未实际支付的各项费用。

- 1 年内到期的长期负债

1 年内到期的长期负债是指企业承担的 1 年内偿还的长期借款。

- 其他应付账款

其他应付账款是指企业除应付票据、应付账款、预收账款等以外的其他各项应付、暂收的款项。

● 其他流动负债

其他流动负债是指企业除以上流动负债以外的其他流动负债。

② 长期负债

长期负债是指期限超过 1 年的债务，与流动负债相比，具有数额较大、偿还期限较长的特点。包含长期借款、长期应付款和其他长期负债。

● 长期借款

长期借款是指偿还期在一年以上的外借款，如银行贷款或公司债务。

● 长期应付款

长期应付款是指偿还期在一年以上的应付账款，如偿还贸易引进设备款、融资租入固定资产等长期应支付的款项。

● 其他长期负债

其他长期负债是指在上述范围之外的其他长期负债，如长期支付的专利权使用费。

③ 负债合计

负债合计是指所有负债项目金额的合计，即流动负债合计和长期负债合计项目金额的加总。

(3) 所有者权益

所有者权益是指资产扣除负债后所有者应享的剩余利润。即一个会计主体在一定时期所拥有或可控制的具有未来经济利润资源的净额。

① 实收资本

实收资本是指企业主要投资者实际投入的资金。

② 资本公积

资本公积是指企业在经营过程中由于接受捐赠、股本溢价以及法定财产重估增值等原因所形成的公积金。是投资者或者他人投入到企业的，所有权归属于投资者，并且投入金额超过法定资本部分的资本。如发行股票的溢价、资产重估的增值等。

③ 本期利润

本期利润是指编制资产负债表时，由利润表结转而来的已经实现的企业当期税后利润。

④ 保留盈余

保留盈余又称为累积盈余，是指企业自成立以来，每期盈余扣除分配给股东的股利后，累积给企业使用的金额，主要包含法定公积、特别盈余公积和未分配盈余。

● 法定公积

法定公积是指法律规定企业必须保留的盈余，作为日后再投资的本金或弥补亏损。

● 盈余公积

盈余公积是指除提存一定比例的法定公积外，企业按照公司的组织章程规定，再提拨一定比例公积给企业运用，而不再分配给股东的金额。

● 未分配利润

未分配利润是指企业未作分配的利润，它在以后年度可继续进行分配，在未进行分配之前，属于所有者权益的组成部分。

⑤ 所有者权益合计

所有者权益合计是指实收资本、资本公积、本期利润和保留盈余等各项所有者权益项目金额的总和。

⑷ 负债及所有者权益合计

负债及所有者权益合计是指负债与所有者权益两个项目合计的金额。

3. 如何看懂资产负债表

解读资产负债表，首先不要被表中看起来杂乱无章的数字吓住，其次要有正确的方法。可以从总额和具体项目方面入手。

(1) 从总额入手

不管资产负债表的项目有多少，其大项目只有3个:资产、负债、所有者权益，而这3个数字之间内在的数量关系就是:

资产＝负债 ＋ 所有者权益

引起资产变动的根本原因主要有两个方面:一是负债的变化,二是所有者权益的变化。资产的增减变化量等于负债的增减变化量加所有者权益的增减变化量，三者的等式关系是不变的。理清这3个数字的关系，可以从基本上把握企业在某个经营时段中发生了哪些重大变化，也就可以摸清企业财务发展变化的基本方向，如:

① 资产增加时

当一个企业在某一特定时点的资产总额增加时，伴随的原因可能是负债在增加，或者是所有者权益在增加。如:为了扩大经营，A企业从银行借款20万元存入企业账户，借款期限为1年。那么此时此刻A企业的资产增加了20万元，同时A企业的负债也增加了20万元。由于A企业的投资者认为市场形势较好，决定继续扩大投资，向企业注入资金20万元。此时此刻A企业的资产又增加20万元，同时企业的所有者权益也相应地增加了20万元。

也就是说，当资产增加时，其原因可能是负债在增加，也可能是所有者权益在增加。

② 当资产减少时

当一个企业资产在减少时，伴随的原因可能是负债在减少，也可能是所有者权益在减少。还以上面的A企业为例:1年后，A企业向银行还款20万元，那么A企业的资产会减少20万元，同时A企业的债务相应减少20万元。A企业的投资者认为市场比较疲软，决定减少企业的投资。于是企业所有者到工商局变更企业的注册资本，从企业的注册资本中依法撤资20万元（注:投入资本是规定不变的，如果要变更也是有条件的，即只能增加投入而不能减少。增资要经过会计师事务所验资，之后到工商局去变更营业执照的注册资本栏。减资一般是不允许的，如果要减资，则需要先到工商局办理审批手续，批准后公告，然后才能更改营业执照的注册资本。但若将投入减少到规定的注册资本之下，将不获批准）。此时此刻，企业的资产会减少 20 万元，而所有者的权益也相应减少了 20 万元。

也就是说当资产减少时，可能是负债减少，也可能是所有者权益减少。

实际上，3 个变量变化的情况要复杂得多。当资产增加时，可能是负债在增加，而所有者权益在减少；也可能是负债在减少，而所有者权益在增加；还可能是负债和所有者权益均有所增加。

总之，从总额入手就可以把握一个企业负债的变化和所有者权益的变化，从而了解财务状况发展的方向。那么，引起负债和所有者权益变化的原因又是什么呢？这就要从具体项目入手分析了。

⑵ 从具体项目入手

要探究企业财务变化的具体原因，就要对报表进行浏览，先从上往下看，一个项目一个项目地观察；再左右对比看，看一看哪个数字发生的变化最大，从而找到引起资产变化的主要原因。

通过对总额和具体项目的分析，不仅可以从宏观上把握企业的财务状况，还可以从微观上了解企业财务变化的具体原因，所以，企业人应善于运用资产负债表分析企业的财务状况，了解企业资金结构的变化，预测企业未来的财务发展趋势。

五、现金流量表的解读

1．现金流量表的作用

企业拥有多少现金，对企业的经营非常重要。现金流量表反映企业在一段期间内的所有现金收入与现金支出的情况，编制现金流量表的主要目的，是为财务报表使用者提供企业一定会计期间内现金和现金等价物流入和流出的信息，以便于财务报表使用者了解和评价企业获取现金和现金等价物的能力，并据以预测企业未来现金流量。具体来说，现金流量表的作用主要表现在下列几个方面：

(1) 了解企业获利产生的实际现金金额；

(2) 反映企业真实的获利能力；

(3) 预测企业未来偿还负债的能力；

(4) 分析企业的支付能力；

(5) 评估现金余额是否充足。

2．现金流量表的主要内容

现金流量表主要包含营业活动的现金流量、投资活动的现金流量和理财活动的现金流量这3大部分，其基本格式如表7－4所示。报表中各个项目的现金流量为正数时，表示现金流入增加；如果流量为负数时，就表示现金流出增加。

表7-4 现金流量表

编制单位： 年 月 日 单位：

项 目	本期金额	上期金额
一、经营活动产生的现金流量		
销售商品、提供劳务收到的现金	1	
收到的税费返还	2	
收到其他与经营活动有关的现金	3	

续表

项　目	本期金额	上期金额
经营活动现金流入小计	4=1+2+3	
购买商品、接受劳务收到的现金	5	
支付给职工以及为职工支付的现金	6	
支付各项税费	7	
支付其他与经营活动有关的现金	8	
经营活动现金流出小计	9=5+6+7+8	
经营活动现金流量净额	10=4-9	
二、投资活动产生的现金流量		
收回投资收益收到的现金	11	
取得投资收益收到的现金	12	
处置固定资产、无形资产和其他长期资产收回的现金	13	
处置子公司及其他营业单位收到的现金净额	14	
收到其他与投资活动有关的现金	15	
投资活动产生的现金流入小计	16=11+12+13+14+15	
购建固定资产、无形资产和其他长期资产支付的现金	17	
支付投资的现金	18	
取得子公司及其他营业单位支付的现金净额	19	
支付其他与投资活动有关的现金	20	
投资活动产生的现金流出小计	21=17+18+19+20	
投资活动现金流量净额	22=16-21	
三、筹资活动产生的现金流量	23	
吸收投资收到的现金	24	
取得借款收到的现金	25	
收到其他与筹资活动有关的现金	26	
投资活动产生的现金流入小计	27=23+24+25+26	
偿还债务支付的现金	29	
分配股利、利润或偿付利息支付得现金	30	
支付其他与筹资活动有关的现金	31	
筹资活动产生的现金流出小计	32=29+30+31	
筹资活动现金流量净额	33=27-32	
四、汇率变动对现金及现金等价物的影响	34	
五、现金及现金等价物净增加额	35=10+22+33-34	
加:期初现金及现金等价物余额	36	
六、期末现金及现金等价物余额	37=35+36	

3．如何看懂现金流量表

阅读现金流量表，除了看绝对数字外，还要兼用其他分析方法。

⑴ 结构分析

现金流量的结构十分重要，总量相同的现金流量在经营活动、投资活动、筹资活动之间分布不同，则意味着不同的财务状况。一般情况下：

① 当经营活动现金净流量为负数、投资活动现金净流量为负数、筹资活动现金净流量为正数时，表明该企业处于产品初创期。在这个阶段企业需要投入大量资金，形成生产能力，开拓市场，其资金来源只有举债、融资等筹资活动。

② 当经营活动现金净流量为正数、投资活动现金净流量为负数、筹资活动现金净流量为正数时，可以判断企业处于高速发展期。这时产品迅速占领市场，销售呈现快速上升趋势，表现为经营活动中大量货币资金回笼，同时为了扩大市场份额，企业仍需要大量追加投资，而仅靠经营活动现金流量净额可能无法满足所需的投资，必须筹集必要的外部资金作为补充。

③ 当经营活动现金净流量为正数、投资活动现金净流量为正数、筹资活动现金净流量为负数时，表明企业进入产品成熟期。在这个阶段产品销售情况稳定，已进入投资回收期，但需要偿还外部资金，以保证企业良好的信用。

④ 当经营活动现金净流量为负数、投资活动现金净流量为正数、筹资活动现金净流量为负数时，可以认为企业处于衰退期。这个时期的特征是：市场萎缩，产品的市场占有率下降，经营活动现金流入小于流出，同时企业为了应付债务不得不大规模收回投资以弥补现金的不足。

⑵ 原因分析

分析企业现金流入、流出的流动原因，通过分析经营活动、投资活动和筹资活动现金流量的各个小项目，就可以知道企业的现金究竟来于何处、流向何方。

⑶ 流动性分析

流动性是指将资产迅速转变为现金的能力，表现为企业的偿债能力。在资产负债表中，流动资产包括存货，而存货并不能很快变为偿债的现金，这就导致有些企业虽然有大量的流动资产，但支付能力却很差。真正能够立即偿还债务的是现金。因此现金流量与债务的比较可以更好地说明企业的偿债能力。

⑷ 财务弹性分析

财务弹性是指企业适应经济环境变化和利用投资机会的能力，这种能力来源于现金流量和支付现金需要的比较。现金流量超过需要，有剩余的现金，适应性就强。因此，财务弹性的衡量是用经营现金流量与支付现金要求进行比较，支付要求可以是投资需求或承诺支付。

第八篇　财会报表分析

一、财会报表分析的方法

二、财会报表分析的种类与功能

企业在经营一年后,都会做出财会报表,反映企业的财务状况、年度的经营成果和现金流量。但是单纯从财务报表上的数据还不能直接或全面说明企业的财务状况，特别是不能说明企业经营状况的好坏和经营成果的高低，只有将企业的财务指标与有关的数据进行比较，才能说明企业财务状况所处的地位，因此要进行财务报表分析，为财务会计报告使用者提供管理决策和控制依据。

一、财会报表分析的方法

在财会作业上， 进行财会分析的方法有比率法和绝对法两种。

1. 比率法

比率法又称为比率分析法，是运用财会报表上的各项数据计算出各种比率，来进行相关财务分析的方法，如获利能力分析、经营效率分析、偿债能力分析和财务结构分析等。

2. 绝对法

绝对法又称为绝对分析法或实数法，是根据财会报表的数据计算绝对额，利用这一绝对额进行比较分析的方法，如损益平衡分析、边际利润分析、利润增减或差异分析等。

二、财会报表分析的种类与功能

使用利润表和资产负债表进行相关财务比率的分析，一般可认定为经营面的分析，如获利能力分析、经营效率分析等。使用利润表和制造成本明细表进行相关项目的分析，则可以认定为管理面的分析，如损益平衡分析、利润差异分析、成本差异分析等。这些分析往往涉及企业的日常运营决策与改善，企业上到经营层、下到每一位成员，都有必要深入了解并充分运用。

1．经营面的分析

使用财会报表进行经营面分析的项目，包含获利能力分析、经营效率分析、偿债能力分析、财务结构分析等。

为了方便企业人理解经营面的各项目分析方式，接下来以DB公司2010 年6月份的利润表、资产负债表和制造成本明细表等报表具体说明经营面的分析。如表8－1至表8－4所示。

表8-1 资产负债表

编制单位:DB公司　　2010年06月30日　　单位:万元

资　产	本　期	前　期	负债与所有者权益	本期	前期
流动资产	7 520	8 220	流动负债	5 080	5 660
现金及存款	980	1 100	应付票据	1 580	1 730
应收票据	2 300	2 100	应付账款	420	610
应收账款	2 220	2 480	短期借款	2 500	2 700
减:备抵呆账	70	110	其他应付款	580	620
存货	1 920	2 320	固定负债	2 750	2 930
原料	600	720	公司债务	890	890
在制品	900	1 060	长期借款	1 800	2 000
产成品	420	540	其他负债	30	20
预付费用	50	70	应缴税金	30	20
其他	120	260	负债总额	7 830	8 590
固定资产	1 810	1 750	股本	1 300	1 300
固定资产净值	2 190	2 080	保留盈余	240	140
减:累计折旧	380	330	法定公积	80	80

续表

资　产	本　期	前　期	负债与所有者权益	本　期	前　期
未完工程	200	310	未分配盈余	55	25
递延资产	40	60	本期利润	105	35
技术权利金	40	60	所有者权益	1 540	1 440
资产总额	9 370	10 030	负债与所有者权益合计	9 370	10 030

表 8-2 利润表

编制单位:DB 公司　　2010 年 06 月　　单位:万元

损益项目	本月数	上月数
一、主营业务收入	3 200	
减:主营业务成本	2 650	
营业税金及附加	–	
二、主营业务利润	550	
加:其他业务利润	–	
减:营业费用	220	
管理费用	90	
财务费用	130	
三、营业利润	330	
加:投资收益	–	
补贴收入	15	
营业外收入	40	
减:营业外支出	200	
四、利润总额	175	
减:所得税	70	
五、净利润	105	
加:年初未分配利润	–	
六、可供分配的利润	–	

备注:营业外支出含借入资产利息 75 万元。

表 8-3 营业费用明细表

编制单位:DB 公司　　2010 年 06 月　　单位:万元

项　目	金　额	上月数
广告宣传费	12	
呆账准备提存	10	
人工费用	120	
折旧费	6	
租　金	10	

续表

项　目	金　额	上月数
税　金	1	
差旅费	14	
邮电费	10	
事务费用	6	
其　他	31	
合　计	220	

表 8-4 制造成本明细表

编制单位:DB 公司　　2010 年 06 月　　单位:万元

成本项目		金额
原料成本		1 400
直接人工		370
制造费用	电费	9
	运费	60
	修护费	6
	折旧费	80
	主要器材	18
	税金	7
	邮电费	5
	委外加工费	730
	其他摊销	35
	小计	950
总制造成本		2 720
期初在制品结存		900
合计		3 620
期末在制品结存		1 060
产成品制造成本		2 560

备注:从业员人数 586 人。

(1) 获利能力分析

获利能力分析主要是分析企业获利情况、产品的市场上竞争力、每投资一元资产能有多少获利、股东投资报酬率,通过对企业获利能力的分析,可以判断企业竞争力的高低。

获利能力主要通过对企业销售总利润率（营业毛利率）、营业利润率、净利率、所有者权益报酬率、资产报酬率等五大比率进行分析，并将分析结果与前期报表的分析比率进行比较，或比较同业同期的分析比率。各个分析项目的作用及计算公式，如表8－5所示。

表8-5 获利能力分析内容

项　目	作　　用	公　　式	使用报表
销售总利润率	了解产品的成本管控是否良好，产品是否有竞争力	$\frac{销售总利润}{销售收入}\times 100\%$	利润表
营业利润率	观察企业本业的获利能力	$\frac{营业利润}{销售收入}\times 100\%$	利润表
净利率	观察企业整体的获利能力	$\frac{净利润}{销售收入}\times 100\%$	利润表
所有者权益报酬率	股东投资的每一块钱可以帮企业赚多少钱	$\frac{净利润}{平均所有者权益}\times 100\%$	利润表 资产负债表
资产报酬率	企业的每一块钱的资产可以帮企业赚多少钱	$\frac{净利润+利息费用}{平均资产总额}\times 100\%$	利润表 资产负债表

① 销售总利润率

销售总利润率是销售总利润（营业毛利）与销售收入净额的比率，又称为营业毛利率。其计算公式如下：

$$销售总利润率=\frac{销售总利润}{销售收入}\times 100\%$$

从表8－2的利润表上可知，DB公司的销售总利润为175万元，销售收入为3 200万元，其销售总利润计算如下：

$$销售总利润率=\frac{175}{3\ 200}\times 100\%=5\%$$

销售总利润率越高，表示企业产品在市场上的竞争力越强，或企业内部对成本的管控越好。将本期销售总利润率与前期比率相比较，若本期销售总利润率大于前期销售总利润率，表示企业产品的市场竞争力越来越强；反之，如果本期销售总利润率小于前期销售总利润率，表示企业的产品越来越不具备市场竞争力。

② 营业利润率

营业利润率是指营业利润与对应销售收入净额的比率。其计算公式如下：

$$营业利润率 = \frac{营业利润}{销售收入} \times 100\%$$

从表 8－2 的利润表上可知，DB 公司的营业利润为 330 万元，销售收入为 3 200 万元，其营业利润率如下：

$$营业利润率 = \frac{330}{3\ 200} \times 100\% = 10\%$$

营业利润率越高，表示企业在本业的获利能力越强。当营业利润率高于同业时，表示企业的产品毛利率高，成本及费用管控良好，本业获利能力高于同业。若营业利润率低于同业，表示产品竞争力不高、销售量太低、营业规模太小导致毛利率不高，或营业费用太高，企业本业获利能力比同业弱。

此外，比较本期与前期的营业利润率后，如本期营业利润率大于前期营业利润率，表示企业本业的获利能力提高；反之，当本期营业利润率小于前期营业利润率，则表示企业本业获利能力降低。

③ 净利率

净利率，是指净利润与销售收入净额的比率，用以衡量企业在一定时期的销售收入获取能力。其计算公式如下：

$$净利率 = \frac{净利润}{销售收入} \times 100\%$$

如，DB 公司的净利润为 105 万元，销售收入为 3 200 万元，其净利率计算如下：

$$净利率 = \frac{105}{3\ 200} \times 100\% = 3\%$$

企业的净利润越高，表示获利能力越强。当企业的净利率高于同业时，表示企业的成本管控好、产品毛利高，不管业内或业外获利能力都强。如果企业的净利率低于同业，则表示企业成本管控不佳、产品毛利低，业内、业外的获利能力都弱。

另外，比较本期与前期的净利率，如本期净利率大于前期净利率，表示企业的运营状况稳步上升；反之，若小于前期净利率，就表示企业的运营状况正在退步。

④ 所有者权益报酬率

所有者权益报酬率又称为“股东权益报酬率”，是指在某一段时间内，企业利用所有者权益为股东所创造的利润，即净利润与平均所有者权益的比率。其计算公式如下：

$$所有者权益报酬率=\frac{净利润}{平均所有者权益}\times 100\%,$$

其中：

$$平均所有者权益=\frac{本期所有者权益+上期所有者权益}{2}$$

根据财务报表提供的数据，可计算DB公司的所有者权益报酬率如下：

$$平均所有者权益=\frac{1\ 540+1\ 440}{2}=1\ 490\ 万元$$

$$所有者权益报酬率=\frac{105}{1\ 490}\times 100\%=7\%$$

该指标是企业获利能力指标的核心，反映企业如何更好地利用股东的资金赚取更多的利润。

虽然从企业所有者权益报酬率的高低，可以判断该企业的经营表现与绩效，但如果所有者权益报酬率高是因大量举债所得时，就要衡量企业隐含的债务风险。因此，进行所有者权益报酬率分析时，须与其他比率一起分析，才能得到客观的结果。

所有者权益报酬率的高低，一般以同业的平均所有者权益报酬率为标准。当所有者权益报酬率高于同业时，表示企业经营良好，股东投资报酬率高；若所有者权益报酬率低于同业，则表示企业经营效率差，或经营过于保守不愿举债。若所有者权益报酬率比债券收益率还低，甚至低于银行活期存款利率时，则说明企业辛苦经营，连银行定期存款利率都抵不上，还不如把所有的资产都存放于银行。

同时，比较本期与前期的所有者权益报酬率，如本期的所有者权益报酬率高于前期所有者权益报酬率，说明企业的所有者权益报酬率较前期来说增长了；反之，小于前期所有者权益报酬率，则说明企业的所有者权益报酬率较前期来说衰退了。

⑤ 资产报酬率

资产报酬率是指企业一定时期内税后净利加上利息费用后，与资产平均总额的比率，用以评价企业运用全部资产的总体获利能力，是评价企业资产运营效益的重要指标。其计算公式如下：

$$资产报酬率=\frac{税后利益+利息费用}{平均资产总额}\times 100\%$$

其中：

$$平均资产总额=\frac{本期资产总额+前期资产总额}{2}$$

由表8－1的资产负债表和表8－2的利润表可以得知，DB公司的净利润为105万元，利息费用为130万元，本期资产总额为9 370万元，前期资产总额为10 030万元。其资产报酬率计算如下：

$$平均资产总额=\frac{9\ 370+10\ 030}{2}=9\ 700万元$$

$$资产报酬率=\frac{105+130}{9\ 700}\times 100\%=2.4\%$$

总资产报酬率越高，表明资产利用效率越高，说明企业在增加收入、节约资金使用等方面取得了良好的效果；该指标越低，说明企业资产利用效率低，应分析差异原因，提高销售利润率，加速资金周转，提高企业经营管理水平。

资产报酬率的高低，一般以同业的平均所有者权益报酬率作为标准。当资产报酬率高于同业时，表示企业资产运作成效良好，企业每一元资产产生的利润很高。但是，若企业的资产报酬率太高，则说明企业有可能过度向外借款。若资产报酬率低于同业，表示企业资产利用率低，无法产生收益或企业不愿举债，经营过于保守。资产报酬率太低，说明企业的资产运作无效率。

比较本期与上期资产报酬率，如本期资产报酬率大于前期，说明企业资产创造利润的能力提高；如果本期资产报酬率小于前期，则说明企业资产创造利润的能力降低。

⑵ 经营效率分析

分析企业的经营管理效率，是判定企业能否创造更多利润的一种手段。了解企业对各种资源的管理能力和运用能力，通常用周转速度来评价。周转速度表明企业资产投入后的回收速度，周转速度越快，企业资产被利用效率就越高，即企业的经营效率越高。可以用周转次数和周转天数这两个指标来评价企业资产的使用效率。

企业的经营效率可以从存货周转率、应收账款周转率、总资产周转率三方面来分析，并将分析结果与前期报表的分析比率进行比较，或比较同业同期的分析比率，了解企业的经营效率。企业的这三项指标高，表示企业经营效率高，除能在未来多变的经营环境下稳健成长外，还能从其他企业脱颖而出。各个分析项目的作用及计算公式，如表 8－6 所示。

表 8-6 经营效率分析内容

<table>
<tr><th colspan="2">项　目</th><th>作　用</th><th>公　式</th><th>使用报表</th></tr>
<tr><td rowspan="2">存货周转率</td><td>存货周转次数</td><td rowspan="2">观察企业的销货能力及存货管理能力</td><td>$\frac{\text{销售成本}}{\text{平均存货}}$</td><td rowspan="2">利润表
资产负债表</td></tr>
<tr><td>存货周转天数</td><td>$\frac{360}{\text{存货周转次数}}$</td></tr>
<tr><td rowspan="2">应收账款周转率</td><td>应收账款周转次数</td><td rowspan="2">了解企业应收账款的变现能力</td><td>$\frac{\text{销售收入净额}}{\text{平均应收账款}}$</td><td rowspan="2">利润表
资产负债表</td></tr>
<tr><td>应收账款周转天数</td><td>$\frac{360}{\text{应收账款周转次数}}$</td></tr>
<tr><td colspan="2">总资产周转率</td><td>观察企业整体的资产运用效率及利用资产创造销售的能力</td><td>$\frac{\text{销售收入净额}}{\text{平均资产总额}}$</td><td>利润表
资产负债表</td></tr>
</table>

① 存货周转率

存货周转率是企业一定时期主营业务成本与平均存货余额的比率。该指标用于反映存货的周转速度，即存货的流动性及存货资金占用量是否合理，促使企业在保证生产经营连续性的同时，提高资金的使用效率，加强存货管理，加快存货资产的周转速度，对于提高企业资产的利用效率尤为重要。

存货周转率可以用以下两种指标来表示：

● 存货周转次数

指年度内存货的平均周转次数，计算公式为：

$$\text{存货周转次数}=\frac{\text{销售成本}}{\text{平均存货}}$$

其中：

$$\text{平均存货}=\frac{\text{年初存货}+\text{年末存货}}{2}$$

● 存货周转天数

指年度内存货平均周转一次所需要的天数，计算公式为：

$$\text{存货周转天数}=\frac{360}{\text{存货周转次数}}$$

公式中的360为一年的法定天数。

例如，从上述的财会报表中可知该公司的销售成本为2 650万元，年初存货为1 920万元，年末存货为2 320万元。按照上述公式计算如下：

$$\text{平均存货}=\frac{1\ 920+2\ 320}{2}=2\ 120\text{（万元）}$$

$$\text{存货周转率（次）}=\frac{2\ 650}{2\ 120}=1.25\text{（次）}$$

$$\text{存货周转率（天）}=\frac{360}{1.25}=288\text{（天）}$$

存货是流动资产的重要组成部分，对企业具有举足轻重的影响，并进而提高企业的短期偿债能力。一般来说，存货周转率越高，表明存货周转速度快，存货的占用水平低，流动性强；反之，存货周转速度越慢，表明存货储存过多，占用资金多，有积压现象。分析企业存货周转率的高低应结合同行业的存货平均水平和企业过去的存货周转情况进行判断。

判定存货周转率的高低，通常是以同业的平均存货周转率作为判断标准的。当企业的存货周转率高于同业时，表示企业行销能力强，产品符合客户需求，存货销售快，存货损坏、跌价的几率减少。同时，因为存货销售快，存货资金积压少，企业可以更有效地运用资金。若低于同业水平，表示企业行销能力差，产品相对于同业不具竞争力，导致存货过多。比较企业前后期报表的存货周转率，可以判断企业的销售能力是进步还是退步，当本期存货周转率大于前期存货周转率时，说明企业的销售能力越来越好，产品越来越具市场竞争力。反之，若本期存货周转率低于前期存货周转率，则说明企业的销售能力越来越差，产品越来越不具市场竞争力。

此外，当企业预期存货的市场价格可能上涨时，可能会累积较多的存货以防未来存货价格上涨，而影响到企业的运营，此时企业的存货周转率就有可能偏低。因此，在评估存货周转率时，应同时了解市场供需情况、季节性变动因素、原材料及产业景气的变化、产业前景等，才能真正了解存货周转率低的原因。

② 应收账款周转率

应收账款周转率是指在一定时期内（通常为一年）应收账款转为现金的平均次数，它说明应收账款流动的速度。应收账款周转率可以用以下两种指标来表示：

- 应收账款次数

是指年度内应收账款平均收回的次数，其计算公式为：

$$应收账款周转次数=\frac{赊销收入净额}{平均应收账款}$$

$$平均应收账款=\frac{本期应收账款+前期应收账款}{2}$$

由于赊销收入净额计算烦琐，人们往往以主营业务收入净额代替赊销收入净额来计算应收账款周转次数，在这种情况下，应收账款周转次数的计算公式为：

$$应收账款周转次数=\frac{销售收入净额}{平均应收账款}$$

● 应收账款天数

是指年度内应收账款平均周转一次所需要的天数，其计算公式为：

$$应收账款周转天数=\frac{360}{应收账款周转次数}$$

还是以DB公司为例，该企业的营业收入为3 200万元，本期应收账款为2 220万元，前期应收账款为2 480万元，则该公司应收账款周转率计算如下：

$$平均应收账款=\frac{2\ 220+2\ 350}{2}=2\ 350（万元）$$

$$应收账款周转次数=\frac{3\ 200}{2\ 350}=1.36（次）$$

$$应收账款周转天数=\frac{360}{1.36}=264（天）$$

企业的应收账款周转率高，表示账款回收速度快；周转率低，表示账款回收速度慢。应收账款周转率没有特定标准，通常以同业的平均应收账款周转率作为判定标准。当企业的应收账款周转率高于同业时，表示企业应收账款回收速度快，客户还款能力良好，倒账风险低。同时，企业的收款速度快，可减少资金积压在应收账款上，提高现金周转率，降低企业的经营风险。反之，若周转率低于同业，表示应收账款回收速度慢，客户还款能力差，被倒账的几率高，发生呆账的可能性大，且因积压在应收账款的资金多，现金周转率降低，企业的经营风险也随之提高。

此外，比较企业不同时期的应收账款周转率，如果发现周转率持续走低，或是突然急速降低，表示应收账款和营业收入的能力不佳。当本期应收账款周转率高于前期应收账款周转率时，表明企业销售变现越来越快，应收账款和营业能力提高。反之，周转率低于前期时，表明企业销售变现越来越慢，应收账款和营业能力越来越差。

③ 总资产周转率

总资产周转率是指企业在一定时期主营业务收入同平均资产总额的比率。总资产周转率是综合评价企业全部资产经营质量和利用效率的重要指标，体现了企业经营期间全部资产从投入到产出的流转速度，反映了企业全部资产的管理质量和利用效率。其计算公式如下：

$$总资产周转率=\frac{销售收入}{平均资产总额}$$

其中：

$$平均资产总额=\frac{本期资产总额+前期资产总额}{2}$$

例如，DB公司的营业收入为3 200万元，本期资产总额为9 370万元，前期资产总额为10 030万元，则该公司总资产周转率的计算如下：

$$平均资产总额=\frac{9\ 370+10\ 030}{2}=9\ 700（万元）$$

$$总资产周转率=\frac{3\ 200}{9\ 700}=0.33（次）$$

通过该指标的对比分析，可以反映企业本年度以及前年度总资产的运营效率和变化，发现企业与同类企业在资产利用上的差距，促进企业挖掘潜力，积极创收，提高产品市场占有率，提高资产利用效率。一般情况下，该数值越高，表明企业总资产周转速度越快，销售能力越强，资产利用效率越高。

将企业本身的总资产周转率与同行业不同企业的周转率相比较，或比较企业自身前后期的周转率，也可以判断企业的资产运用效率如何。当本期总资产周转率大于前期周转率时，表示企业资产产生销售的能力越来越强；小于前期周转率时，表示企业资产产生销售的能力越来越差。

⑶ 偿债能力分析

偿债能力分析主要是判断企业的获利是否足够支付利息，短期偿还债务能力是否健全，以及衡量是否有紧急偿债的能力。在分析企业的偿债能力时，首先要看企业当期取得的现金收入在满足生产经营所需的现金支出后，是否有足够的现金用于偿还到期债务。可以从流动比率、速动比率、利息保障指数这三项财务比率分析结果来判断企业是否具备健全的偿债能力。各个分析项目的作用及计算公式，如表 8－7 所示。

表 8-7 偿债能力分析内容

项目	作用	公式	使用报表
流动比率	了解企业的流动资产是否足以偿还短期债务	$\frac{\text{流动资产}}{\text{流动负债}}$	资产负债表
速动比率	观察企业快速可变现的资产是否足够偿还紧急的短期负债	$\frac{\text{速动资产}}{\text{流动负债}}$	资产负债表
利息保障指数	观察企业的获利是否足以支付利息	$\frac{\text{利润总额}+\text{本期利息费用}}{\text{本期利息费用}}$	利润表

① 流动比率

流动比率是指全部流动资产与全部流动负债的比率，它表明企业的流动负债有多少流动资产作为偿还的保证，反映企业可用在短期内转变为现金的流动资产，偿还到期流动负债的能力。其计算公式如下：

$$\text{流动比率}=\frac{\text{流动资产}}{\text{流动负债}}$$

例如，从表 8－1 的资产负债表可以得知，DB 公司的流动资产为 7 520 万元，流动负债为 5 080 万元，则：

$$\text{流动比率}=\frac{7\ 520}{5\ 080}=1.48$$

流动比率越高，表示企业短期偿债能力越强。但是从经营者和所有者的角度看，并不是流动比率越高越好，因为流动比率过高可能表明企业滞留在流动资产上的资金过多，未能充分有效地利用，造成企业机会成本的增加，这对企业的盈利能力将会造成一定的影响。一般来说，企业的流动比率在 2 以上才符合标准。如果企业的流动比率介于 1 与 2 之间，表示企业的偿债能力可能存在问题；若小于或等于 1，表示企业偿债能力不佳。

衡量流动比率的高低，一般以同业的平均流动比率为标准，当企业的流动比率高于同业时，表明企业短期偿债能力和应付突发事件的能力很强，虽然资金充裕不会发生财务危机，但资金过度闲置未充分运用。反之，流动比率低于同业时，表示企业资金周转能力差，容易出现资金周转不灵，甚至资金紧张，无法如期偿还债务。此外，比较前后期报表的流动比率，也可以判断企业偿债能力的变化。

② 速动比率分析

速动比率也称为“酸性测验比率”，是指企业速动资产与流动资产的比率，也就是指每一元流动负债可以有多少速动资产来偿还，一般用来测定企业偿还短期负债的能力。其计算公式如下：

$$速动比率 = \frac{速动资产}{流动负债}$$

速动资产包含现金、银行存款、应收票据、应收账款等，但不包含变现时间较长且可能出现跌价损失的存货和不能出售、变现性差的预付款项，因此财务制度规定，速动资产是指流动资产总额扣除存货以后的那一部分，即：

$$速动比率 = \frac{流动资产 - 存货}{流动负债}$$

速度比率可用作流动比率的辅助指标。有时企业流动比率虽然较高，但流动资产中易于变现或可用于立即支付的资产很少，则表示企业的短期偿债能力仍然较差。因此，速动比率能更准确地反映企业的短期偿债能力。根据经验，速动比率为1∶1较为合适。如果速动比率小于1，说明企业的偿债能力存在问题；但如速动比率大于1，则又说明企业因拥有过多现金及应收账款资金，而可能失去一些有利的投资或获利机会。

还是以DB公司为例，由表8－1的资产负债表可以得知，该公司速动资产为5 600万元（流动资产7 520万元 － 存货1 920万元），流动负债为5 080万元。该公司的速动比率计算如下：

$$速动比率 = \frac{5\ 600}{5\ 080} = 1.1$$

从以上分析可以看出，该公司的速动比率大于1，仍有较强的短期偿债能力。

衡量企业速动比率的高低，一般以同业平均的速动比率为标准。当企业的速动比率高于同业时，表示企业的可变现资产足够应付企业短期的资金周转，而且短期的偿债能力强，即使企业现金流入突然中断或现金支出突然增加，企业仍可持续运转。反之，如果企业的速动比率低于同业，表明企业短期的周转可能有问题，有必要检查营业现金流入是否能够应付短期内的资金运转。此外，比较前后期报表的速动比率，也能判断企业偿债能力的变化。

③ 利息保障倍数

利息保障倍数又称为“已获利息倍数”，是指企业生产经营所获得的利润总额与利息费用的比率。它是衡量企业支付负债利息的能力，倍数越高，说明企业支付利息及偿还借款能力越强，也表示债权人受保障的程度越高。其计算公式如下：

$$利息保障倍数 = \frac{利润总额 + 利息费用}{利息费用}$$

利息保障倍数不仅反映企业的获利能力，同时也表示获利能力对偿还到期债务的保证程度，它既是企业举债经营的前提，也是衡量企业长期偿债能力大小的重要标志。要维持正常偿债能力，利息保障倍数至少应大于1，且比值越高，表示企业长期偿债能力越强。如果利息保障倍数过低，说明企业将面临亏损、偿债的安全性与稳定性下降的风险。

由表8－2的利润表可以得知，该DB公司的利润总额为175万元，利息费用为130万元，该企业的利息保障倍数计算如下：

$$利息保障倍数 = \frac{175+130}{130} = 2.88（倍）$$

该公司的利息保障倍数为2.88倍，大于1，说明该公司的长期偿债能力强。

利息保障倍数的标准与行业别有关，一般以同业的平均利息保障倍数为标准。当企业的利息保障倍数高出同业时，表示企业偿债能力良好，不至于出现以债养债的情况，债权人的债权有保障，不需担心企业倒债。反之，利息保障倍数远低于同业时，表示企业偿债能力弱，容易出现资金周转不灵。同时，比较企业的前后期利息保障倍数，也能判断企业偿债能力的变化情况。

(4) 财务结构分析

财务结构分析是指以会计报表中的某个总体作为100%，再计算出其组成项目占总体的百分比，从而得出各个项目的结构比例及其与总体的关系大小。分析重点包含负债占总资产比率、所有者权益占总资产比率、长期资本占固定资产比率等。通过企业的资产、负债和所有者权益间的比重关系分析，既可以将这三大比率用于同一企业不同时期财务状况的纵向比较，又可以用于不同企业的横向比较。同时可以消除企业规模差异的影响，有利于分析企业的财务状况和经营成果。各个分析项目作用及计算公式如表8－8所示。

表8-8 财务结构分析内容

项 目	作 用	公 式	使用报表
负债占资产比率	了解企业的负债情况	$\frac{总负债}{总资产}\times 100\%$	资产负债表
所有者权益占资产比率	了解企业资金是否大部分由股东提供	$\frac{所有者权益}{总资产}\times 100\%$	资产负债表
长期资本占固定资产比率	了解企业投资设备的资金是否来自长期投资	$\frac{所有者权益+长期负债}{固定资产净额}\times 100\%$	资产负债表

① 负债占资产比率

负债占总资产比率也称为“资产负债率”，是指负债总额与资产总额的比率，反映企业总资产中有多大比例是通过举债来筹资的，可以衡量企业清算时保护债权人利益的程度。其计算公式如下：

$$资产负债率=\frac{总负债}{总资产}\times 100\%$$

由表8－1的资产负债表可以得知，DB公司的负债总额为7 830万元，资产总额为9 370万元，其资产负债率计算如下：

$$资产负债率=\frac{7\ 830}{9\ 370}\times 100\%=83.6\%$$

分析资产负债率时，由于分析的角度不同，对资产负债率的高低看法也不相同。债权人认为资产负债率越低越好，该比率越低，债权人越有保障，贷款风险越小；从股东的角度看，如果能够保证全部资本利润率大于借债利率，则希望该指标越大越好，否则反之；从经营者的角度看，负债过高，企业难以继续筹资，负债过低，说明企业经营缺乏活力；从财务管理的角度看，企业要在盈利与风险之间作出权衡，确定合理的资本结构。一般来说，负债比率以不超过50%为理想，不过，这没有绝对的标准。

比较企业前后期的负债比率，若本期资产负债率大于前期资产负债比率，表明企业负债增多。反之，若小于前期资产负债比率，表明企业负债减少。

② 所有者权益占资产比率

所有者权益占资产比率也称为“所有者权益比率”或“股东权益比率”，是指股东投资金额占资产总额的比率。其计算公式如下：

$$所有者权益比率=\frac{所有者权益}{总资产}\times 100\%$$

例如，由表8－1的资产负债表可以得知，DB公司的所有者权益为1 540万元，资产总额为9 370万元，其所有者权益比率计算如下：

$$所有者权益比率=\frac{1\ 540}{9\ 370}\times 100\%=16.4\%$$

所有者权益比率是长期偿债能力保证程度的重要指标。从偿债能力来看，该指标越高，说明企业资产中投资人投资的资金越多，债权人的利益越有保障。但是，对于一个利润稳定增长或经营状况好的企业来说，该比率过高，必然使企业融资成本提高，所有者不能充分利用债务的杠杆作用。因此，所有者权益(或股东权益)比率也应适度，通常所有者权益比率以不低于$\frac{1}{3}$为宜，但每个行业适当的比率都不一样，企业要与同业相比，才能正确判断该比率的高低。

③ 长期资本占固定资产比率

长期资本占固定资产比率也称为“固定资产长期适合率”，是指长期资本占固定资产的比率。该指标衡量企业固定资产与长期资本是否平衡，了解企业投资在固定资产的资金是否来自长期资本。其计算公式如下：

$$长期资本占固定资产比率=\frac{长期资本}{固定资产净值}\times 100\%$$

从表8－1的资产负债表得知，该企业长期资本为3 340万元（所有者权益1 540万元＋长期借款1 800万元)，固定资产净值为1 810万元，长期资本占固定资产比率计算如下：

$$长期资本占固定资产比率=\frac{3\ 340}{1\ 810}\times 100\% = 184.5\%$$

长期资本占固定资产比率高，表示企业的资本结构良好，没有用短期资金应付长期资本支出的情况。若此项比率偏低，表明企业的部分固定资产由流动负债负担，有“以短支长”的现象，财务结构不健全，债务违约的风险高。此项比率以超过100%为理想标准。

此外，比较企业前后期的长期资本占固定资产比率，若本期长期资本占固定资产比率大于前期，表示企业的财务结构较前更健全;反之，如果小于前期比率，表示企业的财务结构较前更不健全。

2. 管理面分析

企业在日常的运营管理中，计划的拟订、执行、落实和执行结果的追踪、分析、改善等方面，如标准成本系统的建立、产品的报价、预算的编制，以及成本的管控和分析改善等，都会运用财会方面的数据进行相关的分析。这些针对企业日常运营管理需要，使用日常财会数据来进行分析的管理面分析，主要包括生产力分析、利润分析、成本分析等，主要目的是提高企业的获利能力。企业获利能力的高低取决于销售收入和成本，如表8－9所示。

表8-9 营业收入、成本与利润的关系

营业收入	成　本	利　益	说　　明
不变	不变	不变	
不变	增加	减少	
不变	减少	增加	
增加	不变	增加	
增加	增加	不变	营业增加幅度 = 成本增加幅度
增加	增加	增加	营业增加幅度＞成本增加幅度
增加	减少	增加	
减少	不变	减少	
减少	减少	不变	营业减少幅度 = 成本减少幅度
减少	减少	减少	营业减少幅度＞成本减少幅度
减少	增加	减少	

由上表可以得知，企业要想增加营业收入，不外乎提高产品的售价和增加产销量。由于产品售价取决于市场情况和同业的竞争，而且利润是随着产销量、产品售价和成本的变动而变化，因而企业想要增加营业收入提高利润，就有必要进行产品“利润方面的分析”，把握数量、收入和成本间的关系，以建立良好的利润计划。

在降低成本方面，企业除了要建立内部人员的成本意识外，也要树立企业人的效率意识，要使企业人树立提高企业生产力的意识，通过“生产力分析”全面思考成本问题，掌握成本精髓，协助企业降低成本。

因此，企业必须说明降低成本的理由，制订降低成本的方式和合理的目标或计划，否则，不但无法激发员工的成本改善意识，责任也无法划分清楚。所以在进行成本改善作业之前，企业必须以生产上没有浪费或损耗的理想形式，决定一个衡量成本的标准，再将实际成本与标准成本比较后，针对成本差异部分，找出原因进行成本改善。像这样，把实际成本与标准成本进行比较找出差异，分析造成成本差异的原因，就是所谓的“成本分析”。

成本方面的分析，也是属于“管理面分析”的一种，但因涉及到标准成本的建立、预算的编制和成本的管控与分析等广泛范围，将单独安排于下篇中说明，在此就先略而不提。

⑴ 生产力分析

所谓生产力是指劳动、资本（投入）与附加价值（产出）的比率，也就是企业为生产某种货品或提供劳务，投入的生产要素与产出或劳务间的比率。

一般来说，企业主要的生产要素是人和资金。因此，生产率分析，即分析员工的劳动生产力和资金的资本生产力，也就是分析由人所创造的价值和单位资本产生的价值。这些价值一般都附加在产品的产值或销售额上，即产品的附加价值。因此企业在进行劳动生产力和资本生产力分析之前，必须先了解附加价值的计算与分析。

① 附加价值分析

附加价值是指生产活动附加于产品的价值，是指将企业销售产品或商品的收入，扣除购买商品、原材料等生产产品所花费的费用后的剩余价值。附加价值的计算方法有扣除法和加算法两种。

● 扣除法

扣除法是指用生产总额扣除生产费用的计算方法。其中，生产总额等于销售收入加上（扣除）产成品及在制品的增加（减少）部分;生产费用则为原料成本、委外加工费用、企业外劳务费用、折旧费用等的合计。扣除法的计算公式如下:

附加价值 = 生产总额 - 预付费用

由表 8 - 2 的利润表和表 8 - 4 的制造成本明细表得知，该企业生产总额为 3 160

万元，其中营业收入为3 200万元，产成品增加120万元，在制品减少160万元；生产费用2 472万元，其中原料1 400万元，委外加工费用730万元，其他费用213万元（制造费用950万元－委外加工费用730万元－税金7万元），销管费用89万元（营业费用220万元－用人费用120万元－租金10万元－税金1万元），其他营业外费用40万元。即

附加价值＝3 160－2 472＝688（万元）

● 加算法

加算法是指加总人工费用、资本报酬、经营者报酬、社会费用及企业维持发展费用的计算方法，也就是企业内部人工费用、租赁费用、借入资产利息、税金、净利润的总和。计算公式如下：

附加价值＝人工费用＋租赁费用＋借入资产利息＋税金＋净利润

因此，若使用加算法来计算附加价值，则人工费用为直接人工费加上营业费用中的人工费用，即370＋120＝490万元，租赁费用10万元，借入资产利息75万元，税金8万，净利润105元，即：

附加价值＝490＋10＋75＋8＋105＝688万元

$$
\begin{aligned}
\text{附加价值率} &= \frac{\text{附加价值}}{\text{生产总额}} \times 100\% \\
&= \frac{688}{3\ 160} \times 100\% \\
&= 21.8\%
\end{aligned}
$$

企业的附加价值率越高，表明企业经营的产品附加价值高，能够创造出较高的利润。如果产品的附加价值率偏低，表明企业经营的产品创造的利润不高，有必要加大产品的研发力度或进行产品改良，以及降低原材料成本，改善产品的组合。

② 资本生产力

资本生产力是指企业投入资本所产生的附加价值，即每单位资本的产出量与资本

的比率。其中资本包含设备、原材料、动力及产成品等各种生产要素的总和。资本生产力的计算公式如下：

$$资本生产力 = \frac{附加价值}{资产总额} \times 100\%$$

由表8-1的资产负债表得知，DB公司资产总额9 370万元，附加价值688万元，其资本生产力计算如下：

$$资本生产力 = \frac{688}{9\ 370} \times 100\% = 7.3\%$$

然而附加价值是由纯生产因素产生的，通常以资产总额扣除固定资产中闲置设备及投资后余额的经营资本，来替代资本总额较适当。其计算公式为：

$$资本生产力 = \frac{附加价值}{经营资本} \times 100\%$$

资本生产力主要是用于了解企业所投入的资本是否充分运用，以及能给企业带来多少的附加价值。比率越高，代表企业投入的资本利用率越高，给企业带来的附加价值也越高。

③ 劳动生产力

劳动生产力是指企业投入人力所产生的附加价值，即每一人工的产出量与员工人数的比率。其中员工人数，也可以用生产时数或人工费用来替代。计算公式为：

$$劳动生产力 = \frac{附加价值}{员工人数}$$

由表8-4的制造成本明细表得知，该企业有586名员工，附加价值688万元，其劳动生产力计算如下：

$$劳动生产力 = \frac{688}{586} = 1.17万元/人$$

通过劳动生产力可以了解企业员工对企业利润的贡献度。劳动生产力越高，表明企业中每一位员工对企业利润的贡献度越高。如果劳动生产力过低，企业就必须从增强营销部门的实力、市场开拓力度、修订销售战略、减少辅助人员等方面进行改善。

④ 综合生产力

除资本生产力和劳动生产力外，企业的综合生产力也可以反映企业生产力的高低，综合生产力一般分为设备生产力和原料生产力两种。虽然通过设备生产力可以了解设备的产能利用效率，通过原料生产力可以了解原料的耗用效率，但因生产主要还是通过资本和劳动两方面的生产要素来进行的，因此以劳动生产力加上资本生产力，来表示企业生产力较为适当。

(2) 利润分析

所谓利润分析，就是将本期各项营业利润与前期各项营业利润或目标利润进行比较，分析其增减或差异情况，找出造成差异的原因并加以改善的分析方法，包含损益平衡分析、边际利润分析和利润差异(增减)分析等。

利润分析的目的在于测定企业利润的变化情况，找出造成利润变化的原因，以期能针对异常进行改善。如果利润的减少是销售量减少所致，就要从销售政策、市场开拓等方向着手进行改善；如果是因成本增加影响，就必须针对成本差异项目进行分析、改善，提高企业整体利润。

在进行利润分析时，首先要了解利润的变化情况、利润与费用间的变化关系、利润的产生部门及企业经营需要的最低利润等。通过对这些项目的了解，把握数量、收入和利润间的关系，做好利润计划。

① 损益平衡分析

所谓损益平衡分析，就是确认需要多少销售收入，成本控制在什么水平，才能确保企业的收支平衡。也就是计算企业的收支平衡点，了解收支平衡点的销售收入和成本，确保企业的目标利润。

- 损益平衡点

损益平衡点（Break－Even－Point，简称BEP）是企业盈利或亏损的临界点，是销售收入和费用相等，即损益为零，也即无损无利的营业状况。用利润图来表示，将更为清楚。下面以图8－1为例来说明企业的损益平衡分析。

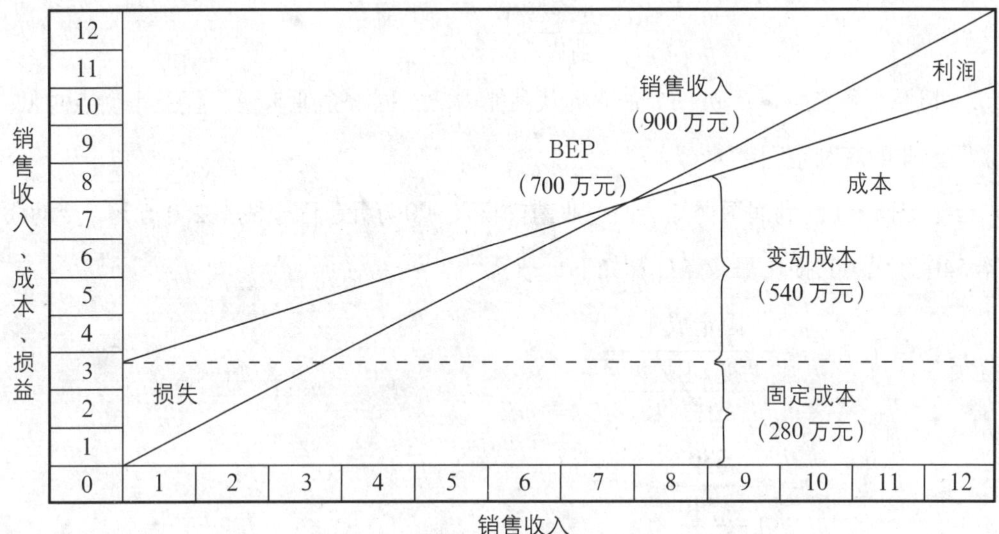

图8-1 利润图表

损益平衡点分析，首先要将成本划分为固定成本和变动成本。因此，损益平衡点也可以定义为收回变动成本（费用）和固定成本（费用）所需的销售数量或收入。各项费用归属变动成本或固定成本（费用）的分类，如表8－10所示。

表8-10 固定成本与变动成本的分类

单位：万元

变动成本项目		固定成本项目	
变动制造费用	直接材料	固定制造费用	修护费
	直接人工		折旧费
	电　费		税　金
	运　费		差旅费
	主要器材		邮电费
	委外加工费		其他摊销
变动营业费用		固定营业费用	

● 损益平衡点的计算

损益平衡点的计算公式如下：

$$a.损益平衡点销售收入=\frac{固定成本}{1-\frac{变动成本}{销售收入}}$$

损益平衡点可以反映一个企业的获利能力，对同一企业来说，损益平衡点越低，说明企业的获利空间越大。

由图 8-1 的利润图得知，该企业销售收入 900 万元，固定成本 280 万元，变动成本 540 万元，其损益平衡点计算如下：

$$损益平衡点=\frac{固定成本}{1-\frac{变动成本}{销售收入}}$$

$$=\frac{280}{1-\frac{540}{900}}$$

$$=700 万元$$

● 利润安全度

损益平衡点在企业经营上的运用范围很广，具有相当高的使用价值。从损益平衡点的高低，可以看出利润的安全度如何。以图 8-1 为例，损益平衡点的位置在销售收入的 78%（$\frac{700}{900}\times 100\%$）处，表示若企业的销售收入减少到 22%（100% -78%）以下，仍会有利润；若销售收入减少超过 22% 以上时，则会亏损。由此可知，损益平衡点越低，企业的利润安全度越高。反之比率越高，企业的安全度越低。利润安全度的计算公式如下：

利润安全度 =1- 损益平衡点位置（比率）

这样的计算，是利用过去的实际销售收入来计算损益平衡点，但在企业实际经营中，找出过去的损益平衡点对企业的经营并没有太大的帮助，获利计划也不是要求利润等于“0”的损益平衡点，而是要据以拟订具体的获利计划，追求更多的利润。因此，损益平衡点的计算，配合经营管理利润计划的需要，衍生出下列计算公式：

a. 计算在一定销售收入或销售量下的利润

$$利润 = 设定销售收入 \times 1 - \frac{变动成本}{设定销售收入} - 固定成本$$

$$利润 = \frac{售价变动成本}{设定销售量} \times 设定销售量固定成本$$

b. 为达到一定利润所需的销售收入或销售量

$$销售收入 = \frac{固定成本 + 设定利润}{1 - \frac{变动成本}{销售收入}}$$

$$= \frac{固定成本 + 设定利润}{1 - 变动成本率}$$

$$销售量 = \frac{固定成本 + 设定利润}{售价 - \frac{变动成本}{销售量}}$$

仍以图8－1为例，由于变动成本率一般维持不变，因此当销售收入增为1 100万元时，变动成本也增为660万元，此时的利润计算如下：

$$利润 = 销售收入 \times \frac{1 - 变动成本}{销售收入} - 固定成本$$

$$= 1\ 100万元 \times \frac{1 - 660}{1\ 100} - 280$$

$$= 160（万元）$$

反之，若要得到200万元的利润时，销售收入应该达到以下计算结果：

$$销售收入=\frac{固定成本+设定利润}{1-变动成本率}$$

$$=\frac{280+200}{1-60\%}$$

$$=1\ 200（万元）$$

由于运用损益平衡点能预测销售价格的变化，因此损益平衡点也可以用来决定销售价格。如将销售价格提高20%，销售收入维持不变时，则变动成本率将从原来的60%降为50%（$\frac{60\%}{1+20\%}$），此时的损益平衡点变为560万元（$\frac{280}{1-50\%}=560$万元），利润为170万元[900×（1－50%）－280＝170万元]。比较售价未调整前的利润80万元（900－280－540），多出了90万元的利润。此时若想取得原来80万元的利润，则销售收入只要$\frac{280+80}{1-50\%}=720$万元即能达成。

由于损益平衡点可以测定固定成本的增减，因而也具有决定固定成本的作用。仍以图8－1为例，固定成本为280万元，若增加50万元变为330万元时，销售收入及变动成本维持不变时，则损益平衡点变为825万元（$\frac{330}{1-60\%}=825$万元），利润为30万元[900×（1－60%）－330＝30万元]，较原固定成本280万元时的利润80万元，减少了50万元的利润。此时若想维持原来80万元的利润，则销售收入必须达到1 025万元（$\frac{330+80}{1-60\%}=1\ 025$万元），比之前提高125万元。

● 损益平衡分析的条件

虽然损益平衡分析有助于企业管理的运用，但其本身存在许多缺点，故使用此项分析方法时，应先了解其缺点，扬长避短，以免导致决策错误。一般来说，损益平衡分析需在下列条件不变的情况下才能进行：

a．固定成本在某作业范围内一定时；

b．经营规模一定时；

c．生产方法一定时；

d．变动成本随销售量增加而比例变动；

e．销售量变化而售价不变；

f．销售产品为一种或多种，但其构成一定时；

g．生产与销售之间无时间差。

因此，企业在进行损益平衡分析时，要记住各项假定都是整个分析的一部分，且务必深入了解其缺点，从而使此项分析确实能发挥其应有的效能。

② 边际利润分析

所谓“边际利润”就是销售收入减去变动成本的差额，即含固定成本的利润。由于边际利润包含固定成本的金额和获得净利的贡献，因此又称为固定成本负担额或边际贡献。边际贡献率则是指边际利润与销售收入的比率。边际利润及边际利润率的计算公式如下：

边际利润 = 销售收入 − 变动成本

或：

边际利润 = 固定成本 + 利润

$$边际利润率 = \frac{边际利润}{销售收入}$$

同样以图 8－1 为例，边际利润及边际利润率分别为：

边际利润 = 900 − 540 = 360 万元

或：

边际利润 = 280 + 80 = 360 万元

$$边际利润率 = \frac{360}{900} = 40\%$$

● 损益平衡点的计算

计算损益平衡点除了可以使用前述的计算公式外，也可以运用边际利润来计算。其计算公式为：

$$损益平衡点 = \frac{固定成本}{边际利润率}$$

或：

$$损益平衡点 = \frac{固定成本}{每单位边际利润}$$

以图 8－1 为例，计算出的损益平衡点为：

$$损益平衡点 = \frac{280}{40\%} = 700 万元$$

● 利润及销售收入的计算

使用边际利润及边际利润率，也可以计算出在一定销售收入或销售量下的利润及为达成某一定利润所需的销售收入：

利润 ＝ 一定销售收入 × 边际利润率 － 固定成本；

$$所需销售收入 = \frac{固定成本 + 目标利润}{边际利润率}$$

以图 8－1 为例，当销售收入减为 500 万元时，计算出一定销售收入下的利润为 －80 万元（500 × 40% － 280 ＝ －80 万元），呈现亏损状态。反之，当企业想完成 160 万元的目标利润时，所需要的销售收入为 1 100 万元（$\frac{280+160}{40\%}$ ＝1 100 万元），比原先的 900 万元提高了 200 万元。

● 平均边际利润率的计算

对产销多种型企业来说，各项产品的边际利润率均不一样，因而企业的总边际利润率，也会随着产品的产销组合变化而不同。企业可以计算出多种产品组合的损益平衡点和实际利润率，再与竞争厂商比较，或进行内部各项产品边际利润率的比较，有

助于企业的成本管制。其计算公式如下:

平均边际利润率 = Σ产品销售比率×该产品的边际利润率

表8－11是平均边际利润的计算范例，从图表中可以看出平均边际利润率为55.6%×50%+22.2%×45%+11.1%×30%+11.1%×（－10%）=40%。边际利润率越高的产品，获利能力越强。

表8-11 平均边际利润率的计算

单位:万元

产品别	销售收入		边际利润	边际利润率
	金额	%		
A	500	55.6	250	50%
B	200	22.2	90	45%
C	100	11.1	30	30%
D	100	11.1	－10	－10%
合计	900	100.0	360	40%

产销多种产品企业的边际利润，是各产品别边际利润的总和，只要把握各产品的销售收入和变动成本，就可以计算出各产品别的边际利润。此时边际利润可以采用“产品别的单位边际利润×产品别的销售量”的计算公式，如表8－12所示。

表8-12 多种产品的边际利润分析

产品别	单价（元）	单位变动成本（元）	单位边际利润（元）	单位边际利润率（%）	销售量（件）	总边际利润（元）	顺序
A	400	300	100	25	1 000	100 000	2
B	300	240	60	20	2 000	120 000	1
C	250	210	40	16	1 000	40 000	3
D	200	170	30	15	500	15 000	5
E	180	150	30	16	500	15 000	4
合计						290 000	

比较产品别边际利润的大小，就可以知道哪项产品对总边际利润的贡献最大。由表8－12可以看出B产品的边际利润最高，D、E产品的边际利润最低，其中D产品的

边际利润率15%比E产品的16%低，因此D产品较E产品不利。企业可以利用对各项产品的边际利润分析，决定应该重点生产和销售哪种产品，确定产品组合策略，提升企业的获利能力，如图8－2所示。

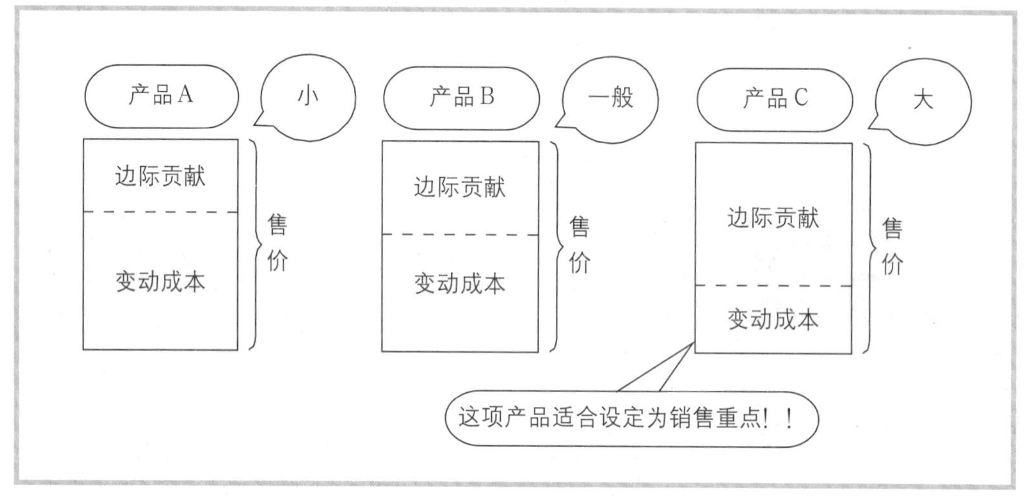

图8-2 产品组合策略

根据企业的费用构成情况，一般分为变动费用型企业和固定费用型企业两种。变动费用型企业具备如下特点：

a.变动费率较高，边际利润较低；

b.损益平衡点的位置较低，获利空间较小；

c.市场不景气时，销售收入的减少对企业的经营影响较小，对抗不景气的力道较强；

d.市场景气时，销售收入的增加对企业利润的增加不明显。

因为边际利润较低，所以宜采取“薄利多销”的大量销售策略，增加边际利润较高的产品，及开发附加价值高的产品，并制定完善的售价策略，才能确保企业获利。同时，企业最好在提高规模效益的同时，也要设法降低原材料等变动费用。

固定费用型企业的特点如下：

a.变动费率较低，边际利润较高；

b.损益平衡点的位置较高，获利空间较大；

c.市场不景气时，销售收入的减少直接影响到企业的利润；

d.市场景气时，销售收入增加使企业利润明显随之增加。

由于这种企业的固定成本的负担比较高，因而要控制固定费用的增加，尽量缩小固定费用的分摊比例，并积极采取优惠的促销措施，努力增加销售收入，尽早抵消固定费用，以提高企业利润空间。

③ 利润差异（增减）分析

利润增减分析，就是比较本期利润与前期利润，分析其增减的原因；利润差异分析，则是比较实际利润与目标利润或其他企业的同期利润，分析其差异的原因。事实上，这两种分析是一体两面，都是在比较利润增减（差异），且分析方法也一样。下面介绍的各种利润增减分析方法，也可应用在利润差异分析上。利润增减分析，包括销售总利润增减分析、营业利润增减分析和净利增减分析。

● 销售总利润增减分析

销售总利润是将销售收入减去销售成本的余额，故销售收入及成本有变动时，销售总利润也随之增减。当销售价格或销售量有变动时，也会影响销售收入的增减。同样，当每单位销售成本或销售量有变动时，销售成本也随之增减。

销售总利润的增减分析，可以使用表8－13的方式进行。

表8-13 销售总利润增减分析表

项 目	金额变化		
一、销售收入的增减			
1.因销售价格变动的增减	1		
本期售价×本期销售量 －	2		
前期售价×本期销售量	3	1=2－3	
2.因销售量变动的影响	4		
前期售价×本期销售量 －	5		
前期售价×前期销售量	6	4=5－6	
销售收入增减合计	7		7=1+4

续表

项　目	金额变化		
二、销售成本的增减			
1.因单位销售成本变动的增减	8		
本期单位成本 × 本期销售量 −	9		
前期单位成本 × 本期销售量	10	8=9−10	
2.因销售量变动的增减	11		
前期单位成本 × 本期销售量 −	12		
前期单位成本 × 前期销售量	13	11=12−13	
销售成本增减合计	14		14=8+11
三、销售利润增减合计	15		15=7−14

以某企业的各项销售及成本数据为例，如表 8−14 所示，运用销售总利润分析表进行分析说明，分析情况如表 8−15 所示。

表 8-14 销售价格、销售量及单位销售成本内容

项　目	本　期	前　期	增　减	
			量　值	%
销　售　量(吨)	11 000	10 000	1 000	10.0
销售收入(万元)	3 080	2 500	580	23.2
销售价格(元)	2 800	2 500	300	12.0
销售成本(万元)	2 750	2 250	550	25.0
单位销售成本(元)	2 500	2 200	300	13.6

表 8-15 某企业的销售总利润增减分析表实例

项　目	金额变化(万元)		
一、销售收入的增减			
1.因销售价格变动的增减			
2 800 × 11 000 −	3 080		
2 500 × 11 000	2 750	330	
2.因销售量变动的影响			
2 500 × 11 000 −	2 750		
2 500 × 10 000	2 500	250	
销售收入增减合计			580

续表

项　目	金额变化(万元)		
二、销售成本的增减			
1.因单位销售成本变动的增减			
本期单位成本×本期销售量 －	2 750		
前期单位成本×本期销售量	2 420	330	
2.因销售量变动的增减			
前期单位成本×本期销售量 －	2 420		
前期单位成本×前期销售量	2 200	220	550
销售成本增减合计			
三、销售利润增减合计			30

由表8－14及表8－15的分析结果，可以得知本期销售价格较前期增加12%，销售收入增加330万元;销售量增加10%，销售收入增加250万元，合计销售收入增加580万元。但因单位销售成本增加13.6%，销售成本对应增加330万元;销售量增加，对应成本增加220万元，合计销售成本增加550万元。将销售收入增减与销售成本增减比较后，可知销售总利润增加30万元。

产销多种产品的销售总利润的增减分析，也可以运用同样的方法，将逐项产品进行产品别的销售总利润增减分析后，再汇总各项产品的销售总利润增减分析结果，得出企业整体销售总利润的增减金额。同时，将各产品的本期平均销售价格与平均单位销售成本与前期进行比较分析，也可以得到企业整体销售总利润的增减金额。

● 净利润增减分析

营业总利润增减分析方法，也可适用于净利润的增减分析。一般来说，净利润增减的因素包含:

a.增加的因素

· 增加销售总利润;

· 减少营业费用（销售及管理费用）;

· 增加营业外收入;

· 减少营业外支出。

b.减少的因素

· 减少销售总利润;

· 增加营业费用(销售及管理费用);

· 减少营业外收入;

· 增加营业外支出。

以表8－16某企业的利润表为例，进行净利润增减分析的结果如表8－17所示。

表8-16 某企业利润表

编制单位:　　　　年　月　日　　　　单位:万元

项目		本期	前期	增减
销售收入		3 080	2 500	580
销售成本		2 750	2 200	550
销售利润		330	300	30
营业费用	用人费用	24	21	3
	包装费	33	30	3
	运费	55	50	5
	广告费	20	19	1
	差旅费	14	12	2
	交际费	11	6	5
	其他	8	2	6
	合计	165	140	25
营业外收入		22	20	2
营业外支出		55	50	5
净利润		132	130	2

表 8-17 某企业的净利润增减分析表实例

项　目	金额变化(万元)		
一、净利润增加的主要因素			
1.销售总利润增加		30	
2.营业外收益增加		2	
净利润增加合计			32
二、净利润减少的主要因素			
1.营业费用增加			
用人费用增加	3		
包装费增加	3		
运费增加	5		
广告费增加	1		
差旅费增加	2		
交际费增加	5		
其他增加	6		
小计		25	
2.营业外支出增加		5	
净利润减少合计			30
三、销售利润增减合计			2

净利润除了因上述因素增减外，其他利润如处置固定资产的收益或损失，也会影响到净利润的增加。其他收益增加或损失减少，净利润必然随之增加；反之，其他利润减少或损失增加，净利润也会随之减少。从表 8－17 可以看出，该企业本期销售费用比上期增加 25 万元，虽然营业外收入多了 2 万元，但因营业外支出增加了 5 万元，所以净利润只增加 2 万元。

第九篇　成本分析与管控改善

一、成本分析的基础——标准成本

二、成本管控的基础——预算

三、成本的分析

四、成本的管控与改善

经营企业的主要目的是盈利，面对竞争日益激烈的国内外市场，企业除了投资规模化、技术规范化及产品优质化外，降低各项成本、提高企业经营管理绩效、增加利润以使企业能在稳定中求发展，更是大势所趋。

企业的成本核算是损益计算中销售成本计算的基础，也是资产负债表中期末存货及累计折旧的组成部分。另外，成本核算还提供企业经营需要的第一手准确的成本数据，协助企业进行经营管理。换句话说，成本核算的结果，除用来编制利润表及资产负债表等相关财务报表外，也是企业经营者和管理者经营管理企业的重要工具，如表9-1所示。

表9-1 成本核算的作用

类型	作用
成本管理	提供相关的成本信息给企业的经营者和管理者，以便分析实际成本与标准成本的差异，评估成本效率，并且找出降低成本及增加成本效益的对策和方法。
利润管理	提供企业经营者和管理者经营决策的基础资料，以便制订产品经营、设备投资等各项企业经营的基本计划和具体的运营计划。
预算管理	提供企业经营者和管理者有关预算编制和预算管理方面的成本信息。
报价管理	提供企业经营者和管理者有关制定企业价格政策的成本信息。

企业经营者要随时带有“产品能用多少成本制造出来”的超前经营意识，对产品的未来成本进行估算，才能结合市场情况，在产品生产初期制订出合理的产品售价及成本管控计划，有效地进行产品的行销及成本的管控。此外，企业在实际经营管理过程中，难免会有品质、效率、交期、物流等方面的异常，这些异常所增加的费用，通常也是加在产品的实际成本中的。此时，企业若没有制定合理的成本标准，也就无法得知这些异常增加了多少成本，成本改善的空间有多大。所以，企业除了定期的成本核算外，还要建立一套完善的标准成本制度，达到成本管控的目的。

一、成本分析的基础——标准成本

1．标准成本的概念

所谓“标准成本”，就是企业生产一种产品或完成一项经营管理作业最合理的成本。这项成本应符合下列条件：

⑴ 品质理想、价格合理的原料成本；

⑵ 薪酬合理且工作效率最佳的人工成本；

⑶ 合理有效地运用能源的变动制造费用；

⑷ 运用充分且故障率最低的设备费用；

⑸ 开支管控在预定范围内的其他制造费用。

由于标准成本是最合理的成本，因此在管理上可作为衡量实际成本的尺度，并作为评核经营管理绩效及分析成本差异的依据。因此，企业若想永续经营，就必须设定标准成本制度，不断地进行成本分析与改善，追求合理、有效的成本，提升企业的获利能力。

2．设定标准成本制度

标准成本制度就是设定各成本项目及相关的管理作业的标准或规范，比较与实际成本或实际作业的差异，发掘各种管理异常，并及时加以改善的管理制度。制定这项管理制度的目的，是为了将成本控制在一定的水平之下，具体表现在：

⑴ 找出最佳的生产条件，制定生产规范或标准，作为生产管理的依据；

⑵ 设定合理的制造成本，提供控制成本和设定经营目标绩效评核的标准；

⑶ 使企业的经营者和管理者事先了解各种产品的合理成本，制定有竞争力的产品售价，作为经营决策和营销决策的参考；

⑷ 在设定标准成本的过程中，发现当前管理作业的异常并及时改善。

标准成本主要是用来衡量实际成本，设定的成本标准是否合理，往往会影响到成本差异的大小，因而如何设定各项成本的合理标准，便成为标准成本制度的主要内容。

3．标准成本的分类

如前所述，成本要素可以分为直接材料、直接人工和制造费用三项，但在实际运用时因以金额表示，不易发挥实质效果，难以达到成本管控的目的。因此，每一单位产品所耗用的原材料、投入的人工及产生的各项制造费用，应分别设定其价格因素及数量因素标准，相关的管理作业，也应设定作业标准或规范，以便作为执行管理作业的依据。

制定各项成本和管理标准时，要注意其合理性及可达成性。如果制定的标准过高，则容易与实际脱节，使制度形同虚设;若设定的标准过低,容易达到，也会失去标准的本意。因此，企业在制定成本标准制度时，最好先确定适当的成本标准，再在实际工作中，根据实际完成情况进行合理的修正，这样才能发挥标准成本制度的功能，推动企业的经营管理作业。一般来说，标准成本可以分为以下三类：

(1) 理论标准成本

理论标准是理想状态下的成本标准，浪费及空间容许量均不列入计算，且在一般情况下，除非生产技术、制造方法和经济环境有重大变化，否则设定原则均固定不变。由于其目标过高，正常情况下很难达到，不能作为考核的依据。

(2) 正常标准成本

正常标准成本是指在效率良好的条件下，根据下期一般应该发生的生产要素消耗量、预计价格和预计生产经营能力利用程度制定出来的标准成本。在制定这种标准成本时，把生产经营活动中一般难以避免的损耗和低效率等情况也计算在内，使之切合下期的实际情况，成为切实可行的控制标准。

正常标准要运用各种管理手段才能确实发挥其管理作用。然而，实际能达到的情况，常随环境变化而变动，导致所制定的标准难以持久。所以，企业在制定各项成本标准时要考虑实际情况，随时修订成本标准，才能确实达到制定标准成本制度的目的。

⑶ 过去平均标准成本

过去平均标准成本是以经营所产生的实际数值为依据所设定的标准，包含过去低效率、浪费及不当损耗，因此所制定的成本标准最低。由于此项标准容易达到，运用得当仅能取得缓慢的改进效果;若用之不当，反而对企业成本的改善造成障碍。因此企业在制定标准成本制度初期，可以暂用此项标准，等标准成本实施条件成熟后，再尽快改用正常的成本标准。

4．标准成本制度的设立及推行步骤

如果按一定的步骤设定标准成本，往往可以起到事半功倍的效果，尤其是准备实施标准成本制度的企业，若不知道设定标准成本的步骤，不知从何着手，不仅耗费了大量人力、时间与精神，最终势必无疾而终。

一般来说，企业在设立及推行标准成本制度时,通常可根据各项原始资料,运用成本单元分析方式，剔除不合理因素，改善各项异常，设定各项成本标准,并进一步制定经营预算及利润目标。然后每月比较实际成本与标准成本的差异,分析总结差异部分，及时发现异常项目并加以改进，提高企业的经营绩效。标准成本的设立及推行步骤如图9－1所示。

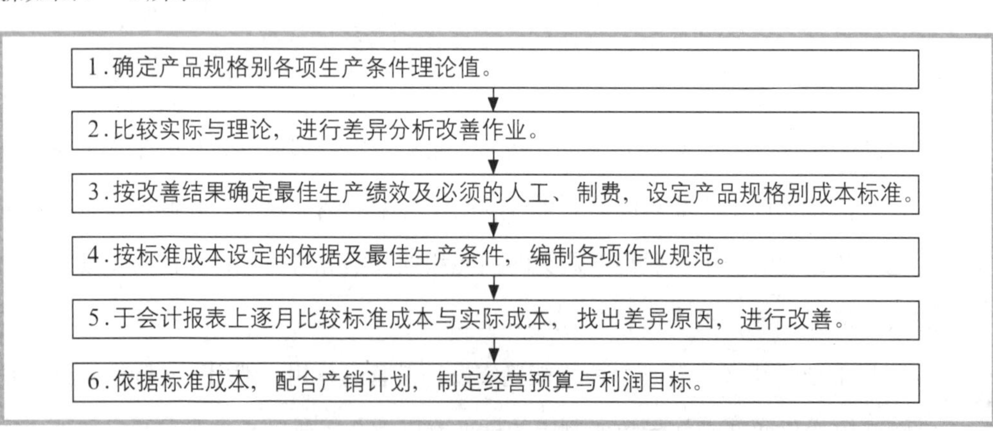

图9-1 标准成本的设立及推行步骤

(1) 依据引进的技术及企业本身试行的结果，确定各产品规格别的原料用量、材料使用率、产能等各项生产条件的理论值。

(2) 比较实际数值与理论值，针对差异部分进行要因分析及改善。

(3) 排除不可抗力因素后，设定预期可能达到的最佳生产绩效、人工费用和制造费用，设定各规格产品的标准成本。

(4) 整理归纳标准成本的各项设定依据和最佳的生产条件，编制各项作业规范，作为生产管理及成本管控的依据。

(5) 将各项标准成本纳入会计经营报表，与实际成本逐月做比较分析，及时发现经营异常，及时改善。

(6) 依据设定的标准成本，配合产销计划，制定经营预算和利润目标，作为各部门经营活动及绩效评核的依据。

5. 标准成本的设定与修订

对企业来说，要建立标准成本首先要调查市场供需情况与自身的产量，作为决定产销量的依据，然后再根据设定的产销量，设定原料、直接人工和制造费用等三要素的成本标准，其设定步骤如图 9－2 所示。

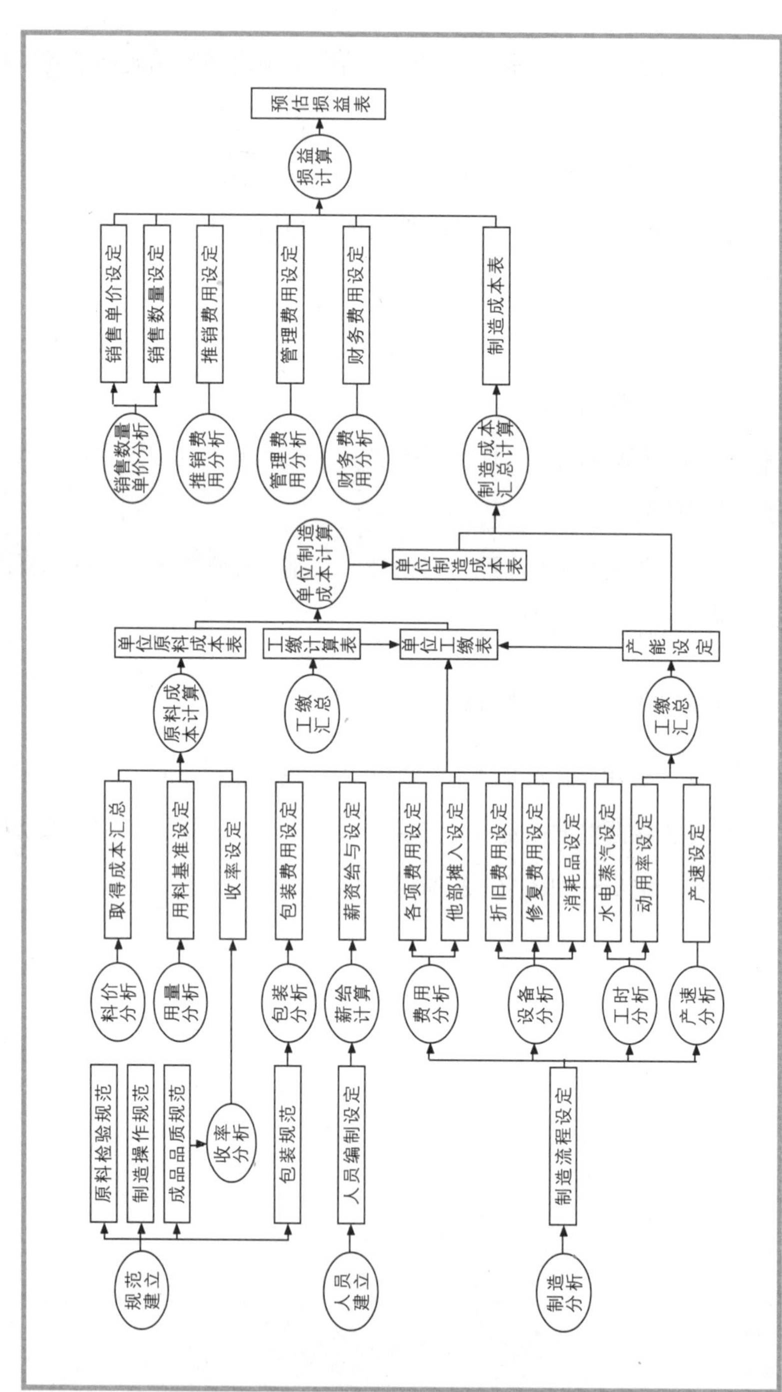

图 9-2 各项成本标准的设立步骤

⑴ 原料成本标准的设定

原料成本通常受数量因素和价格因素的影响，其设定方法如下：

① 原料数量标准

生产制造部门与技术部门根据过去的使用记录及经验，剔除不合理的浪费与损耗后，设定单位产品所需的原料种类及数量。由于原料在领用、搬运和生产使用过程中，难免会存在一些损耗，因此在建立标准用量时，就要计入这部分的正常损耗，并将损耗率列入管制范围。

② 原料价格标准

原料价格标准一般以过去的采购单价为依据，预测市场供需情况，经比较分析后制定。但在制定时，须考虑运费、税收、管理成本、财务费用等影响因素。由于原料价格一般随市场的变化而变化，所以设定的原料价格标准，通常只作为参考。

⑵ 直接人工成本标准的设定

直接人工成本标准的设定，应以合理的人员配置、标准的作业步骤与作业工时，及适当的工资率为主。设定标准时，要先确定合理的配置人数，建立标准作业的方法和时间。对于产品生产制造过程及制造方法，都要紧密安排，使每一位作业人员都有良好的工作环境，在实际工作中能自行研拟合理有效的工作方法，以提高生产效率，避免各种人为因素而导致生产中断等损失。制定人工成本标准的方法有下列两种：

① 建立操作标准

使用时间与动作分析方法，详细分析生产产品所需的各制程，记录各项动作所需的时间，以了解各项动作的细节及所耗用的时间，然后加以分析，剔除不合理的动作后，设定标准操作方法和时间，作为操作人员操作的依据，并据以设定合理的人员配置。

② 设定工资率标准

依据上述设定的标准操作时间和所需技术与劳务的不同，分别制定不同工作岗位的工资率标准，此项标准应包含本薪、津贴和各项奖金。

(3) 制造费用标准的设定

制造费用包含变动、半变动和固定等多种不同性质的成本。例如，每月定额的租金与折旧的固定成本；随产量变化的水费、电费及产品的包装费等变动成本；机器设备的维修费用或用人费用等半变动成本等。

一般来说，固定成本不随产量增减而变动，变动成本则随产量增减而增减。然而，若涉及到单位成本时，则与前者相反，即固定成本随产量增加所分摊的单位成本降低，而变动成本却保持不变。因此，制定制造费用标准时，应先确定生产规模，再就不同费用性质分别制定成本标准。

① 生产规模标准

企业规模大小不仅受生产设备、技术、生产效率等内在因素的影响，更受同行竞争、产品需求、市场等外在因素的影响。因而确定生产规模时，首先要考虑外在的因素，在产品供过于求时，应以每一时期可销售量为标准；产品供不应求时，应以设备的最高产量为标准。标准产量的设定，要以在合理效率下所能达到的实际产能为准。此项标准，不一定要充分运用生产设备，但必须有效运用人力及物力，并在竞争成本下，决定应有的生产规模。

② 费用分摊标准的设定

在确定标准产能后，要依据各成本项目设定成本管制标准，求出每件产品或每小时的费用分摊标准。其他技术、保养等服务部门的生产费用，也要制定各项费用标准，再按一定的分摊原则将各项费用分摊到各生产制造部门。

各项成本项目的成本标准设定，如图 9－3 所示。

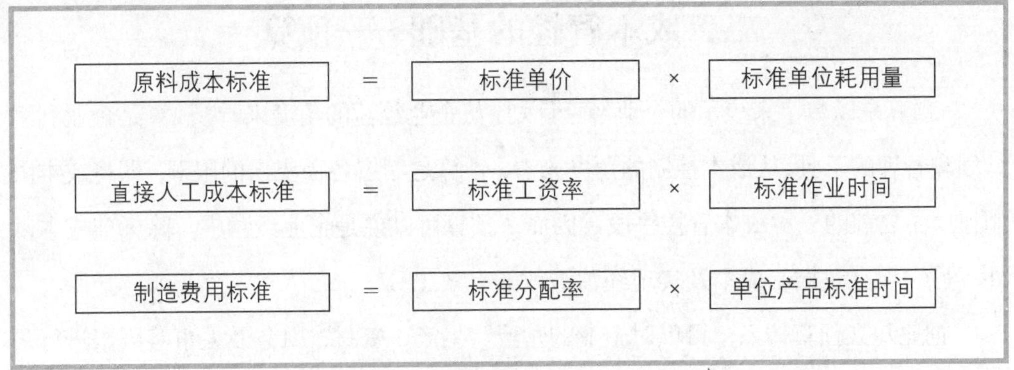

图 9-3 各项成本标准的构成

(4) 标准成本的修订

标准成本建立后，往往因环境因素变化而需加以修订，以期能确实达到成本管控与改善的目的。通常在遇到下列四种情况时，标准成本必须加以修订：

① 主要原料变动时；

② 生产方法或制造过程变更时；

③ 原料成本发生实质波动且具有持续性时；

④ 人工工资率发生实质波动，且将持续较长时间时。

企业要修订成本标准时，应先了解变动的原因，确认产生的因素是否具有持续性，再召集有关人员分析并作适当的修正。同时，比较所建立的成本标准与每月的实际成本，如发现有修正的必要，应及时加以修正。

如果经常修订成本标准，容易导致成本管控或执行人员无所适从，失去制定标准成本制度的意义。因此，企业应尽量将各项成本标准设定为固定标准，无需时时进行修正，只有在客观环境发生重大变化，所订标准已失去管理意义时，再进行适当修正，以简化财会处理手续。

二、成本管控的基础——预算

预算是以数字来表示的企业经营计划。从企业经营的角度来看，预算是企业利润计划和管理的工具；从成本控制的角度来看，预算是制定各项支出的限额，即将成本限制在发生之前的一种成本管控手段。因而，预算可以说是企业经营中，除标准成本以外，另一项有效控制成本及实现经营绩效的有效工具。

企业建立预算体系，可以对企业的营业、生产、资材、财务及人事等因素进行最有利的配合与运用，避免浪费，降低各项成本，提升企业的获利空间。同时，通过预算目标与实际绩效的差异比较，分析差异原因，采取适当的管理或改善措施，也可提升企业的经营绩效。

编制预算时应重点注意以下两个问题：

第一，预算数字要力求正确，否则所编制的预算将毫无意义，更谈不上作为管理手段。

第二，所制定的预算数字，不能太严或太宽，否则将降低预算的作用。如果弹性太大可以轻易更改，则会丧失管控作用；反之，如果过于刻板，则将无法配合原计划中始料未及的情况，预算执行也难以取得预期的效果。

1．预算的功能与效果

⑴ 预算的功能

预算是企业经营的重要工具之一，在预算编制与控制的过程中，企业可以获得许多功用。在编制预算时，除了展望未来外，还应与企业内部众多不同功能相结合。预算的具体功能如下：

① 计划功能

预算是企业对未来的经营加以研究及调查，事先预测未来状况，确定经营目标与进度，并以财务名称和数据来表达的经营计划。即以经营计划做基础，通过预算作业，汇总各部门的运营计划而成的企业整体综合计划。如果企业的经营计划仅仅只是编制预算数据，而无各部门的具体执行计划，预算将流于形式而失去管理的意义。

② 协调功能

预算编制时，各个部门只有抛弃本位主义，才能设定合理有效，能为企业谋得最高利润的预算目标。同时，预算的执行，也要企业各个部门齐心协力，才能达成既定的目标。因而预算的编制与执行，具有促使企业内部各部门间相互配合与协作，实现企业最有利目标的协调功能。

③ 控制功能

预算可就各项经营管理活动所产生的费用做最适当、最合理的规定，使各部门的经营活动不致超出预定范围。同时，在预算执行时与实际绩效进行比较分析，以衡量各部门的绩效，确定差异发生的原因并加以改善，从而确实发挥预算的控制功能。

(2) 预算的效果

企业实施预算制度，除了能发挥上述功能外，还可获得下列效果：

① 预知企业未来的发展方向及具体目标；

② 可整体观察及判断企业的经营绩效，确实把握经营中的问题和重心；

③ 可利用预算完成实绩，衡量各部门的管理绩效；

④ 使企业整体和各部门有共同的明确目标，同时可做有效调整，使企业的经营活动保持均衡发展；

⑤ 能及时适应企业外在环境的变化，及早发现企业外在环境对企业计划、损益及资金等方面的影响，进而采取适当措施；

⑥ 可以杜绝企业不必要的开支和浪费；

⑦ 能为企业经营者和管理者提供经营管理上的观察判断和决策资料。

2. 预算的内容与编制要点

(1) 预算的内容

企业的预算目标是尽量为企业产生盈余，因而预算的编制就要以销售为主，而后才是生产预算和各项成本、费用预算，其内容包括：

① 销售预算；

② 生产预算；

③ 材料用量预算；

④ 材料采购预算；

⑤ 材料耗用成本预算；

⑥ 直接人工预算；

⑦ 制造费用预算；

⑧ 制造成本预算；

⑨ 销售费用预算；

⑩ 管理费用预算；

⑪ 财务费用预算；

⑫ 损益预算；

⑬ 资本支出预算；

⑭ 现金收入预算；

⑮ 现金支出预算；

⑯ 现金结存及借款预算；

⑰ 预计资产负债。

这些预算均互为关联，例如，生产预算依从销售预算而来；材料、人工及制造费用预算，依据生产预算编制而成；现金收支预算，则需估计销售收入与生产成本后才能着手。因此，各项预算间必须密切配合、协调，才能编制出合理有效且具有管理功能的预算。各预算间的关系如图 9－4 所示。

产品政策
售价政策
销售途径
促销计划
销售预算
设备能力
产销目标
库存状况
扩建计划
生产预算
设备改善
制造预算
用人预算
用料预算
制造费用
人工成本
原料成本
销管财费用
制造成本
销售收入
资金预算
损益预算

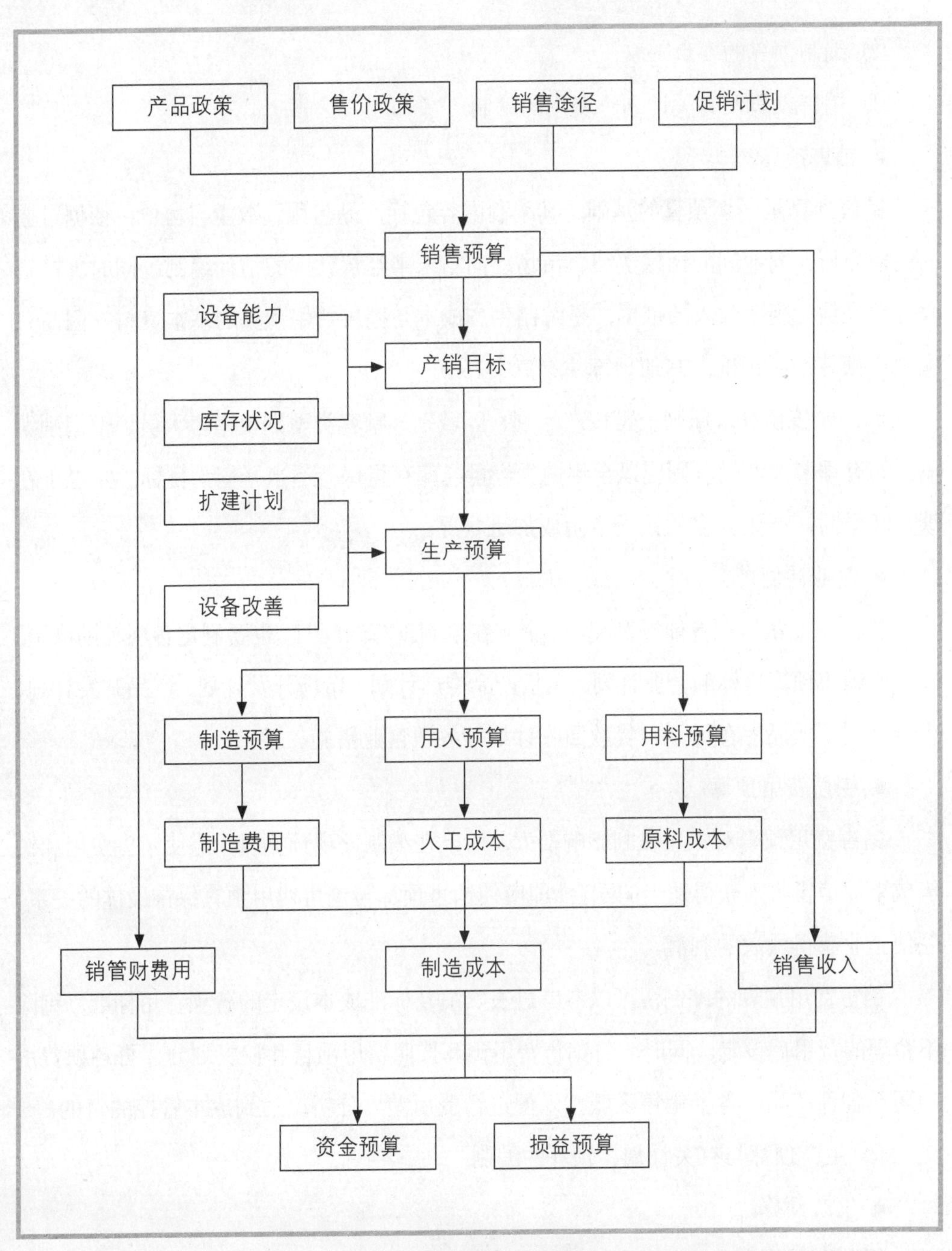

图 9-4 预算关系图

(2) 编制预算的要点

① 销售预算及有关计划、费用的编制

● 销售预算

销售预算是一切预算的基础，其编制内容包括产品名称、数量与售价，依据过去的销售分析、同业间的销售实绩、市场动向与未来经营预期的估计编制。同时，销售收入也是估计现金收入的依据，是编制生产成本与销售费用预算的基本资料，因而只有销售预算编制正确，其他预算才有意义。

编制销售预算，原则上可按产品别、区域别、顾客类型别及销售人员、部门别编制。如有季节性产品，则应以全年内生产量与库存量保持适当平衡为目标，不至于在淡、旺季时，产生太多的人员空闲或加班状况。

● 营业计划

为使企业销售预算能顺利完成，企业在编制预算的同时，也要制定各项辅助措施，以达成销售预算目标的营业计划，包括产品推广计划、市场开发计划、产品开发计划、售价计划、成品库存计划、货款回收计划等各项营业措施。

● 销售费用预算

销售费用预算对企业赢利影响很大，所以在编制此项预算时，需使销售费用和销售成果即销售收入获得适当的配合，即应使销售预算与销售费用预算保持最佳的关系，以使企业获得最大的利润。

销售费用预算的编制，可以参考过去实绩及标准成本设定的各项费用标准，剔除不合理的费用后设定。同时，将销售费用预算按照费用项目和权责划分，将各项费用归属至各种产品、各个销售区域，以便进行费用差异分析，达到成本管控的目的。

② 生产预算与有关计划、预算的编制

● 生产预算

编制生产预算时，应根据各产品别过去的生产实绩和标准成本的各项生产标准检讨设定。除分产品规格别编制预算外，也应编制各生产部门的生产预算，以使各项制造成本更为合理。

● 生产计划

为完成生产预算，生产部门应拟订各项配合计划，包括设备运转计划、人员配置及训练计划、设备更新及扩建计划、设备保养计划、闲置设备运用计划、用料管制及废料处理计划、品质管制及改善计划。

● 生产效率达成预算

根据过去实绩和标准成本设定的各项标准，拟订设备开动台数、开动时间、动用率、产量达标率及生产效率、材料使用率及品质率、废料率等预算目标。

● 原料成本预算

原料成本预算包括用量预算、采购预算、库存预算及用料成本预算等。

a.用量预算

编制用量预算时，要按照材料项目、使用时间和使用部门编列。可依据下列公式进行：

用量预算 = 设定的单位标准用量（单耗标准）× 产品别预算产量

用量预算的主要用途是作为以下项目的基础：

· 制订采购计划；

· 控制和编列各项产品所耗用材料的成本预算；

· 编制材料存量预算；

· 计算材料采购现金的支出与耗用量。

b.采购预算

编制材料的采购预算时，应考虑各项材料的用量及存量，以及各种材料的采购量、采购时间、单价和总成本。尽量保持材料耗用量、库存量与采购量的均衡性，避免停工待料、资金滞留于材料库存或增加储存成本等现象，以降低成本。

根据材料的用量预算和采购预算，就可以编列出用料成本预算。用料成本预算，应划分至各产品规格别，以达到用料成本管制的目的。

● 直接人工预算

首先要按照生产预算决定所需直接人工的工作时数，估计所需的工种和人数；然后再根据标准成本所设定的工资率标准或依据过去会计资料计算的加权平均工资率，考虑薪资调整并预估未来的工资率，再乘以预估的直接人工的工作时数，即可以得到人工成本预算。

未实施工资率的企业，则可按预估的工种、人数以及过去的薪资水平，适当考虑调薪幅度，计算出薪资总额后，再分摊至各产品别。

● 制造费用预算

编制制造费用预算，要有费用项目预算，也要有部门别的费用预算，同时还要考虑各个部门以及服务部门所发生的费用如何归属、如何分摊。部门预算的编制方式，应与会计部门计算成本的方式一致。预算编制时，除保险费和税金等不便由部门自行负责编制外，其他均应由费用直接责任人及部门负责编制。各项费用的编制要按弹性原则办理，以便能公平考核和避免因工作而增减费用。

③ 资材计划的编制

为顺利执行材料的用量、存量及采购预算，企业的资材管理部门也应拟订各项配合措施和计划，以降低原料成本，提高原料的使用效能。资材计划应包括：

- 料源开发计划；
- 存量计划；
- 采购计划；
- 品质检验计划；
- 替代品开发计划；
- 呆滞料处理计划。

④ 能源使用预算及执行计划

在设定生产预算后，需配合生产需要，对所需的水、电、蒸汽等各项能源的耗用，依据设备能力编列各项能源用量预算，分别计算这些项目的成本，以作为制造成本中变动费用预算编列的依据。

同时，为发挥公用设施设备的产出绩效，顺利完成能源供应预算目标，公用设施部门也要编制辅助计划，这些计划包括：

- 公用设施运转计划；
- 公用设施大修及预防保养计划；
- 生产设备大修及预防保养计划；
- 其他工程计划。

⑤ 管理费用预算的编制

管理费用是企业内人事、总务及财会等行政部门提供服务给销售、制造部门所发生的费用。虽然大部分是受管理政策影响的固定费用，且一般由企业高层直接负责，但因企业不断发展，管理费用占企业总成本的比重也日益加重，因此也要实施预算，列入管制。

编制管理费用预算时，各项费用最好按权责进行分类，使所有费用均有专责的部门或人员进行管控。同时，应重视过去的实际资料，针对未来可能发生的变化及时加以调整。

⑥ 资金预算的编制

资金预算所构成的内容包括营业收支预算、营业外收支预算、资本（设备）收支预算及财务费用预算四种。其中营业收支与营业外收支，是构成企业资金预算的主体，因此，营业收支至少要能维持平衡。如果收支预算发生赤字，应及时找出原因，谋求解决对策。资本收支预算来自资本净额或长期借款。财务费用预算则是针对银行等金融机构的借入款项、票据贴现等借贷而言的。

编制资金预算，一方面要预测预算期间内的资金收入计划，另一方面要预测同期间的资金支出计划，其内容包括销售收入、票据贴现、退税收入及其他财务收入等各项收入，并与资本、材料采购、薪资等各项支出一并编列预算。

⑦ 损益预算的编制

综合上述的销售预算、生产预算（用料、人工及制造费用预算）、管销财费用预算等，即可以计算出损益状况，编制损益预算。

三、成本的分析

成本分析是指依据企业的实际成本资料显示的问题，深入了解其实际发生状况，详细分析成本构成项目的每一单元，发掘异常并加以改进，以求得合理成本，作为管理的依据和经营决策的基础。简而言之，成本分析是以成本为出发点，推演到各相关事物，以求得问题的改善。

1. 成本分析的意义

企业进行产品别成本分析时，一般只做单位成本的比较与分析，这样做虽然能显示差异所在及重点，但属粗略的分析，远不如成本要素分析彻底。

成本要素分析能逐项深入分析检讨组成成本项目的各项要素，发掘异常，寻求改善方案，彻底执行与控制，并追踪改善成果。这样的分析周而复始，不断进行，以使分析、改善及成果追踪前后连贯、脉脉相承，确实发挥成本分析改善效果。

因此，成本分析改善作业，可说是企业经营成败的关键，做好成本分析改善工作，方能减轻企业成本，增强企业竞争能力。成本管控分析步骤如图 9－5 所示。

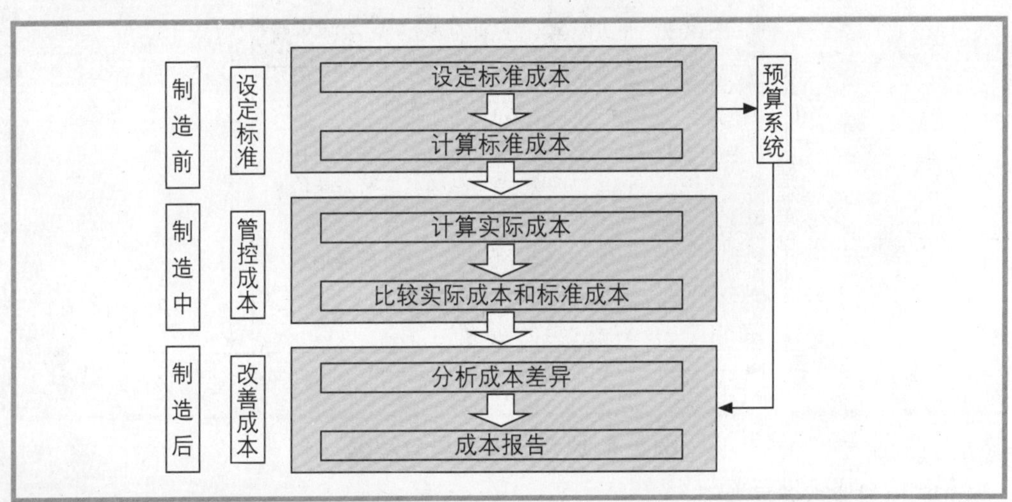

图 9-5 成本管控分析步骤

2. 成本分析要点

(1) 原料成本差异分析

原料成本是由原料价格与数量构成的，企业分析原料成本时，必须分析各原料项目的价格与数量的合理性，并与所设定的标准进行比较，找出价格或数量差异的原因，再针对差异，运用单元成本分析方法加以改善。

① 原料成本差异计算

原料成本取决于原料价格与用量，运用下列计算公式可找出其差异因素（正数表示增加，负数表示减少）：

价格差异 =（实际单位价格 − 标准单位价格）× 实际用量

用量差异 = 标准单位价格 ×（实际用量 − 标准用量）

为使上述计算公式更为清晰，现以实际用量、价格均高于标准的情况，以图解方式说明，如图 9－6 所示。

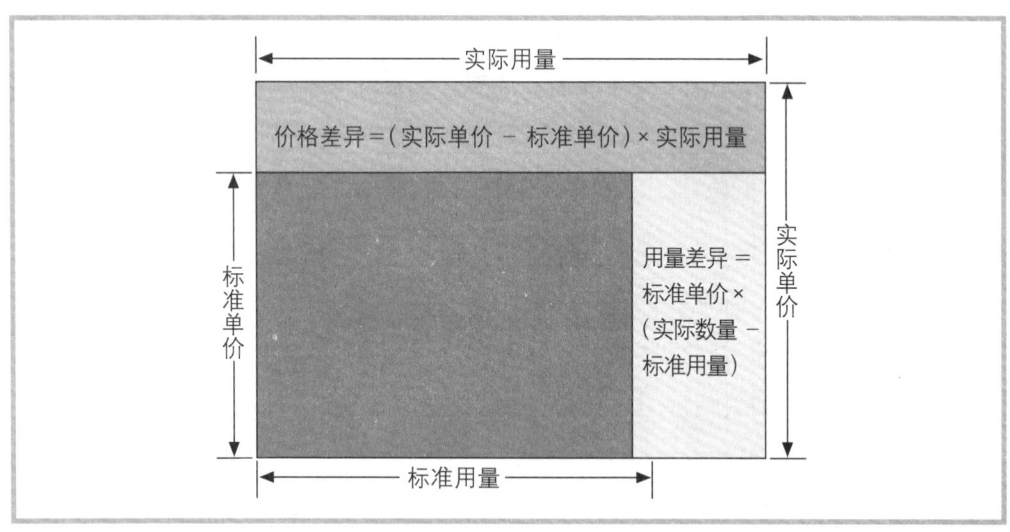

图 9-6 原料成本差异分解图

② 原料成本差异要因

在求出原料成本差异为量差或价差后，接下来就可针对原料成本的组成要素进行深入分析，找出异常点，并加以改善。一般来说，造成原料成本差异的要因如图 9－7 所示。

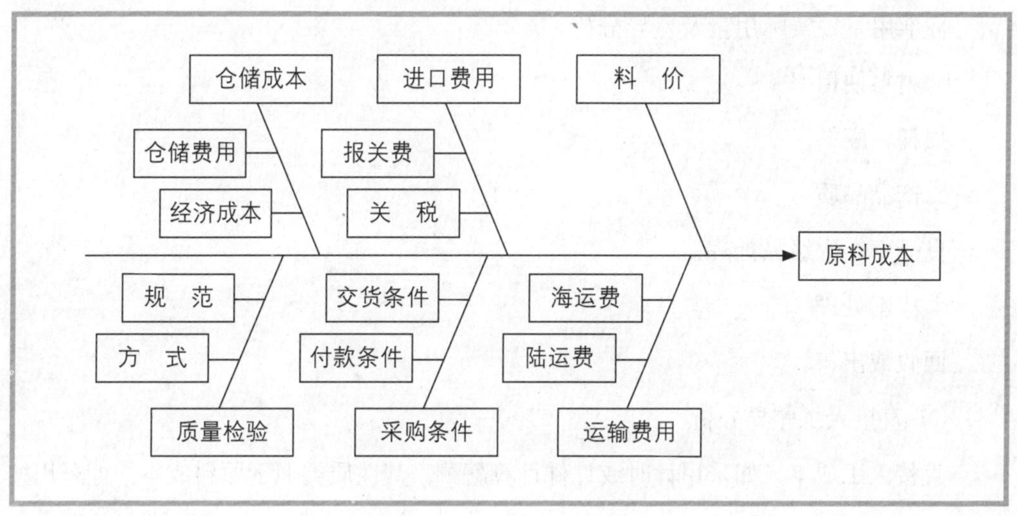

图 9-7 原料成本组成要因

● 原料取得成本方面

a.原料采购价格

b.运输费用

海运、陆运与装卸费等。

c.口岸费用

关税、仓租费用、保险费与报关费。

d.采购条件

交货条件、付款条件。

e.成本

仓储费用与损耗。

f.品质检验

标准、规范及方式。

● 单位用量方面

a.生产经济批量

标准用量、实际用量及差异分析。

b.材料使用率

损耗、废料。

c.产品品质

良品率、次级品处理。

d.废料处理

回收或出售。

(2) 直接人工差异分析

直接人工成本，如采用计时或计件计算薪酬，其性质类似于原料成本。如采用按周或按月计算薪酬，则或多或少含有固定性质，但随工厂规模扩大而成本降低，几乎类似于变动成本。这时就可与计时或计件计酬方式一样，进行成本差异计算。

① 直接人工差异计算

直接人工成本差异，通常为工资率差异与工作效率差异两项，其计算公式为：

工资率差异 =(实际工资率 - 标准工资率)× 实际工作时间

工作效率差异 = 标准工资率 ×(实际工作时间 - 标准工作时间)

对于按周或按月计算薪酬的企业，可先将直接人工总额分摊至各产品别，再依据各产品别生产所需时间，计算出单位时间人工成本，然后再运用上述公式求出工资率差异与工作效率差异。

② 直接人工差异要因

在计算出人工成本差异后，即可按图 9 - 8 所示的各要因逐次分析人工成本差异之所在，以期能针对异常进行改善，降低人工成本。

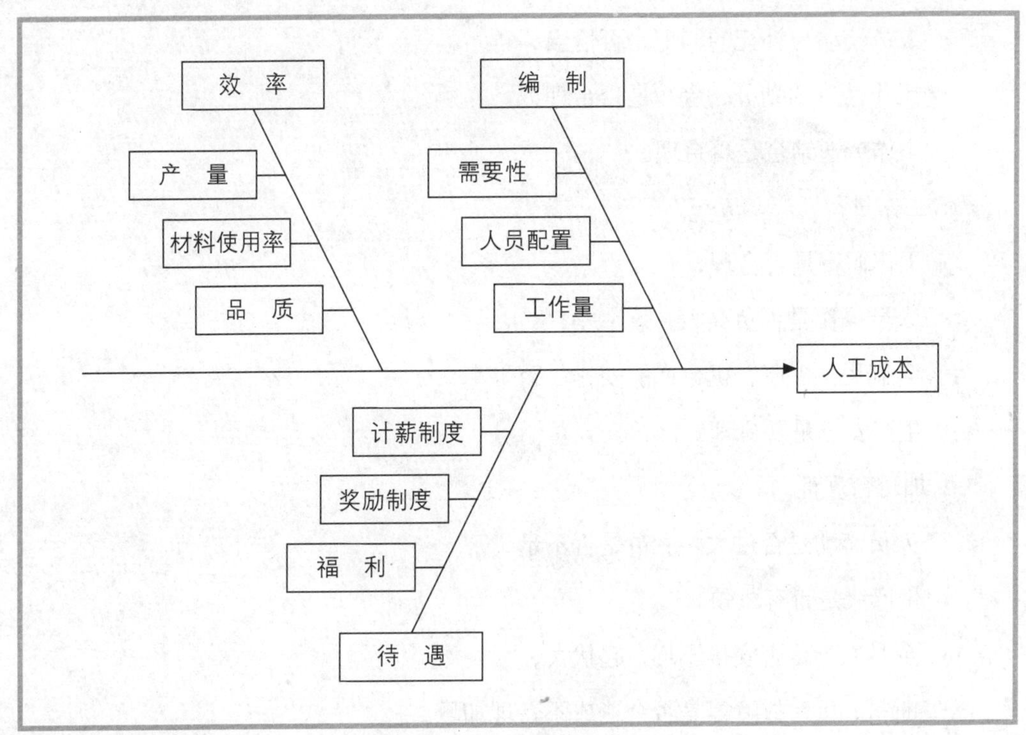

图 9-8 人工成本组成要因

● 人员编制

a.工作需要

· 各制程或机台操作动作是否恰当；

· 是否合理编制有技术能力、有经验的人员；

· 是否需要非操作人员工作；

· 正式工、临时工运用方式的选择是否恰当；

· 人力与机械操作的取舍是否合理。

b.人员配置

· 生、熟手的搭配是否合理；

· 男女人员搭配是否恰当；

· 人员流动与补充的调配是否恰当；

· 工作性质的划分、合并是否合理；

· 工作劳逸结合是否合理。

c.工作量

· 工作职责是否合理；

· 人员操作是否负荷大、效率差；

· 各制程、工序、机台产能安排是否平衡；

· 生产安排是否合理。

d.加班合理性

· 人员流动是否过大，人员是否不足；

· 生产线是否有瓶颈；

· 全月生产是否安排不均，起伏大；

· 断料、机台故障等是否会造成不合理加班。

● 人工效率

a.产量差

· 生产安排不当，生产不顺；

· 人员流动大，补充不及；

· 人员操作不熟练、产量效率差；

· 工作环境差导致效率差。

b.材料使用率差

· 原料投入控制不当；

· 未按操作标准操作；

· 人员操作不熟练；

· 机械保养不良造成异常品。

c.品质差

· 人员操作不熟练；

· 未按操作标准操作；

· 人员情绪差；

· 因赶产量而疏忽品质。

● 员工待遇

a.计薪制度

· 薪资与职务、工作的关系；

· 固定薪资与计件方式的选择；

· 各项津贴补贴的合理性。

b.奖励制度

· 效率奖金与绩效评核的合理性；

· 各项奖金核发的正确性与公平性；

· 考绩与考勤办法的执行。

c.福利

· 各项补助的合理性；

· 训练与服务费支出的合理性。

⑶ 制造费用差异分析

① 制造费用差异分析较复杂原因

制造费用是由水电费、蒸汽费、包装费及运输费等变动制造费用，与人工费、设备费用、修护费、消耗品、事务费用、各项摊提及他部摊入等固定费用构成的，因含有变动及固定两部分，故其差异分析比原料成本及人工成本复杂，主要原因有：

● 制造费用为间接成本，除变动费用有数量与金额标准外，固定费用往往只有金额标准；

- 变动制造费用一般随产量增减而变动；
- 固定费用标准以弹性预算方式列示。

② 制造费用差异分析要因

制造费用差异分析，可从图 9－9 所示的组成制造费用的各项要因着手。

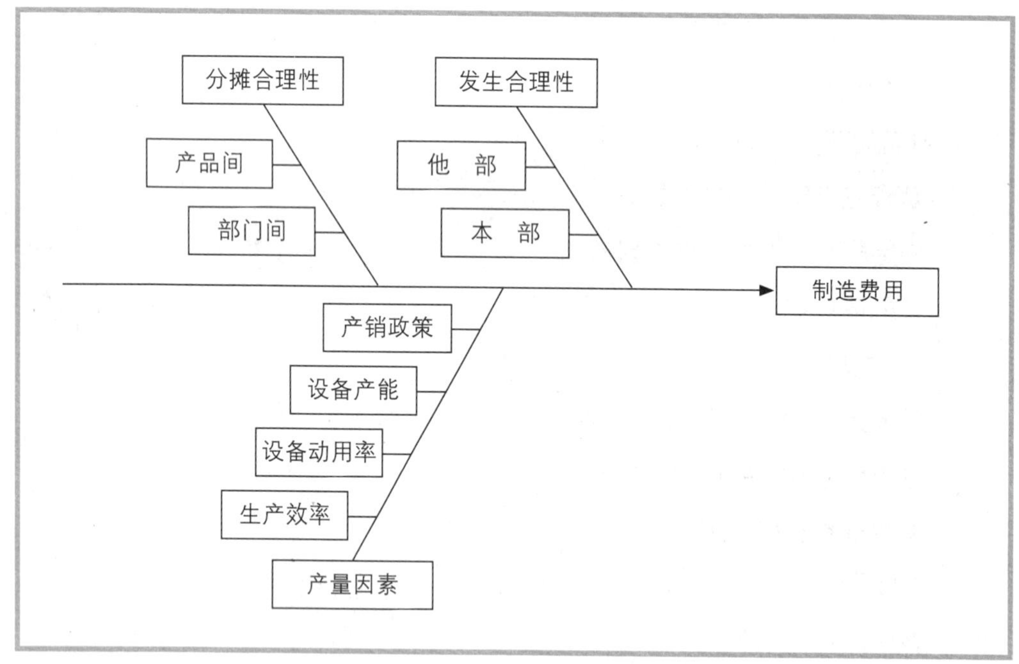

图 9-9 制造费用组成要因

- 各成本项目产生的合理性

a.服务部门（他部）

· 人员编制配置的合理性；

· 使用原料的合理性；

· 设备投资利用的合理性；

· 各种物料使用、领用的合理性；

· 生产效率情况；

· 费用控制情况。

b.生产部门（本部）

· 产量与主要副料关系的合理性；

· 各制程、机台的水、电及蒸汽使用的合理性；

· 各料品回收利用的可行性；

· 包装方式及材料的适宜性；

· 包装材料保管与领用的合理性；

· 修护费与保养制度的关系；

· 外包与自行修护的合理性；

· 主要器材与保养周期的合理性；

· 消耗品控制、领用及保管的合理性；

· 本部门间接费用的控制情况；

· 各项保险费与收益的合理性；

· 其他费用管制情况。

c.费用处理方式

· 资本支出与费用支出的划分；

· 折旧提列年限；

· 各项摊提年限；

· 调整事项归属期间；

· 项目归属的合理性。

● 产量因素影响状况

a.设备产能

· 各制程生产能力前后能量的合理性；

· 产品与规格的选择；

· 设备保养情况；

· 设备性能的了解与运用情况。

b.设备稼动率

· 各制程的生产瓶颈；

· 机械故障情况；

· 动力供应情况；

· 非生产时间的合理性；

· 各制程料品进出畅顺性。

c.生产效率

· 批量大小的合理性；

· 技术的熟练度；

· 生产条件宽严度；

· 工作情绪如何。

d.产销作业

· 订单安排情况；

· 产品组合；

· 规格更换。

● 制造费用分摊的合理性

a.部门间

· 服务程度分摊的合理性；

· 设备投资比率分摊的合理性；

· 人员编制比率分摊的合理性；

· 占厂区比率分摊的合理性；

· 使用料品比率分摊的合理性；

· 生产时间比率分摊的合理性。

b.产品别

· 各产品、各规格产速的合理性；

· 各产品组合比率的合理性；

· 销售别分摊基准的合理性；

· 用途别分摊基准的合理性；

· 新产品价值（售价或成本）分摊标准的合理性。

⑷ 销管财费用差异分析

一般来说，销售费用、管理费用、财务费用虽不属于成本要素，但也可利用成本分析方法，来分析其差异原因。对于这三项费用的差异分析，可从图 9－10 的营业费用组成要因及图 9－11 的财务费用组成要因中的各个项目着手。

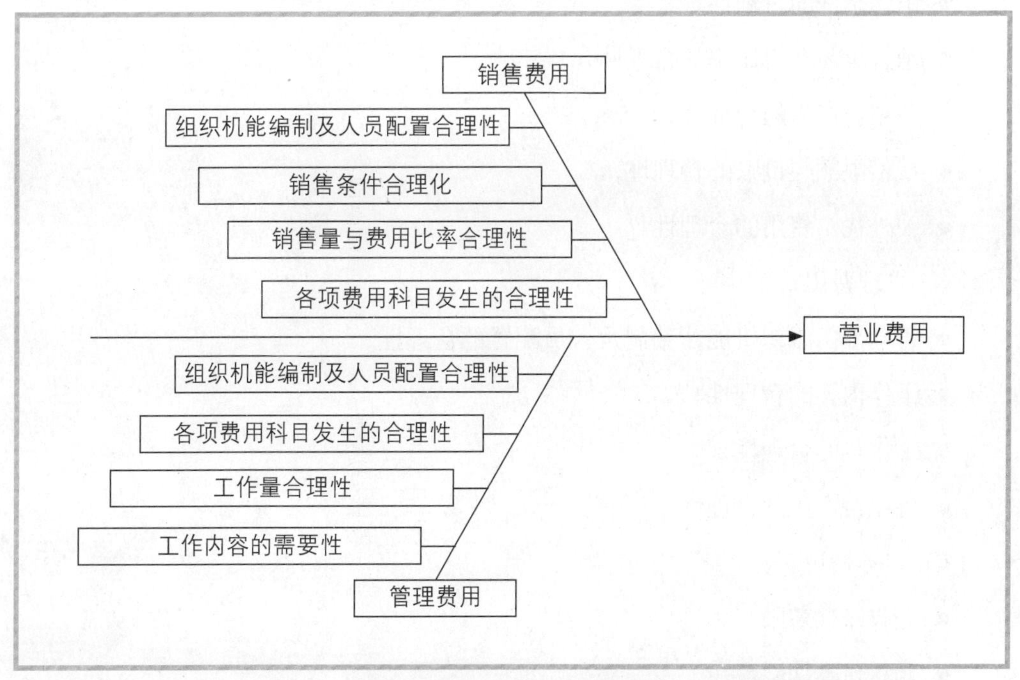

图 9-10 营业费用组成要因

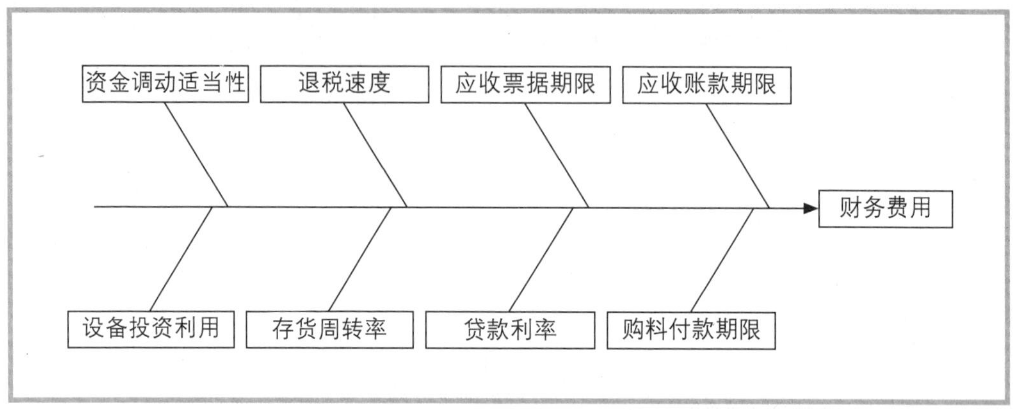

图 9-11 财务费用组成要因

① 销售费用

- 营业部门组织机能、编制及人员配置的合理性；
- 销售条件的合理性；
- 销售量与费用比率的合理性；
- 各项目产生的合理性；
- 授信限额与倒账的合理性；
- 委外代工费用的合理性。

② 管理费用

- 管理部门组织机能、编制及人员配置的合理性；
- 工作内容的合理性；
- 工作量的合理性；
- 各项目产生的合理性。

③ 财务费用

- 应收账款期限；
- 购料付款期限；
- 应收票据期限；

- 贷款利率变动情况；
- 退税速度；
- 存货周转率；
- 资金调度适当性；
- 设备投资利用情况；
- 滞存料品库存情况。

2．成本分析与改善作业

⑴ 设定管理制度

成本分析改善可采用经常性改善和项目性改善两种改善方式。但不管采用哪种方式，都要依据实用与精简原则，设计管理分析表单，配置分析作业人员，并针对异常发掘、交办与改善的流程设定管理制度。

⑵ 设定标准成本或目标成本

成本分析的目的，在于发掘成本异常并加以改善，但若没有可比较的标准，将不知差异之所在，也就很难进行异常的改善。因此，设定标准成本或预算，作为差异比较的基础，非常有必要。

标准成本要逐项检讨后合理设定。在实行初期，如果设定不精确也可实施，然后运用成本分析改善制度，不断进行分析、改善及修订标准，这样自然而然就会建立良好的成本标准。

⑶ 实际成本分析

逐项比较实际发生的成本明细与标准，就差异项目分析其发生的要因，针对异常部分进行改善。

⑷ 异常的改善

任何异常，只要深入了解其发生原因，加以思考，必定能找出良好的改善对策进行改善，并于改善完成后提出结案报告，有系统地记录各项改善情况。如有因改善而提高标准的，则修订原标准，作为下次分析改善的标准。

成本分析与改善的作业步骤，如图 9－12 所示。

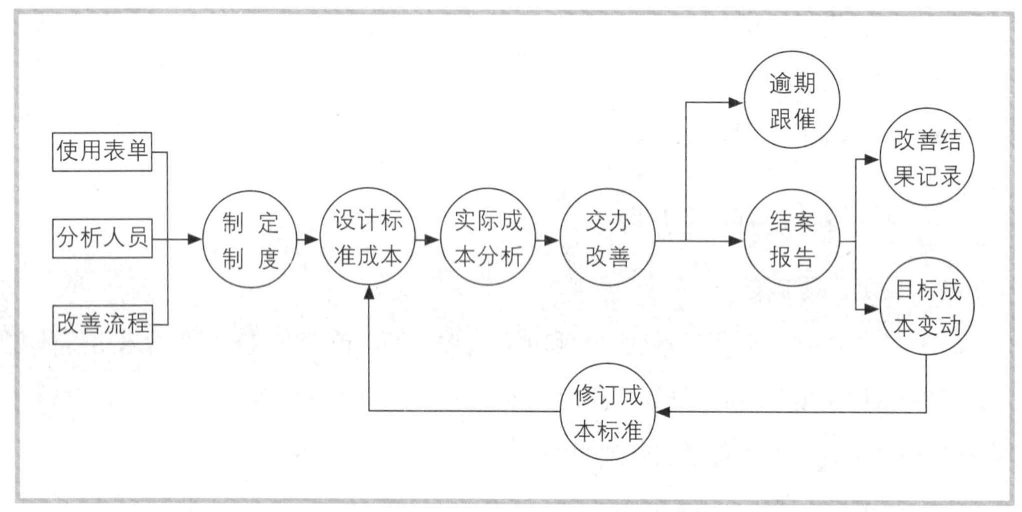

图 9-12 成本分析与改善的步骤

3．成本分析改善的条件

⑴ 成本分析人员的职责

① 不断充实自己；

② 收集资料务求广泛、具体而有用；

③ 善用现有的标准(如标准成本、操作规范、管理制度）与资料作比较分析，发现异常点；

④ 培养个人创意；

⑤ 要有追求至成本发生单元的锲而不舍的改善精神；

⑥ 培养做事的质量。

⑵ 成本分析部门的职责

① 保有完整的基础数据，作为成本分析的依据；

② 建立管理用的各项标准规范和制度；

③ 与成本分析作业人员合作；

④ 彻底执行改善方案。

4. 经常性成本分析与改善作业

首先将成本项目分为变动制造成本、固定制造成本与销管财费用等三大部分，然后将变动制造成本分为各种原料成本及主要器材、燃料、水、电、蒸气、包装费等变动制造费用，固定制造成本则分为直接人工与制造费用两大项目。然后由企业的会计部门依据上列项目，将实际发生的成本与设定的标准成本或预算成本汇总比较，编制“单位制造成本比较表”。

其次，由企业成本分析或管制部门依据成本项目分别计算出其差异是价差还是效率差或用量差后，就各改善项目交各有关部门进行差异研究改善。

检讨项目或成本项目可以以原料、包装费等成本科目为单元，针对其内容全面检讨。如以包装费为单元，则可详细列出各项包装材料及包装人工等费用，全面检讨。也可以成本科目中的某一项为单元，如选择原料成本中的一项材料来检讨改善，注意应视其复杂程度及关联性来决定检讨范围。成本分析的现状及目标分别从单位制造成本比较表转记而来，细目则可运用要因分析方式，将分析项目细分后转记。同时，可就差异部分运用要因分析图，就现状加以检讨并针对各问题点试拟订改善对策，拟订经办部门办理事项。

经办部门接获交办单后，应立即对交办项目的现状作一番了解，参考要求重点研拟改善对策，经主管认可后进行处理，并明确记录结果。此项记录应就价差或效率差的改善完成度加以叙述，并尽量以数字表示。交办部门认为交办单的结案报告中有需要深入研讨的项目时，应另开具交办单，交经办部门处理。

成本分析或管制部门于交办事项交办的同时，将每一交办事项列入进度管制，如有逾时未完成时，即催促经办部门，以确实追踪作业效率。经办部门应就逾期原因、处理对策及拟延期完成日期，呈交办主管批示，并就经办部门提出的困难点加以指导与协助。

经过各项分析与改善后，若有因设备改良与更新、生产改善或用料更替、配方改变及价格异动等，而使原订标准成本偏低时，则需作合理变更，立即通知会计等有关部门变更内容，作为经营分析、管理及决策的依据。

单元成本改善完成后，成本分析或管制部门应将各产品在某一段期间内的成本改善效果记录在“单位成本变动表”上。

5．项目性成本分析与改善作业

除了经常性成本分析与改善作业外，也可采用项目小组的作业方式，在一段时间内选择一个成本项目来进行分析改善。项目小组的成员，应选择具有实务经验者，才能对各产品作一次成本要素的全面性分析改善。在成本分析初期，最好从未深入分析及尚未上轨道的项目着手，这样可在最短的时间内，获得全面且具体的改善。打下良好的管理基础后，再以经常性的工作方式进行成本分析与改善，必能使企业获得最佳的经营绩效。

⑴ 项目性成本分析与改善作业的特点

① 工作人员无其他日常事务的牵挂，可专心从事分析改善工作；

② 项目可视需要调集各项专业人才，通力合作，运用“脑力风暴法”达到集思广益的效果；

③ 可同时进行几个项目的全面分析改善，以缩短分析改善的工作时间；

④ 工作人员头脑清晰，不受束缚，容易发掘问题点；

⑤ 工作人员较客观，能公平合理地进行分析改善，不易受环境影响而产生偏差；

⑥ 工作人员能以经营利润为出发点，能较有成效地追求分析改善效果；

⑦ 因有期限限制，可促进工作成员尽力完成。

⑵ 项目性成本分析与改善作业的步骤

① 制订工作计划

项目作业进行前首先要制订工作计划，使主管及有关人员了解作业内容、目的及作业时间，其内容包括：

● 主题

列出项目主题。

● 目的

详细说明进行项目的目的，使有关人员了解。

● 人员组成

根据工作需要，安排适合人员。

● 作业时间

拟订作业起迄日期。

● 工作计划

包括工作计划表与工作预定表。

● 纲要

列出项目主题报告的纲要，纲目要清楚，使工作有正确的目标。

② 现状了解(明述问题、收集资料)

● 先联系项目计划的实施部门，使分析改善小组的成员与项目实施部门的主管及经办人员彼此认识，加强沟通；

● 收集、详读并了解有关表单、规章与资料；

● 利用“单元成本分析方法”分析各项成本，对有疑问之处，请有关经办人员说明；

● 事务作业者，可先行绘制事务现状流程图。

③ 问题点的研讨及改善方案的拟订（分析研讨、综合结论）

● 根据所获得的资料，利用下列问题点的寻求方法（5W1H）详加分析，如资料不足再收集补充。

a.何人做(Who)

谁做的？ 谁正在做？ 该谁做？ 还有谁能做？还有谁该做？

b.做什么(What)

要做什么？已经做了什么？应该完成什么？还能做什么？还该做什么？

c.何处做(Where):

在哪里做 ？在哪里完成？ 还可以在哪里做 ？还该在哪里做 ？

d.何时做(When)

什么时候做？什么时候完成？ 该在什么时候完成？为什么在那个时候做？ 有无更好的时间可做？

e.为什么(Why):

为什么是他做？为什么要做？为什么在那里做？还可以在什么时候完成？为什么那样做？

f.如何做(How):

要如何做？是如何完成的？该如何完成？有无更好的方法来做？何种做法最经济有效？

● 项目小组成员根据发掘的问题点，运用脑力激荡法谋求多项改善对策。

● 利用下列方式就谋求的对策与计划实施部门进行检讨，获得各问题点最佳的改善构想，得出综合结论：

a.剔除

下结论前经过“为什么？做什么？”等思考，而不能有满意答复者或属于不必要的范畴，最好的对策就是“剔除”。

b.合并

凡无法剔除而确有必要者，为省时省事，可尽量进行合并处理。

c.新设

经过剔除、合并后，再依据何人、何时、何地三重思考方式加以重排或新设，得出最佳的处理步骤。

d.简化

对于一定要做的事情应思考采用最简单的方式来处理。

- 就研讨中得到认为合理可行的改善对策，编写改善报告。

④ 试行与修正（实施管制）

改善方案由计划实施部门予以试行，并就试行资料加以检讨，必要时加以修正。

⑤ 结案报告

改善方案试行后，可获知其成效如何以及有何不可行的困难等，并做成报告结案。

四、成本的管控与改善

一般来说，企业维持生存与发展的基础是“利润”。因为稳定的市场和合理的利润不仅仅是支持企业生存的命脉，更是企业继续发展的原动力。依照损益的观念，利润是销售收入减去成本的结果，而销售收入的高低，则取决于产品的售价及销售量。产品售价高虽能带给企业更多的利润，但也相对地削弱了产品在市场的竞争力；反之，产品售价低虽可以提高产品在市场的竞争力，但也削减了企业的获利空间。同样的，产品成本的高低，也直接影响企业的市场竞争力与获利能力。产品成本高，市场竞争力相对弱，获利也会受影响；反之，产品成本低，既可以提高市场竞争力，又可以提高企业的获利能力。产品的成本、售价与企业的市场竞争力和利润间的关系，如表9－2所示。由表中可以看出成本高低比售价的高低，关系着企业的生存与发展。

表9-2 成本、售价与市场竞争力、利润的关系

成　本	售　价	市场竞争力	利　润	企业发展
高	高	低	高	差
高	低	高	低	差
低	低	高	低	佳
低	高	低	高	差

企业为确保获利，可以从提高销售收入和降低成本两方面着手，如图9－13所示。

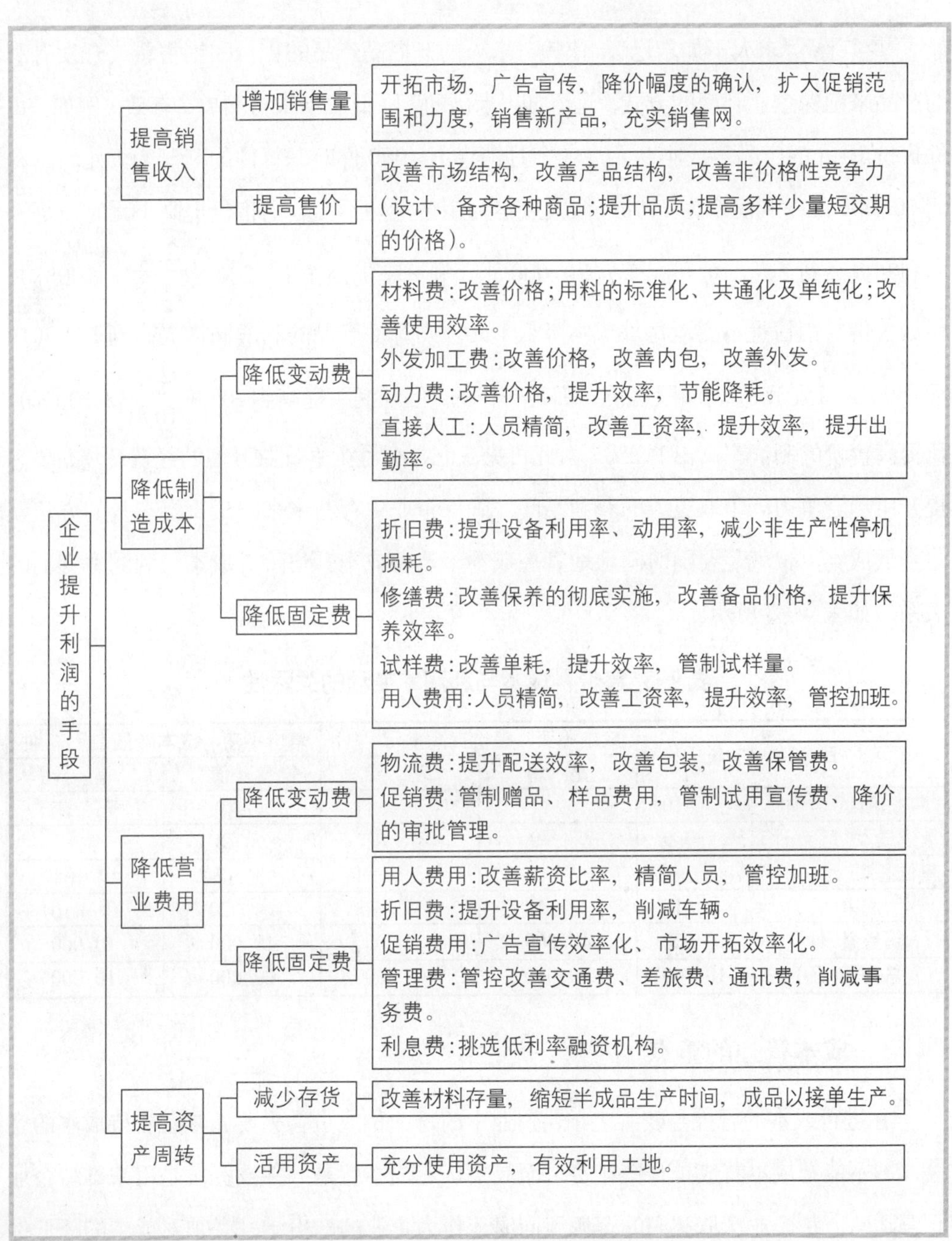

图 9-13 提升企业利润的手段

事实上，“求人不如求己”，依赖“求人的”提高产品的售价和销售量或开发有利的产品来确保企业利润的方式，远不如“求己的”降低成本来得简单、有效。例如，每件售价10元的产品，成本9元，一个月销售10 000件时，每件的利润为1元，总利润10 000元，利润率为10%。假设成本与销售量均不变，当售价提高1元时，每件的利润提高到2元，总利润变为20 000元，利润率提高至18.2%（$\frac{2元}{11元}\times 100\%$）。但如售价与销售量不变，每件成本降低1元，则每件产品的利润同样提高到2元（10元－9元－1元），总利润跟售价提高是一样的，但利润率提高到20%（$\frac{2元}{10元}\times 100\%$），比提高售价的利润率高出1.2%。由此可见，企业面对竞争日益激烈的经营环境，要想提升市场竞争力，争取更大的获利空间，确保企业生存与未来，最直接有效的方法就是降低成本，也就是要随时随地地管控成本、改善成本。售价、成本与利润率变动的关系，如表9－3所示。

表9-3 售价、成本与利润率变动的关联性

项　目	现　状	成本不变，售价提高1元／件		售价不变，成本降低1元／件	
		量　值	差　异	量　值	差　异
售　价(元／件)	10	11	+1	10	不　变
单位成本(元／件)	9	9	不　变	8	−1
单位利润(元／件)	1	2	+1	2	+1
利润率(%)	10	18.2	+8.2	20	+10
销售量(件)	10 000	10 000	10 000	10 000	10 000
总利润(元)	10 000	20 000	+10 000	20 000	10 000

1．成本管控的重点

在进行成本的管控与改善之前，企业中的每一位成员首先要先修正看待成本的态度，即不能把成本看成是开销花费，而是要认定成本就是一种投资，是用来维持企业正常运营，帮企业赚取利润的资源。同时，作为企业的一份子，必须对成本的降低保持切身感，随时积极主动地去关心、重视各项成本的绩效，将成本的管控与改善当作自己的责任与工作，协助企业获取更多的利润，争取更大的成长空间。

因此，企业在进行成本降低作业前，若不了解降低成本的重点，成本降低作业恐怕就会沦为空谈，无疾而终。

降低成本的重点包括下列几个方面：

⑴ 以“不需花费的成本就不花费”为原则

若把成本当作是花费，企业就只能彻底地节省成本，但若将成本当成是一种投资，不需要投资的地方就不要投资，不把成本投入到没有必要的地方，就不会造成成本的无谓增加。换句话说，想要降低成本，就要把成本投资到最适当的地方，并作最有效的运用。

⑵ 以“注意看不见的成本和不易管理的成本”为重点

管理看不见的成本比管理可见的成本来得重要。因为一般的企业总是对看得见的成本特别注意，往往忽略了其他看不见的、不易掌握的成本漏失。例如只注意产品销售量减少，却疏忽了销售减少带来的库存增加，造成资金积压及管理成本增加的问题，或者承担过多的财物保险费。

同样，和容易管理的成本相比，不易管理的成本更为重要。例如，直接费用或变动费用是比较容易管理的成本，间接费用或固定费用等是比较不容易管理的成本，若忽略了这些成本，成本降低的效果就不易提升。

⑶ 成本的管控，越仔细越有效果

对于成本的管控，越仔细越有效果。要尽量细分成本管理的对象，并采用以日别或周别的短期管理方式，提高成本管控的效果。当然，一般企业倡导的降本增效活动中的“提高生产性”，也可以视为重要且有效地降低成本的手段之一。

2. 降低成本的方向与顺序

企业的运营是由“人、事、物、时、财”等五项资源的管理构成的，活动的结果均体现在各项成本上。如果管理不善，就会增加企业的运营成本，进而影响到企业的生存发展。因此，降低企业成本，可以从“人、事、物、时、财”等五个方面，及管控成本和改善成本等两个部分着手进行。

(1) 降低成本的方向

① 人的方面

要让企业中的每一个成员能主动地关心每一项成本的合理性，用心管控成本，并积极改善成本。

② 事的方面

对企业的所有管理作业与行为都制定规章制度，并要求全体员工确实按制度执行。

③ 物的方面

制定所有料品、设备等的使用标准与规范，要求全体员工确实按标准管控。

④ 时的方面

对所有的作业均制定管制时限，并要求守时、准时。

⑤ 财的方面

知道各项费用报销及开支标准，确实管制，防范超支。

⑥ 成本管控

成本管控的目的，在于排除企业各项资源的不必要浪费。企业中的每一位成员都要认识到成本是由小数积累成大数的，每一项成本都要加以管控，莫以事小而不为。

⑦ 成本改善

将实际成本控制在设定的成本标准或预算内，只是降低成本的起点，仅能维持企业的基本生存。企业要想提高市场竞争力和永续发展，就要不断地进行各项成本的改善，进一步降低已管控在标准成本或预算内的各项资源成本。

(2) 成本管控的顺序

对于成本的降低，最好能依照下列顺序进行，以能收到事半功倍的成效：

① 依照产品别来掌握成本结构中各成本项目占总成本的比重，再按比重从大到

小的顺序进行成本的分析改善。

② 依照部门别来掌握成本结构中各成本项目占总成本的比重，再按比重从大到小的顺序进行成本分析改善。借助各管理部门，让负责成本管控的人员自觉执行成本管控与改善。

③ 将成本降低的具体目标分配给各个负责人，并明确改善的方式、应降低多少成本及何时完成等相关事项。

3．成本的管控

成本的管控，主要是将企业内的每一项费用与成本控制在所设定的成本标准或预算目标内。也就是在企业内部落实“除漏防呆”的行动。所谓“漏”是指“漏失、遗漏”，指企业内“没必要的开支及多余的开支”;“呆”则是指“呆滞、停滞”，指“企业内停滞不用的资源”。企业只要彻底消除“漏”及“呆”的问题，就能达到成本管控的目的。

⑴“漏”的内容及发生原因

①“人”的漏失

指人力资源的组织、机能、编制及素质等方面的漏失。造成这方面漏失的原因有以下几个方面：

- 组织大，权责划分不当；
- 人员超编造成的人力浪费；
- 大才小用的损失；
- 人员素质与岗位不匹配；
- 人员工作效率不佳。

②“料”的漏失

指材料的质量、数量、价格、时间及物流等方面的漏失。造成这方面漏失的主要原因有：

- 使用错误的用料标准；
- 接受不合格的料品；
- 材料的多买及多备库存；
- 材料买错及用错；
- 材料多用；
- 材料过期变质；
- 材料未及时更新；
- 未转用或退回呆滞料及加工余料；
- 未回收利用或出售废料。

③“机”的漏失

指机械设备闲置、空转、劣化及故障等方面的漏失。造成这方面漏失的主要原因有：

- 设备供需不均造成的闲置；
- 产品停产造成的闲置；
- 制程不平衡造成的闲置；
- 设备效能的退化或失效；
- 设备零组件的材质劣化；
- 设备未定期保养；
- 日常点检及故障异常。

④“工”的漏失

指各项工作的没必要、没效率、没效益、没结果等方面的漏失。造成这方面漏失的主要原因有：

- 工作流程不对；
- 作业方法错误或不当；
- 工作条件不足或不对；
- 作业动作及时间不对。

⑤“质”的漏失

指成品、半成品或在制品等发生次品、废品等方面的漏失。造成这方面漏失的主要原因有：

- 原料的勉强收用；
- 生产的异常超标；
- 不当或多余的检验；
- 产品产错及验错等所致。

⑥“量”的漏失

指成品、半成品或在制品等的超产、早产、错产及迟产等方面的漏失。造成这方面漏失的主要原因有：

- 生产计划不完善；
- 制程进度管控不当；
- 现场生产制造误失。

⑦“时”的漏失

指各项作业的多耗时、进度延误等方面的漏失。造成这方面漏失的主要原因有：

- 作业超时；
- 作业提前开始或完成；
- 作业延误或逾期；
- 作业中途等待时间过长；
- 错误作业的重做或返工。

⑧“空”的漏失

指空间上的空位、错位等方面的漏失。造成这方面漏失的主要原因有：

- 建筑不对；
- 设备配置不当；

● 物品存放空间不足。

⑨“流”的漏失

指物品不需流、多流、流程长、流次多等方面的漏失。造成这方面漏失的主要原因有：

● 物流的形态、运搬过程、运搬器具、运搬方式，运搬方法不当；

● 运搬效率不佳。

⑩“钱”的漏失

指各项费用支出的不该花、多花、效益差或无效益等方面的漏失。造成这方面漏失的主要原因有：

● 买错料品；

● 料品采购时未比价及议价；

● 费用的超支或错支。

(2)“呆”的内容及发生原因

① 呆人

指企业内的闲人、植物人、机器人、木头人和贼人等。闲人是指因为人员超编、工作量少或不均等造成的在企业内部无所事事的人；植物人是指无能力、无经验、不学习及依赖性大，自己没法做事，凡事都要别人代为处理的人；机器人是指凡事唯命是从，不知变通的人；木头人则是指凡事唯唯诺诺但不求甚解，你说你的，我做我的的人；贼人是指吃里爬外，凡事逆向而为、专扯企业后腿的人。

② 呆料

指企业内部不能用、用不到和无法用的材料。不能用的材料是指单耗大、单价高，会增加用料成本的材料；用不到的材料是指无订单、超买超备、被替代掉的材料；无法用的材料是指变质或质量差的材料。

③ 呆机

指企业中用不到和无法用的机械设备。设备用不到主要是设备多买、产能过剩、产品淘汰、制程改善等原因造成的；设备无法用主要是因为设备劣化、性能差及故障异常多。

④ 呆品

指企业中超产、错产、异常或无法卖、卖不出去等原因造成的半成品及成品的库存。半成品的呆滞，主要是由于计划或制程管制不当，导致产品超产、错产或品质异常，造成半成品无法再加工为成品，而留存于仓库内。成品的呆滞，除了因计划或制程管制不当造成超产、错产、异常等原因留存于仓库内外，客户或市场等因素也是造成成品滞存的主要原因。

⑤ 呆钱

指企业多余闲置的未充分运用的资金或逾期未收回的应收账款等。造成资金闲置成为呆钱的原因，主要是企业未充分运用保留盈余，不能帮企业赚取更多的财务收益，以及应收账款逾期造成的企业的利息损失等。

(3) 防止“漏”和“呆”的方法

企业要消除成本浪费的管理上的“漏”与“呆”，首先要设定各项资源的使用管制标准或预算目标，将各项资源的使用纳入管制。

① 人员方面

依据企业自身经营管理的需要，设定合理的组织及人员编制和薪资标准，再依据编制及薪资标准管控用人数与工资，避免人员超编及工资超支，增加用人费用。

② 工作方面

设定各项工作的作业标准及工作规范，严格要求及监督所有人员确实按照标准或规定执行，并准时完成，避免工作超时、延误而增加各项工作的成本。

③ 材料方面

设定品质及用量标准，严格按照标准领料、发料，避免原材料超用而增加各项用料的成本。

④ 设备方面

根据实际需要购置设备并充分运用，制定设备操作规范，严格要求操作人员按标准操作。同时，要设定保养周期及作业标准，定期实施周期性保养及日常点检作业，防范设备故障于未然，避免设备异常，增加维修费用。

⑤ 品质方面

依据产品别设定产品品质标准与制造、检验规范，供制造及品检部门据以生产及检验，避免产品发生异常，增加各项制造成本。

⑥ 能源方面

设定水、电、蒸汽等各项能源耗用标准及管控方式，随时注意管控，避免超耗或浪费，增加制造费用。

⑦ 费用方面

制定各项费用的支付标准及核销原则，并严格监督，避免无谓的多余开支，导致成本增加。

除了上述的预先或随时管控企业运营的各项资源，避免超标外，在各项资源使用超标时，务必要找出超标的原因进行分析改善，避免再次发生同样的异常超耗。控制成本的重点如下：

第一，各项资源的运用，必须依照资源的性质，先设定使用标准、作业规范、完成时限、管控原则，并严格按标使用、依规执行、如期完成，不发生计划外的成本，不制造浪费。

第二，对于超标多花费的成本，务必想方设法弥补，以排除浪费。

4．成本的改善

将实际成本管控在设定的成本标准或预算目标内，只是降低成本的开始，仅能维持企业的基本生存。成本的改善对企业的经营来说，是一项永无止境的持续性工作。如果能随时随地关心成本、管控成本及改善成本，就能强化企业的经营体质，因此，企业务必抱持“成本改善”是维系企业生存与发展的主要课题，持续不断地推行下去，企业中的所有部门、所有工作岗位的每一位成员，都要能经常地思考成本改善的问题，并付诸行动，努力降低自己的成本，以提升企业经营成效，获得更高的利润。

由此可知，企业的成本改善基本上是企业的“全民运动”，是企业中每一个成员的责任与义务。但要使企业中的每一个成员都具备完善的成本意识和积极的改善态度，并非是一件容易的事。因此，企业有必要通过不断的教育、宣传等方式，使所有的员工均能确实把握下列各项成本改善原则，提高每位员工的成本意识及改善的积极性。

⑴ 成本改善的原则

① 重点改善原则

通过单元成本分析来掌握成本改善重点。

② 全员参加原则

明确各部门、各岗位成本改善的职责及任务的分派与实施。

③ 利润确保原则

按经济性的原则展开成本改善行动。

④ 机能重视原则

从机能上思考价值的提高。

⑤ 信息重视原则

做好企业内外最新信息的收集与活用。

⑥ 创造性开发原则

学习创造性开发的技巧与思维的转换。

⑦ 分析主义原则

做好材料、产品等的事前分析与现状分析。

⑧ 重视现物、现场原则

做好现物集中及现场实况的观察。

⑨ 短期决战原则

要有彻底完成任务的决心。

⑩ 打破温情原则

不要沉醉于过去与现在的成果，要注重未来体制的制定。

⑪ 头脑移转原则

全面性地活用同业、协助厂商、研究机构及企业内其他部门的智能与法则。

⑫ 重视根基原则

持续推动“5S”等基本管理活动。

⑬ 重视废弃物原则

善于思考废弃物的回收或再生利用。

⑭ 异常的再考虑原则

暂定标准、异常的正常化的再考虑。

⑮ 尊重技术、技能原则

不能光凭经验、直觉，要以理论为依据，重视单耗管理。

⑯ 身先士卒原则

主管、领导要身先士卒、全力以赴，并启发、指导部属进行改善活动。

⑰ 事前准备原则

在产品开发设计及工程设计阶段，就进行事前的因应措施，从“源头改善”做起。

⑱ 长期活动原则

不断思考长期的体质改善。

⑲ 热忱、执行力原则

要有“成本可以改善，而且非改善不可”的信念，有立即执行的精神。

⑳ 综合判断原则

要与利润计划结成一体，并彻底追踪改善结果。

㉑ 切身感原则

彻底意识并培育出“企业事即自身事，企业物即自身物”的切身感。

(2) 建立成本改善管理体系

为能在企业内部彻底落实成本改善作业，以确保成本的降低成果能持续生存、扩大，企业必须建立一套成本改善管理系统，把成本的管控与改善和日常作业相结合，让企业的每个部门、每位成员都能通过日常作业来了解成本异常问题，深入掌握发生成本异常的原因，适时地提出适当有效的改善手段并确实执行，这样一来，成本改善才有可能成功。成本改善作业管理体系如图 9－14 所示。

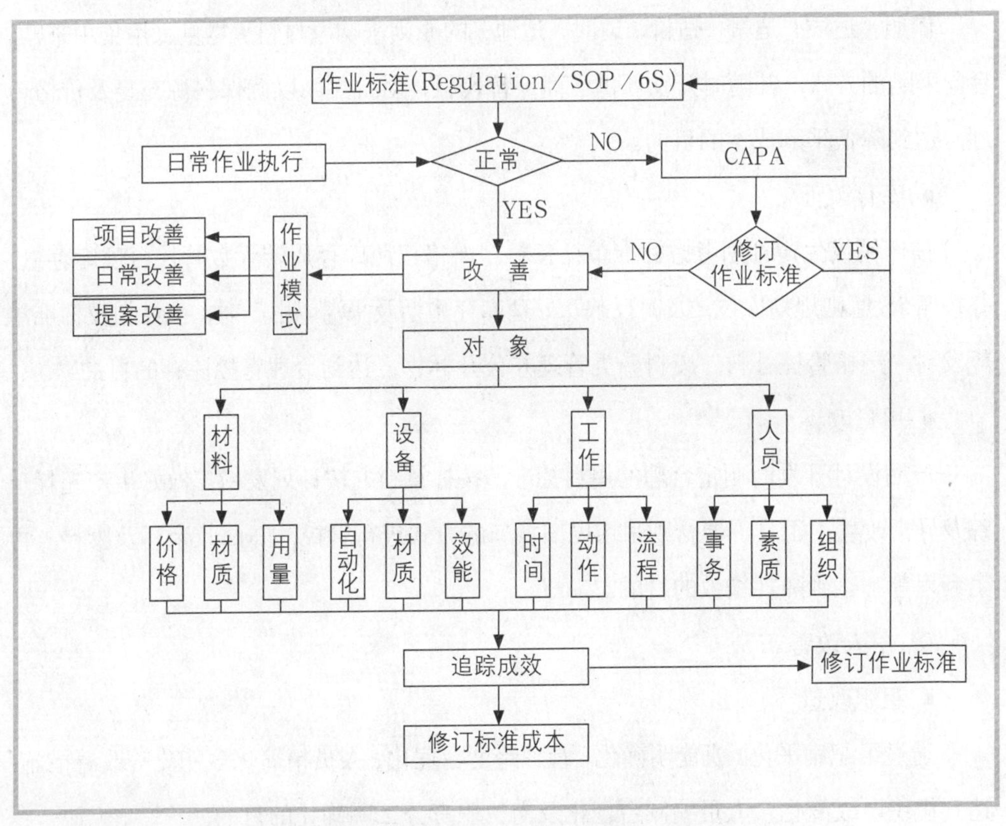

图 9-14 企业成本改善作业管理体系

(3) 成本改善的方向与重点

从企业成本管理体系的成本改善作业内容可以看出，企业成本改善的方向就是“降本增效”，也就是一方面直接降低各项费用或成本，另一方面想方设法从各项作业中提高效率或效益，降低承担的成本，增加企业的利润。

事实上，企业改善成本的手段很多，且成本改善的方向与重点也因行业的不同而异，很难巨细靡遗地列出，在此仅列出主要的改善方向与重点。

① 用料改善

● 采购改善

依照“适质、适量、适价、适时、适地”的原则采购原材料，尽量采用集中采购、合同采购的方式，并随时开发新供应商、替代料、对抗品，以确保料源充足及价格合理，达到降低采购成本的目的。

● 库存改善

按产销或生产计划考虑标准单耗备料，严格按照库存周转天数管控合理库存量，并按照5S原则规划库位，及时反映、处理库存逾期及呆滞。生产时，按计划及标准单耗发料，严格管控补料。废料分类管理并公开标售，达到合理管控库存的目的。

● 用量改善

产品设计开发时制定合理的用料标准，按标算料、按计划发料，做好生产超耗追踪及异常改善。工具、器材则采用以旧换新的方式进行管控，并回收余料及废料，再生利用等，达到降耗增效的目的。

② 用人改善

● 组织改造

通过组织扁平化、机能明确化、管理跨度合理化、人员精简化多能化等改善措施，达到组织层级简化、人员编制合理化及岗位职责分工明确化的目的。

● 强化素质

首先确立岗位职责与需求，再按需编制招聘、培训员工，并按工作绩效考核、任用，达到选贤任能、适才适所的目标。

● 事务简化

利用消除、替代、合并、简化等手段，检讨、确认、设定事务作业的标准流程与工作内容，将企业的事务作业流程表单化、表单制度化、制度电脑化，以明确事务作业流程及规范事务作业，达到作业明确化→简单化→合理化→标准化→规范化→效率化的境界。

③ 设备改善

● 故障改善

建立全面设备保养（TPM）体系，包含设备操作人员的自主保养、保养部门的计划保养、保养人才教育训练、故障异常分析及改善保养等，并彻底落实，执行到位，以达到零灾害、零不良、零故障、零浪费的目标。

● 效能优化

消除设备故障、空转、维修、堕速、切换、调整、转换、测试、缺零组件等无产量及耗能现象，并按生产需要合理配置、充分运用设备。同时建立节能管控体系，使用节能替代品，装置节能设施，以达到设备产能提升及节能降耗的目的。

● 省力化、自动化

利用消除、替代、合并、简化等手段，进行设备改造、改善，将手动装置改为制动控制装置，促使设备高速化、省力化、自动化，以达到人员精简、产能提升的目的。

④ 工作改善

● 制程顺畅化

利用消除、替代、合并、简化等手段，减少物品搬运、停滞、待工的过程，安排最佳效率工序流程，确保设备配置合理、工序制程流畅。

● 动作标准化、熟练化

利用消除、替代、合并、简化等手段，消除不需要、不合理、不均衡、不经济、无效率的动作，减少调整动作，强化动作熟练度，培养多能工，建立各项动作的标准顺序与方法，达到动作经济、效率提升的目的。

● 工时最小化

通过人员作业时间的合理化、效率化、标准化的改善，合理配置作业所需的标准人数，同时进行各项无附加价值工作的改善，使备料、运搬、作业调整时间最小化，用料、设备、返工等异常时间零化，以达到工作耗时减少、产能提升的目的。

⑤ 其他改善

企业除了采取上述改善手段来进行成本管控与改善外，在日常运营管理作业上可以从以下两个方面着手，来获取更佳的成本降低成效：

● 经常性成本管理改善

在日常管理作业中，企业内的各个部门及每个岗位的人员，要随时随地运用下列思维方式，持续不断地思考，寻求企业各项资源的改善，降低各项制造成本。

a.技术如何更专业；

b.制程如何更稳定；

c.用料如何更经济；

d.交期如何更准时；

e.设备如何更自动；

f.生产如何更效率；

g.事务如何更简化；

h.管理如何更规范；

i.人员如何更精简；

j.费用如何更节约。

同时，企业的财会部门每个月依据各项实际成本资料，与标准成本或预算目标进行比较，针对成本差异部分，深入分析发生差异的原因，进行改善，以降低企业的运营成本。

● 项目性成本改善

除日常成本管理改善方式外，企业也可以从各个部门中选调具有管理实务经验者组成项目小组，在一段时期内对各项产品进行一次全面性成本要素的分析，选择单一成本项目进行分析改善，同样也能获得有效的成本改善效果。

总而言之，企业在竞争日益激烈、利润日益微薄的经营环境下，“开源节流”已成为企业经营的主轴，也是企业中每位成员努力的方向。因此，像降本增效、节能降耗等的成本改善措施，就成为企业“节流”的最有效手段，也是企业生存发展的主要关键。与企业唇齿相依的企业人，应当养成随时留意有效管控成本的“节约”思维与理念，以绝不满足现状的心态，竭尽所能地运用各种管控和改善手段来协助企业降低成本，争取最大利润，确保企业的生存及永续发展。

后　　记

本书主要是为在企业工作的非从事财会工作的人员编写的，因此尽量采取简单明了的说明方式，介绍企业财会方面的知识。本书的重点在于介绍影响企业经营绩效比重最大的“成本”，以协助企业人建立正确的成本观念，及运用本书介绍的成本分析、管控及改善方法，随时进行企业内部的各项成本改善，协助企业提高经营绩效。

本书虽然涉及范围广泛，但绝大多数都只论及财会方面的基础知识，而且部分内容引用各项参考书籍，这些参考书籍对于从事财会工作的企业人来说，是绝佳的“工具用书”，也是非从事财会工作的企业人研习财会知识最好的“辅助工具”，它们是：

1．罗伯特·辛纳蒙、布赖恩·赫尔维格著，林珏译:《管理一定要懂财务》，中国市场出版社，2008 年 1 月第 1 版。

2．金井猛著:《簿记の基本が 2时间でわかる本》，钻石出版社，2007 年 12 月第 1 版。

3．Wayne A.Label, *Accounting for Non-accountants*, Domain Publishing Company, 2007 年 7 月第 1 版。

4．高立法、韩复龄、陈日曦编著:《企业会计核算与税务处理图解》经济管理出版社，2004 年 10 月第 1 版。

5．于小镭、徐立恩主编:《新企业会计准则实用手册》，机械出版社，2006 年 1 月第 1 版。

6．高立法、赵桂娟、朱兵民主编:《新财务报告图解》，中国时代经济出版社，2007 年 8 月第 1 版。

7.于广涛、于广昌、吕太明著:《实用成本计算》，机械出版社，2005 年 2 月第 1 版

8.李践著:《砍掉成本》，机械工业出版社，2006 年 9 月第 1 版。

9.简泽民编著:《企业经营分析手册》，厦门大学出版社，2008 年 10 月第 1 版。

福友企业管理顾问有限公司
服务项目简介

公司简介

★ *Since 1994*
★ *辅导、培训各类型企业逾2 500家，人数逾50 000人次。*

福友企业管理顾问有限公司，由台湾知名企管专家林荣瑞先生于1994年创办成立。公司以“提升人的品质”为宗旨，以“和谐、精进”为企业精神，以“追求卓越，创造一流”为经营理念，并向顾客承诺:创造一流的效果。

公司提供的服务主要针对企业内部管理的建立及提升与改善。服务项目包括企业管理诊断、制度规划设计、合理化的导入、员工教育训练（企管研习会、企业内训）、经营管理咨询、顾问辅导，以及企业管理书系、精美海报标语等的企划、发行。

在众多企业界朋友的关心与支持下，公司已在全国各大省市成功地辅导及训练台资、港资、欧美、国有及私营企业逾2 500家50 000人次以上，行业涵盖了电子、机械、化工、医学、房地产、旅游等，其中包括多家新兴的高新技术企业，业绩斐然。

伴随着国内企业的成长，福友团队也在适时不断地对自己提出更高要求的挑战：

◆ **制造业管理经典用书尽在福友！**

《福友现代实用企业管理书系》务实可操作性的风格已成为全中国制造业经典用书！

◆ **制造业管理经典课程尽在福友！**

最早接受福友培训的企业人，现已成长成为企业的中高层管理中坚干部;最早接受福友指导的企业业已更加发展壮大，福友承诺:成功路上与您同行！

◆ **专业团队日益发展壮大！**

福友在企管业界的良好口碑，吸引着愈来愈多的两岸知名企管专家前来助阵。随着专业团队的日益发展壮大，福友能够更好地为广大企业提供更多直接有效的服务！

我们是专家不是学者，本着务实的作风扮演“企业成功路上良师益友”角色，志在为国内的企业管理水平之提升贡献一份心力。

福友承诺：

好东西与好朋友分享，矢志成为您管理路上的好帮手！

厦门公司	电话:0592-2395581(总机)	传真:0592-2396530 2395580	http://www.foryou.tw.cn	E-mail:xm@foryou.tw.cn
泉州公司	电话:0595-22160010(总机)	传真:0595-22160012	http://www.foryou.tw.cn	E-mail:qz@foryou.tw.cn
苏州公司	电话:0512-68294860(总机)	传真:0512-68294859	http://www.foryou.tw.cn	E-mail:sz@foryou.tw.cn
宁波公司	电话:0574-87856585(总机)	传真:0574-87856586	http://www.foryou.tw.cn	E-mail:nb@foryou.tw.cn
青岛公司	电话:0532-85021619(总机)	传真:0532-85021719	http://www.foryou.tw.cn	E-mail:qd@foryou.tw.cn
深圳公司	电话:0755-86110016(总机)	传真:0755-86110015	http://www.foryou.tw.cn	E-mail:gd@foryou.tw.cn

福友企管 VIP

■ 选择福友 VIP 的理由

1．口碑最好：造福朋友是福友的一贯宗旨
2．足迹最广泛：福友足迹遍布国内 30 多个省市，书籍更是远销东南亚、美国、台湾
3．经营最稳健：福友从 1994 年成立至今已逾十六余年历史
4．课程最多：每年在全国举办各类生产经营管理培训课程
5．阵容最强大：近 20 位专职两岸专家汇集福友
6．内容最实用："简单、直接、有效"是福友公司的一贯承诺
7．服务项目最多：制造业经典用书、经典课程、训练营、系列内训、专案诊断、辅导享誉国内
8．收费最公道：保证物超所值

■ VIP 超值优惠表

项次	项目	VIP 客户类别					备注
		福卡贵宾	A 卡贵宾	B 卡贵宾	C 卡贵宾	D 卡贵宾	
		80000 元	42000 元	35000 元	28000 元	15000 元	
		有效期 24 个月					
1	参加福友公开课程	5.0 折	5.5 折	6.0 折	6.5 折	6.8 折	此三项消费费用依不同卡别折扣后从会员费中扣除即可
2	购买福友企管书系 / 标语						
3	参加福友各阶训练营(限学费)	6.5 折	7.5 折	8.0 折	8.5 折	9.0 折	
4	企业内训	9 折					此消费可从福卡中扣，其它卡另外付
5	企业辅导、企业诊断、常年顾问	9.5 折					此项消费费用另外给付
6 免费赠送项目	赠送福友企管书系（等额书籍可任选）	1000	500	500	300	300	完全免费
	赠送训练营名额 1 人次(各阶训练营可任选)(限学费)	√	不享受	不享受	不享受	不享受	
	高级顾问师免费到企业诊断一天，诊断完毕后将提供书面诊断报告给企业(价值 6000 元以上)	√	√	不享受	不享受	不享受	
	免费参加福友举办年度总经理论坛(各区举办)	√	√	√	√	√	
	赠送《福友顾问》期刊	√	√	√	√	√	
	训练营训后咨询及改善交流会	√	√	√	√	√	

企管研习会

■ 定点定期:

※深圳、广州、厦门、泉州、福州、杭州、宁波、台州、温州、苏州、无锡、昆山、常州、青岛、烟台等城市(其他的城市视需求开办)

※每月举办次数不低于10场

■ 名师汇聚:

※两岸众多知名的企管专业讲师

■ 讲座课题:

项目	序号	课　　程	名称
经营管理	01	企业策略规划的展开与整合	12H
	02	中层主管技能与执行力提升训练	12H
	03	企业运作与管理整合	12H
	04	中国式管理	12H
	05	中层主管管理提升训练	12H
	06	一个领导者的角色认知与管理思维	12H
人力资源管理	01	如何选人、用人、育人、留人	12H
	02	选才与面谈技巧	12H
	03	人力资源主管精修班	12H
	04	卓越的团队管理技巧	12H
	05	企业内部讲师培训(TTT)	12H
	06	薪酬设计与绩效考核	12H
	07	目标管理与绩效考核	12H
	08	非人力资源部门的人力资源管理	12H
生产管理	01	现场管理实务	12H
	02	如何成为出色的生产主管	12H
	03	生产计划与交期管理	12H
	04	5S精益现场管理	12H
	05	生产绩效管理	12H
	06	杰出班组长训练	12H
	07	如何降低生产成本	12H
	08	现场一线主管技能训练	12H
	09	标准工时制定与工作改善	12H
	10	JIT精益生产管理实务	12H
	11	科学三大工具－IE手法提升效率	12H
	12	TPM全面设备管理	12H
	13	如何从技术走向管理之路	12H

项目	序号	课　　程	名称
品质管理	01	如何做好现场品质管理	12H
	02	QC手法运用	12H
	03	统计制程管制SPC教育训练	12H
	04	TQM全面品质管理	12H
	05	数据与图表的建立与应用	12H
	06	FMEA失效模式与效果分析	12H
	07	QCC品管圈推动实务	12H
	08	TS16949训练	12H
采购与物料管理	01	采购管理实务	12H
	02	采购成本分析与降低策略	12H
	03	采购与供应商的双赢策略	12H
	04	高效的制造业物料与仓储管理	12H
	05	供应商的评估与采购管理	12H
销售管理	01	如何成为杰出业务主管	12H
	02	门市、卖场销售技巧	12H
	03	市场开发与销售技巧	12H
	04	有效的客户关系管理	12H
	05	客诉的应对与有效处理	12H
	06	销售通路、经销商管理	12H
	07	开发潜在客户的技巧	12H
	08	销售战术激发与活用	12H
	09	业务谈判策略与说服顾客之技巧	12H
财务管理	01	经营计划与预算管理	12H
	02	内部稽核与内部控制	12H
其他	01	商务礼仪	12H
	02	高效沟通与团队共赢	12H
	03	如何发现、分析、解决问题	12H
	04	时间管理	12H
	05	研发管理研习会	12H

※　每期课程简章备索

企业内训

☺ 为什么沟通不良？

因为没有培训，缺乏共识。

☺ 为什么绩效不彰？

因为没有培训，方法不好。

一将难求，所有企业都同意“找人才比找客户还要难”，成功的企业也同意“找人才不如自己**造人才**”。尊敬的总经理，请把培养人才的任务交给 **“福友”**，让我们帮您出色完成。

项目	序号	课程名称	课时
领导统御	01	卓越的团队领导技巧	7H
	02	中层主管技能与执行力提升训练	14H
	03	中基层管理干部管理技能强化训练	14H
	04	一个领导者的角色认知与管理思维	7-14H
	05	从技术走向管理之路	7-14H
	06	杰出班组长特训	14H
	07	MTP 管理训练课程	14-42H
	08	TWI 基层干部管理训练	14-42H
	09	如何做一名成功主管	14H
	10	沟通技巧与激励技术	14H
	11	项目管理基础与实践	14H
	12	时间管理	14H
	13	沟通技巧与团队建设	14H
	14	问题分析与解决技巧	14H
人力资源管理	01	如何选人、用人、育人、留人	14H
	02	如何制定薪资与考核制度	14H
	03	选才与面谈技巧	14H
	04	如何进行绩效考核评估	14H
	05	平衡计分卡与绩效展开	14H
	06	目标管理与绩效考核	14H
	07	企业内部讲师培训	14H
	08	直接主管的人力资源管理	14H
行销财务	01	销售主管精修班	14H
	02	销售通路、经销商管理	14H
	03	市场开发与销售技巧	14H
	04	有效的客户关系管理	14H
	05	客户投诉的有效处理	
	06	业务谈判策略与说服顾客之技巧	14H
	07	经营计划与预算管理	14H
	08	成本管理与预算控制	14H
	09	内部稽核与内部控制	14H
	10	非财务主管的财务管理	14H
其他	01	职场礼仪	7-14H
	02	福友企管中阶主管系统班课程	132H

项目	序号	课程名称	课时
生产管理	01	生产计划与交期管理	14H
	02	问题意识与工作改善	14H
	03	如何做好生产绩效管理	14H
	04	现场管理实务	14H
	05	生产问题分析与对策	14H
	06	现场一线主管技能训练	14H
	07	如何成为出色的生产主管	14H
	08	如何降低生产成本	14H
	09	降低成本与工作改善	14H
	10	如何运用 IE 手法提高效率	7-14H
	11	标准工时制定与工作改善	7-14H
	12	精益生产(JIT)	14H
	13	NPS 革新生产方式训练	14H
	14	TPM（全面设备保全管理）	14H
	15	价值工程分析(VA/VE)	14H
物料管理	01	物料管理的问题与对策	14H
	02	物料控制与仓储管理	14H
	03	有效的供应商管理	14H
	04	物料与采购管理作业电脑化(MRP)	14H
	05	MRP 导向的物料管理实务	14H
	06	采购管理实务	14H
	07	采购谈判技巧	14H
	08	采购管理与供应商评估	7-14H
品质管理	01	如何推行 5S 活动	7H
	02	数据与图表的建立与运用	7H
	03	如何做好现场品质管理	14H
	04	现场主管如何做好制程质量管理	14H
	05	如何运用 QC 手法提升品质	7H
	06	如何推行 QCC 活动	14H
	07	SPC 统计制程管制	14-42H
	08	FMEA 失效模式与效应分析	14H
	09	全面品质管理(TQM)	14H
	10	研发品质管理	7-14H
	11	6 个标准差(6 σ)	14H

企业辅导

1.足迹遍布

成功辅导过的企业东北至哈尔滨，西北至乌鲁木齐，足迹遍布中国大陆。

2.团队专精

- 所有企业辅导顾问师均为福友专职顾问师，均具有生产型企业十至三十年的中高阶实务管理经验；
- 经过福友逾十二年的优化过程，福友的顾问老师已大部分是各专业领域一流的专家；
- 最强大的辅导团队，采用团队专案小组辅导，为企业提供最佳解决方案。

■ **辅导项目：**

① 经营管理系统
- 组织绩效诊断与提升：8个月
- 企业经营管理分析与整合：8个月
- 业务流程改进(BPI)：8个月
- 目标管理(MBO)：6个月
- SCM供应链管理系统：8个月
- 市场营销系统规划与训练：4个月

② 组织人事系统
- 组织规划设计：4个月
- 薪资与绩效考核体系：4个月
- 企业教育训练规划：3个月
- 组织人事系统：6个月

③ 生产管理系统
- 5S活动专案：4个月
- 生产管理系统：6个月
- IE工作改善：6个月
- TPM(全面设备保全管理)：4个月
- 生产绩效管理：6个月
- (丰田生产方式)TPS：6~12个月
- 精益生产方式(JIT)：6~12个月

④ 物料管理系统
- 仓储管理系统：4个月
- 物料管理系统：6个月
- 供应商管理系统：4个月
- 物料需求规划MRP导入：6个月

⑤ 品质管理系统
- 品质检验制度设计与运用：4个月
- QC手法运用：4个月
- FMEA失效模式与效应分析：6个月
- SPC统计技术运用：6个月
- 如何推行QCC活动：4个月
- 品质管理系统：8个月

⑥ 研发管理系统
- 研发管理系统(研发管理工具运用)：6个月

■ **企业辅导流程：**

企业需求提出 → 顾问师初步诊断 → 提出诊断报告及辅导规化书 → 签定协议 → 正式诊断 → 辅导计划实施 → 成果核查改进 → 计划完成结果 → 辅导后相关咨询

辅导计划实施：制度规划指导实施｜干部教育训练｜全员参与活动推行｜工作改善指导｜经营管理咨询

中阶主管系统训练营

■ 制造业中阶主管系统管理训练营（虎啸营）

21世纪，“中国制造”无疑将影响整个世界！

21世纪，中国制造业必将面临惨烈的竞争，优存劣汰！

21世纪，中国制造业最缺的是什么？优秀的中阶主管！

缺工日益严重，成本节节升高，这是每家企业必须面临的考验。企业生存与发展之道，唯有提升管理，应用科学管理工具来降低成本、提升品级，确保企业的健康发展。

中阶主管（厂长、经理）在企业中扮演著承上启下的角色，中阶主管的管理素质标志著企业执行力的高低。

尊敬的总经理，“找人才不如自己造人才”，请把培养企业大将的任务交给“福友”，让我们帮您出色的完成，为企业打天下！

■ 课程单元

单元	课　程	单元	课　程
1	中层主管的人力资源管理	9	5S与目视化管理
2	目标管理	10	生产计划与交期管理
3	日常管理标准化	11	IE手法的运用
4	工厂检验制度设计及运用	12	精益生产
5	QC手法及其运用实务	13	研发管理
6	SPC在生产中的实际运用	14	高效沟通技巧与激励技术
7	物料控制与仓储管理	15	观摩企业＋主题讨论
8	高效采购及供应管理	16	合计:15单元

※ **服务电话**:0592－2395581**转**241、208

■ 制造业基层主管系统管理训练营(小虎营)

中国制造业面临日益严重的缺工缺干，相当多的企业困境已现，企业要脱困，势必要**"下定决心"**进行管理变革！

商机要争取时间，管理变革当然也要走在竞争者前面，路途远，时间长，很忙……只要您**"下定决心"**，福友可以早一点帮您脱离困境。

本训练的使命：

- ◆ 为中小型企业强化现任厂长、经理人才
- ◆ 为中大型企业储备准备晋升厂长、经理人才

■ 课程单元

单元	课　　程	课 时
1	管理的基础	3.5H
2	管理者的角色认知	3.5H
3	如何对部属进行工作教导	7H
4	如何推行5S	7H
5	生产管理的问题与对策	7H
6	现场品质管理的问题与对策	7H
7	沟通技巧与激励技术	7H

※ **服务电话**:0592-2396973　0592-2299953

IE 专修班

■ 全面打造卓越的 I E 工程师

工业工程(Industrial Engineer)简称 IE，是专门为**提高生产效率和经济效益**，把技术与管理有机结合起来的学科。工业工程（IE）在工业发达国家、地区（如美国、德国、日本、台湾等）已有几十年的历史，并得到普遍的应用。是制造业公认**省人化、省时化、最有效**的科学管理工具。

当前大陆劳动力**日益短缺，劳动成本节节攀升，**急需将以往**"人海战术"**的**赶量**文化，转型为**精简**劳动力的**效率**文化，IE 工业工程的导入及 IE 人才的培养，对国内的企业来说管理的转型、升级，无疑是最为迫切的事。

福友企管秉持企业的宗旨一造福朋友，除了已发行两本 IE 的专著（《IE 的运用》、《标准工时制定与工作改善》），为了协助解决国内企业 IE 人才的稀缺，筹备近两年的《IE 专修班》，于 2008 年 7 月正式开办，全程 6 日，**目的就是为国内的企业打造优秀的 IE 专业人才，并为建立 IE 部门打下基础**。

■ 课程内容

单元	课　程	课 时
1	IE 概论与标准工时制定	7H
2	标准工时制定	7H
3	IE－7 大手法（上）	7H
4	IE －7 大手法（下）	7H
5	PAC 生产绩效分析管理	7H
6	企业观摩与诊断	7H

※ **服务电话**:0592-2395581

福友现代实用企管书系

㊷企业财务管理实务

简泽民（台湾） 编著

随着未来产业环境的急剧变化，企业的经营分析对信息的需求日益迫切，这种需求的满足主要依赖于财会信息。由此可见，掌握必要的财会知识，熟悉财会分析的基本方法是必不可少的。

定价：¥48元

第一篇 财会知识概论
第二篇 会计财务的处理
第三篇 成本的概念
第四篇 成本的计算
第五篇 成本的核算
第六篇 损益计算
第七篇 财会报表—经营结果的体现
第八篇 成本分析与管控改善

㊷现场制程品质管制实务

傅武雄（台湾） 编著

为使企业持续成长，势必以“产品价值”的升级作为突破口。其中主要的影响要素还是在管理，其中制程品质管理又是品质管理的核心。本书直接从工艺面切入，以浅显易懂的品管方法为手段，加上有效的改善技巧，全面介绍现场制程品质管制与改善策略，易懂、易学、易操作。

定价：¥52元

第一篇 品质管理总论
第二篇 现场质量不良的原因分析与防治策略
第三篇 制程品质改善的基础
第四篇 制程改善的有效技巧
第五篇 现场品管小组活动的运用

㊶如何推动目标管理

黄宪仁（台湾） 编著

目标管理的最大好处是，它使管理者能够控制他们自己的成绩。这种自我控制可以成为更强烈的动力，推动他尽最大的力量把工作做好。本书是目标管理的实用工具手册，全面帮助企业目标管理走向规范化轨道。

定价：¥48元

第一篇 目标管理的理论与概述
第二篇 目标管理制度的规划与推动
第三篇 目标体系图
第四篇 目标的设定
第五篇 目标卡
第六篇 目标的沟通
第七篇 目标的执行
第八篇 目标管理的追踪
第九篇 目标的修正
第十篇 目标管理的绩效评估
第十一篇 目标管理的绩效奖罚

㊵高效的生产绩效管理

王文信（台湾） 编著

在多批小量、短交期、高成本的竞争压力下，如何充分地运用资源，实现生产系统的最佳整体效益是企业当前最关键的课题。本书以企业如何进行生产绩效管理为主线，介绍生产绩效管理的概念、流程，剖析制造业提高生产绩效的实务方法，帮助读者全面掌握生产绩效管理的理念和实施工具。

定价：¥60元

第一篇 生产绩效管理的概述
第二篇 生产绩效管理制度的规划与推动
第三篇 生产绩效指标的制定方法
第四篇 生产绩效的衡量方法
第五篇 生产绩效的改善方法
第六篇 生产绩效项目管理的方法
第七篇 生产资源效率化管理
第八篇 生产目标效能化管理
第九篇 生产绩效管理实例分析
第十篇 生产绩效管理的发展

福友现代实用企管书系

制造业管理经典用书尽在福友！

39 企业ERP成功之道

简泽民（台湾） 编著

历经数轮管理革新浪潮的冲刷，ERP已经成为企业的商业管理利器。本书是简泽民先生十几年来经验的总结，从管理者的角度，依对ERP系统的管理认知，以精简的理论与实务案例让企业对ERP形成一个正确的认识，提升自身的市场竞争力。

定价：￥58元

第一篇 企业E化的必要性
第二篇 ERP系统的发展历程
第三篇 ERP的定义与特征
第四篇 E化失败的主要原因
第五篇 E化成功的要件
第六篇 E化的前提——合理化管理
第七篇 ERP系统的框架
第八篇 企业E化的步骤
第九篇 E化的专案管理
第十篇 企业E化的基础——系统规划
第十一篇 ERP系统的选用评估
第十二篇 ERP系统的上线施行
第十三篇 ERP系统的成本与效益
附录 ERP系统操作实例

38 员工应有的观念与态度

梁靓 编著

在这个充满竞争的社会，怎样成为老板需要的员工呢？全书不仅从管理者的角度，同时也站在员工的立场，结合发生在员工身边的案例，逐层分析，提供合理化建议，一定能让你摆脱消极怠慢的工作态度，成为老板需要的员工。

定价：￥45元

第一篇 责任感——员工最基本的职业素养
第二篇 弄虚作假——职场发展的绊脚石
第三篇 忠诚——职场进阶的基石
第四篇 职业道德——职场突破的秘诀
第五篇 团队协作——职场成功的助力
第六篇 让你出类拔萃的工作准则
第七篇 创造财富与成功的八大心态
结 语 行动更重要

37 新产品研发与销售

黄宪仁（台湾） 编著

对企业来说，新产品上市既代表着新的利润增长点，也存在着一定的风险。如何利用好这把双刃剑呢？本书从管理者的角度，对每个环节中所涉及到的问题进行了全面而详细的阐述，并提出相应的对策。全书条理清晰，深入浅出，定能帮助企业做好新产品研发与销售的工作，提升新产品的竞争能力。

定价：￥48元

第一篇 新产品的成功与失败
第二篇 新产品战略模式
第三篇 新产品的开发组织
第四篇 新产品构思的产生
第五篇 新产品构思的筛选
第六篇 新产品开发的速度
第七篇 新产品开发的预算
第八篇 新产品的销售预测
第九篇 新产品的设计
第十篇 新产品的试制
第十一篇 新产品试销
第十二篇 新产品的上市时机
第十三篇 新产品的行销上市
第十四篇 新产品的上市计划

36 QC手法运用实务

周冰 编著

QC七大手法是制造型企业应用最广泛的利器。本书周冰先生十余年的经验及对品管工作的体悟。全书以案例诠释的方式讲解QC七大手法的基本概念、运用时机及QC手法的综合运用QCC活动等，逻辑清晰、语言通俗、案例丰富且贴合企业，为一本不可多得的QC七大手法实用书籍。

定价：￥40元

第一篇 品质管制入门
第二篇 QC手法概论
第三篇 查检表——QC的基本功
第四篇 柏拉图——把握重点的利器
第五篇 拨开迷雾见本质——层别法
第六篇 寻找原因的捷径——特性要因图
第七篇 查看数据分布的工具——散布图
第八篇 品质稳定性的分析工具——直方图
第九篇 及时发现问题的工具——管制图
第十篇 QC手法的综合运用——QCC活动
第十一篇 QCC活动案例

㊱采购与供应管理

王忠宗（台湾） 编著

王忠宗教授是亚洲采购界公认的权威专家。本书即是凝练王教授多年来采购实战经验的心血之作。

全书用理论为架构，以实务案例为主体，全方位介绍如何将采购理论转化成有用的采购技能，使采购人员在整个采购流程中能以最有效率的方式完成任务，定能提升采购人员的专业知识水平和工作执行能力!

定价：¥68 元

第一篇 采购的定义及方式
第二篇 采购手册的编制
第三篇 采购手册的适用范围
第四篇 采购政策
第五篇 采购制度
第六篇 采购授权
第七篇 作业流程
第八篇 采购表单
第九篇 采购部门的归属
……
第二十六篇 供应商管理
第二十七篇 采购与各部门的协调
第二十八篇 采购稽核

㉞5 S 推行问题与对策

曾跃频 编著

5S 容易做，却不易彻底或持久。本书即针对企业的这些“疑难杂症”，对症下药，从行动的5S、标准化的5S、预防的5S 三个阶段层层深入，教导企业如何让5S 实现由“形式化→行事化→习惯化”的转变，还详细阐述了在转变过程中可能存在的问题和解决对策。

定价：¥60 元

第一篇 行动的5S
——让企业面貌焕然一新
第二篇 标准化的5S
——塑造企业整体的职业素养
第三篇 预防的5S
——赋予企业旺盛的生命力
第四篇 5S 管理的延伸与整合

㉝企业经营分析手册

简泽民（台湾） 编著

“经营分析”对于企业来说，是一项必要的分析资料与正确的管理工具。企业要想降低成本、提高利润，就需要不时地对全盘经营管理绩效加以分析，发觉异常寻求改善，以使各项管理步入正轨。

本书融汇作者在大陆辅导的经验，贴近实际，尤其适用于纺织及服装加工企业，可作为大陆企业经营分析改善的实用工具书。

定价：¥100 元

第一篇 经营分析概述
第二篇 经营分析的基础
第三篇 利润分析
第四篇 成本分析与改善
第五篇 财务分析
第六篇 投资规划分析
第七篇 经营管理评核分析
附录A 经营分析改善实例
附录B 日常经营绩效检讨报告实例

㉜采购管理

王文信（台湾） 编著

采购在企业活动中一直扮演着重要角色，如何运用管理的手段与技巧提升采购作业的效率与效果，降低企业成本、保持甚至提升竞争力，是企业重要课题之一。

本书结合众多大陆企业采购管理实例，介绍采购组织与采购制度的建立，采购计划、谈判与数量、价格管理的关系以及供应厂商的开发与管理等。为企业顺利完成采购工作助力，为培养出色采购人员加分!

定价：¥58 元

第一篇 采购管理的概述
第二篇 采购组织的建立与管理
第三篇 采购制度的规划
第四篇 采购作业与管理方法
第五篇 采购计划与数量管理
第六篇 采购规范与品质管理
第七篇 供应厂商开发与管理
第八篇 采购谈判与价格管理
第九篇 采购跟催与交期管理
第十篇 采购绩效分析与改善
第十一篇 采购管理案例分析
第十二篇 采购策略与未来趋势

㉛QCC品管圈实务

钟朝嵩（台湾） 编著

QCC品管圈活动是企业员工自主自发改善工作现场的活动，是提高“人的工作价值”最有效的方法。其导入台湾已有30余年，逐步走向成熟，已成为公认的提升现场品质和效率的有效活动。本书从品管圈活动的导入和运行入手，阐述实用的统计方法，结合成功推行实例，让企业轻松学会推行品管圈活动的方法，利用有限的资源，获取最大的收益！

定价：¥40元

第一篇　品管圈活动的发展
第二篇　品管圈活动的概念
第三篇　品管圈活动的导入及运行
第四篇　品管圈活动的实施
第五篇　品管圈的基本统计方法
第六篇　历届国际品管圈成果发表会获奖案例分析与点评
第七篇　品管圈活动推行实例
附　录　质量管理小组活动管理办法

㉚有效的选才与面谈技巧

郑瀛川（台湾） 编著

近年来，不论企业经营环境如何变化，“选才”依然是人力资源最重要的任务。这本书便是台湾绩效管理专家郑瀛川博士为人力资源工作者及人事主管而写。

本书深入浅出，将甄选的基础、甄选工具、面谈技巧全面展开，并深入探讨“甄选面谈”的成败关键及长期以来困讨人事主管的问题。帮助企业做好人才甄选的工作，大大提升组织的竞争力。

定价：¥45元

第一篇　甄选的基本概念
第二篇　甄选的基础工程
第三篇　如何使用甄选工具
第四篇　面谈技巧
第五篇　甄选决策与发展
第六篇　附录

㉙IE的运用

福友IE研究会 编著

IE是使生产力向上的工学。IE技法还同时具备了标准化及合理化的功能，推动得好，可降低成本、提高效率、缩短交期。本书简介了古今中外IE理论精华，读者可以循序渐进地学习并掌握好IE技法的相关理论与实务，从而最终在实际工作中获得受益。

定价：¥58元

第一篇　认识IE
第二篇　IE的原点“标准工时”
第三篇　工件样品(WS)的运用
第四篇　工程分析的运用
第五篇　工厂布置(PL)的要领
第六篇　物料搬运(MH)的方法
第七篇　作业研究(OR)的运用
第八篇　成本计算
第九篇　提案改善活动
第十篇　运用价值工程(VA/VE)降低成本
第十一篇　驱动管理的两轮子QC与IE手法
第十二篇　IE的未来

㉘中小企业经营之道

傅和彦（台湾） 编著

在外有大企业压制，内有管理问题牵制的经营环境中，中小企业如何突破现状，大幅提升利润？中小企业如何稳定经营，成功迈向大企业？本书作者集30余年工商企业管理经验编写此书，站在中小企业的立场，阐述如何强化人事、财务和管理制度，加强营销活动，使企业永续经营。每一篇所附“重要提示”，更能让您快速、有效地阅读和学习，帮助中小企业不断迈向繁荣！

定价：¥40元

第一篇　中小企业的本质
第二篇　竞争激烈的企业外部环境
第三篇　危机四伏的内在经营困境
第四篇　知人用人的事管理
第五篇　管理制度的建立与实施
第六篇　增强财务会计与资金调度
第七篇　加强营销活动
第八篇　提高生产活动的效率
第九篇　中小企业迈向大企业的途径
第十篇　有效利用经营管理顾问
第十一篇　中小企业管理研究报告
第十二篇　两岸中小企业未来探讨文粹
附　录　中华人民共和国中小企业促进法

㉗ TQM 全面品质管理

钟朝嵩（台湾）　编著

定价：￥36 元

“品质，企业未来的决战场”，品质不只是来自检验，不只是来自制造，也不只是来自设计，而是来自全员品质文化的保证。TQM 强调全员协力合作，不只要做好制品的品质，并且对全公司有关工作的品质、工程、业务、服务的品质都要有效地加以管理。

本书从“TQM 本质”、“TQM 的部门别管理”、“TQM 运营”及“TQM 的实施要点”等方面逐层深入，以可操作性的图表和翔实的事例，让读者轻松掌握实施 TQM 的方法，帮助企业早日突破困境、提高经营绩效。

㉖ 仓储管理

王文信（台湾）　编著

定价：￥55 元

本书是王文信先生继《生产计划管理实务》之后的又一力作，继承了其一贯重在实务性，可操作性的风格：以大量的案例、图表介绍仓储管理的库房规划、进料验收、领发料、存货、盘点、呆废料管理等全部内容，预测了仓储管理的未来发展趋势，易懂易学易操作；更难得是以专篇案例介绍仓储管理绩效管理、制度规划与设计，令仓储管理者可以按表操作，轻松规范管理，为生产、品质、安全、人力、成本管理加分。

㉕ 绩效评估兵法

郑瀛川（台湾）　编著

定价：￥42 元

本书从绩效评估与经营管理切入，介绍了成功企业常用的“平衡计分卡”、“360° 回馈”、“目标管理制度”等方法，深入介绍绩效评估的规划、执行与应用要领，辅以流程、图表及专篇范例说明，读者能轻松掌握绩效评估的操作技巧，充分发挥绩效管理效能。

㉔ 生产计划与管制

傅和彦（台湾）　编著

定价：￥55 元

本书是一本可操作性强的工厂实务指导用书，“企业所面临的问题”、“经营计划”、“年度计划”、“计划评核术”、“迈向合理化的事务改善”、“工厂的品质管制”等章节都是同类书籍中所未有。书中各种生产报表也相当实用，是非常适合企业作为训练员工及生产计划与管制工作者们的重要参考用书。

㉓ 实用品质管理

钟朝嵩（台湾） 编著

如何做好品质管理是企业人，尤其是中基层管理干部的难题，钟朝嵩教授继《品质管制大全》之后推出《实用品质管理》一书。本书以数理统计为基础，以统计方法为核心，辅助以大量实用技巧，令读者能够学以致用，对品质管理运用自如，得心应手。定能帮助制造业品管人员全面地、脚踏实地地做好品质管理。

定价：¥35元

第一篇 概论
第二篇 统计的技术
第三篇 QC七大手法
第四篇 管制图的种类及应用方法
第五篇 抽样检验
第六篇 新QC七大手法
第七篇 品质管理实施办法

㉒ 现代物料管理

傅和彦（台湾） 著

物料成本往往占制造业总成本的50%以上，其重要性不言而喻。傅和彦先生将所累积的经验知识，融合现代物料管理的技法，编写成《现代物料管理》，内容涵盖物料管理各个层面，更重点介绍如何进行物料管理绩效评核，读者也可结合《制造业物料管理》仔细阅读，定能有助于降低物管成本、使生产作业流程顺畅从而提升生产效率、缩短交期，提高服务质量。

定价：¥52元

第一篇 导论
第二篇 物料分类与编号
第三篇 物料计划
第四篇 存量管制
第五篇 存量管制系统
第六篇 物料需求计划
第七篇 采购管理
第八篇 验收管理
第九篇 发料、领料、退料与催料管理
第十篇 仓储管理
第十一篇 物料盘点
第十二篇 呆料、旧料、废料、残料的预防与处理
第十三篇 物料管理绩效评核
第十四篇 物料管理电脑化
第十五篇 物料管理的发展趋势

㉑ 品质管制大全

钟朝嵩（台湾） 著

世界需要中国制造，中国制造需要中国品质！

本书为钟朝嵩教授毕生实战经验整理而成的呕心沥血之作，自1974年台湾初版以来，历经多次改版、增修订，迄今为止已加印38次，常年畅销于台湾、新加坡、泰国、菲律宾、马来西亚等地，发行销量逾40万册，堪称东南亚地区之“品质管理宝典”。

定价：¥80元（上下册）

上册
第一篇 基本统计方法
第二篇 管制图
下册
第三篇 抽样检验
第四篇 品管实施方法

⑳ 工厂管理

傅和彦（台湾） 编著

工厂即产品制造场所，工厂管理即将各种有效资源导入制造场所，凭借计划、组织、人事、指导控制等活动，达成生产目标的管理工作。作者傅和彦先生有着30余年工商管理经验，本书定位广大制造业工厂管理干部，以理论与实务结合论述，可操作性极强。

定价：¥46元

第一篇 导论
第二篇 工厂组织
第三篇 工厂布置
第四篇 物料搬运
第五篇 产品研究与发展
第六篇 预测
第七篇 生产管理
第八篇 物料管理
第九篇 存量管制
第十篇 工作研究
第十一篇 资料筹集、整理与分析
第十二篇 品质管制
第十三篇 成本分析与控制
第十四篇 人事管理
第十五篇 工业安全概论
第十六篇 工业卫生概论

⑲ 高阶主管经营训练

黎守明（台湾） 编著

定价：￥39元

国内企业高阶管理者忙忙碌碌，常常大大小小工作一把抓，疲于奔命却绩效不彰。本书即为企业高阶管理者或有志于此的管理者所编，揭示了高阶主管人员必备的Know-how、工作重点及任务所在，以及如何树立及发挥好高阶管理人员的领导魅力等。

第一篇 经营者
第二篇 目标篇
第三篇 策略篇
第四篇 自我革新篇
第五篇 影响力篇
第六篇 自我查检篇

⑱ 中阶主管管理训练

黎守明（台湾） 编著

定价：￥39元

“训练最大的目的在于行动，不在知识。”这就意味着教训训练的实施者必须具备丰富的实务经验，其所持有的教材也应为其常年从事实务管理工作案例的系统累积，如此才能现身说法，授予前来接受培训的企业人所真正想要的实务操作指南。有着丰富实战经验的黎守明先生所编写的本书，可谓设想企业人所想、施教企业人所欲，定能让中阶管理者在实际管理工作中亲身体验到管理发挥的价值，从而对管理工作产生自信，达到训练自我的目的。

第一篇 New Management Way
第二篇 完成年度工作计划
第三篇 执行您的计划
第四篇 管制部门的执行活动
第五篇 修正您的计划、标准
第六篇 部门的自我超越
第七篇 经营您自己

⑰ 国际行销

吴景胜（台湾） 编著

定价：￥68元

全球经济国际化的趋势下，“国际行销”的实战技巧也日趋为企业管理者所重视。

台湾知名国际行销领域研习与实战专家吴景胜老师为大陆广大读者奉上此本案例丰富、适用本土企业、且国际观念角度齐备的《国际行销》，本书的四项特色令其具备了极优的可读性、实战性及操作性。

第一篇 导论
第二篇 国际行销策略
第三篇 多国企业与国际行销
第四篇 各国市场与国际行销

⑯ 供应厂商管理

傅和彦（台湾） 编著

定价：￥45元

制造业工厂正处在生产量迅速扩张的时期，技术日益精进、制品益形复杂，所需的物料、零件若都要在本厂内生产，将产生诸多困扰，因而势必需要借重于供应厂商的力量。如何有效利用供应厂商生产出品质更佳、成本更低、交期更准的制品，直接影响到企业的经营绩效，更影响到企业在激烈残酷的竞争中的市场地位。

第一篇 外包与供应厂商
第二篇 供应厂商的功能与外包方针
第三篇 厂内自制与外包判定
第四篇 外包计划
第五篇 供应厂商的选择
第六篇 发包工作管理
第七篇 外包行为的品质要求
第八篇 外包价格的协商
第九篇 外包验收管理
第十篇 供应厂商的考核
第十一篇 供应厂商的辅导与扶持

⑮ 经营计划与预算管理

王忠宗（台湾） 编著

透过预算产生出许多宝贵的数据资料是企业管理者可以用于提升企业经营绩效的重要参考依据。也即预算的真谛在于对影响企业盈亏的重要收支项目做好事前规划，以利于事后控制，而不在于会计科目的帐务处理及资产负债表或损益表之编制。

定价：¥45元

第一篇 年度经营计划的重要性
第二篇 目标→工作计划→预算
第三篇 预算作业流程与管理
第四篇 预算编制准则与科目说明
第五篇 预算审查、检讨与评估
第六篇 销货收入预算的规划与控制
第七篇 销售费用的规划与控制
第八篇 人事费用的规划与控制
第九篇 采购预算的规划与控制
第十篇 资本支出预算的规划与控制
第十一篇 研发费用的规划与控制
第十二篇 管理及财务费用的规划与控制
第十三篇 结语

⑭ 经营分析与企业诊断

刘平文（台湾） 编著

现代管理者需要面对企业之环境面、策略面、组织面、意识面、行为面与方法面等不同层面之决策事宜，因而常常需要对自己的企业经营管理之现况进行诊断，提升企业经营管理之系统观。作者刘平文先生多年来一直从事于经营管理、企业辅导服务等实务工作，累积了极其丰富、深厚的实务经验，本书探讨范围与层面涉及甚广，定能帮助管理者对企业有更好的认知与掌握。

定价：¥120元

第一篇 观念篇

第二篇 分析篇

第三篇 诊断篇

第四篇 整合篇

⑬ SPC统计制程管制

官生平（台湾） 编著

品质，尊严与价值的起点！

"SPC统计制程管制"是品管工作中重要的一项。本书为有着20余年推广应用经验的"SPC"权威、台湾品管协会理事官升平老师的呕心沥血之作，更是极具专业学习参考价值及实务指导意义的好书！

定价：¥160元

第一篇 统计制程管制SPC导入
第二篇 变异的本质
第三篇 基本统计
第四篇 管制图的原理
第五篇 计量值管制图
第六篇 计数值管制图
第七篇 量测系统分析
第八篇 制程能力研究
第九篇 6σ改善活动
第十篇 简易DOE

⑫ 标准工时制定与工作改善

傅武雄（台湾） 编著

作者傅武雄先生从事"工作研究与IE改善"的工厂管理及顾问辅导工作达32年之久，本书是专为工厂主管与工艺工程人员撰写的，直接从工艺面切入，以车间工作方法改善手段为例，阐析了标准工时测定与工作改善的多 实务方法。

定价：¥58元

第一篇 标准工时概论与应用
第二篇 运用马表测时法订定标准工时
第三篇 预定动作时间标准法的运用
第四篇 运用综合数据法订定标准工时
第五篇 运用工作抽查法订定标准工时
第六篇 标准工时在管理上的应用关键
第七篇 工作改善的方向与科学化理念
第八篇 运用程序分析与搬运分析进行有效改善
第九篇 作业域内的改善技巧
第十篇 运用工作抽样法进行工作改善

⑪ 生产计划管理实务

王文信（台湾） 编著

本书以制造业的生产管理活动为叙述重点，从生产管理层面入手，剖析制造业提高生产绩效的实务方法，有系统地介绍生产计划与管理实务，无论是对传统式做法的精华还是对最新生产管理的技法，都有深入浅出的探讨。

定价：¥75元

第一篇 产业剖析与手法导入

第二篇 实务方法与管理运作

第三篇 制度设计与诊断评估

第四篇 生产策略与未来发展

⑩ 制造业物料管理实务

傅武雄（台湾） 编著

企业物料管理制度化、电脑化导入实务宝典！傅武雄先生（台湾）逾二十年的经验与心得融入，以深入浅出的方式将物料管理方法与实务技巧加以阐述，将有助于企业在激烈竞争的环境中赢取竞争优势。

定价：￥75元

第一篇　物料管理总论
第二篇　做好计划层面的物料管理
第三篇　MRP的架构与实务
第四篇　执行层面的物料管理
第五篇　物料管理辅助篇

⑨ 现场管理实务

韩展初 编著

本书以管理的六大目标为主线，将管理者如何充分运用组织的有效资源，达成组织目标的方法、技巧汇集成有系统的资料，将给中基层企业管理干部的实务工作、培训指导提供有益参考。

定价：￥65元

第一篇　管理总论
第二篇　管理的核心——人
第三篇　营造高昂士气的团队
第四篇　如何提高产量、提升效率
第五篇　生产计划与交期管理
第六篇　降低成本与工作改善
第七篇　如何管理品质
第八篇　工业安全管理
第九篇　如何成为出色的现场管理者

⑧ 降低成本新利器

（Tear Down技法）

佐腾嘉彦 编著

Tear Down是以降低成本为宗旨，以分解调查竞争对手为手法的技法。佐腾先生逾25年的操作经验累积的本书定能帮助企管人士提高工作附加价值，衍生新创意，提高产品竞争力，令企业在激烈的市场竞争中立于不败之地。

定价：￥56元

第一篇　Tear Down Method的概念与缘起
第二篇　分解的进行方法
第三篇　主题别分解的实践
第四篇　利用分解之价值评价的进行方法
第五篇　分解的应用技术
总　结　分解的成功要点
附　录　作业表单（Work Sheet）的使用法

⑦ 企业管理制度精选

（共两册）

福友企管书系编委会

本公司顾问师常年在国内辅导、顾问经验大公开！

去芜存菁，结合国内实际情况设计，若企业在管理制度建设方面能参照本书，并根据自身情况适度调整使用，定能大有裨益。

定价：￥580元

第一篇　人事管理
第二篇　行政事务管理
第三篇　财务会计管理
第四篇　营销业务管理
第五篇　生产管理
第六篇　物料管理
第七篇　采购管理
第八篇　品质管理

⑥ 如何选人用人育人留人

林荣瑞 编著

品质是企业的生命，人则是企业最重要的资产。本书针对国内企业人力资源管理薄弱之现状，以作者多年累积的实务经验，深入地进行案例分析探讨，协助您做好人才的培养与发展工作。

定价：￥68元

第一篇　人力资源管理与竞争优势
第二篇　如何甄选人才
第三篇　用人的艺术
第四篇　人才的育成
第五篇　企业如何留才
第六篇　人力资源管理与企业文化
（另售VCD教学光盘）

❺如何推行 5S

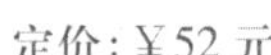

定价：¥52 元

孙少雄　编著

5S ——"医治"工厂疑难杂症之良药。本书以实用的对比图片做诠释，全面系统地论述 5S 活动，帮助业界朋友在 5S 专案活动中以最简单的途径，取得最有效的成果。

第一篇　引言
第二篇　5S 的解析
第三篇　5S 推行要领
第四篇　推行步骤
第五篇　配合 5S 活动之管理技巧
第六篇　推行 5S 活动成功与失败的注意事项
第七篇　5S 的延伸
第八篇　推行 5S 的好处
第九篇　5S 活动宣传案例
第十篇　品质文化

❹企业管理表格精选

定价：¥348 元

福友企管书系编委会

本公司顾问群汇编多年来从事企管、辅导方面所运用的经典成功表格，并对每一表格的流程及使用方法做了详尽说明，易于理解，使用方便。

第一篇　人事行政事务管理
第二篇　会计财务管理
第三篇　营销业务管理
第四篇　生产管理
第五篇　物料管理
第六篇　品质管理
第七篇　目视管理
（附 CD-ROM 光盘）

❸漫画管理禅

定价：¥36 元

叶香　编著

由当今国内外管理高手之管理理念与成功的经验所提炼升华的管理禅语，能使您茅塞顿开。发人深省的故事情节，生动有趣的漫画将使您领悟追求成功的乐趣。

第一篇　成功篇
第二篇　领导统御篇
第三篇　人力资源篇
第四篇　沟通与激励篇
第五篇　箴言篇
第六篇　醒世篇

❷品质管理

定价：¥56 元

林荣瑞　编著

"品质"是企业的生命，更是企业未来的决战场。本书使人们在品质的观念与技法上获得了质的突破：不仅谈统计技术，更重实地操作，定能让全厂上下都成为品质高手。

第一篇　认识品质管制
第二篇　品管应用手法
第三篇　工厂检验制度设计与应用
第四篇　全员参与　全员改善
第五篇　品质管制教育
第六篇　服务业的品管
第七篇　品质管制制度评鉴

❶管理技术

定价：¥72 元

林荣瑞　编著

此书融合了美国、日本、台湾及大陆的管理精华，一改大陆管理书籍普遍过于强调理论性的缺陷，注重适用性及可操作性。被许多管理人员视为工作的"宝典"。

第一篇　企业经营与竞争策略
第二篇　组织原理
第三篇　人事政策与报酬制度
第四篇　工厂布置
第五篇　整理整顿与 5S 活动
第六篇　机器保养与工业安全
第七篇　企业骨干——管理者
第八篇　管理技术
第九篇　工业工程与现场改善
第十篇　生产计划与进度控制
第十一篇　物料管理与采购作业
第十二篇　事务管理与联系管理

精美海报标语系列

★使您的工作场所更美化、让您的团队更具拼搏力！

★五个系列/套，共28张

定价：250元

安全卫生系列

- 一人一份心
  安全有信心
- 工作为了生活好
  安全为了活到老

……

生产力系列

- 你思考　我动脑
  产量提升难不倒
- 想一想
  一定还有更好的办法

……

品质系列

- 品质意识加强早
  明天一定会更好
- 品质你我都做好
  顾客留住不会跑

……

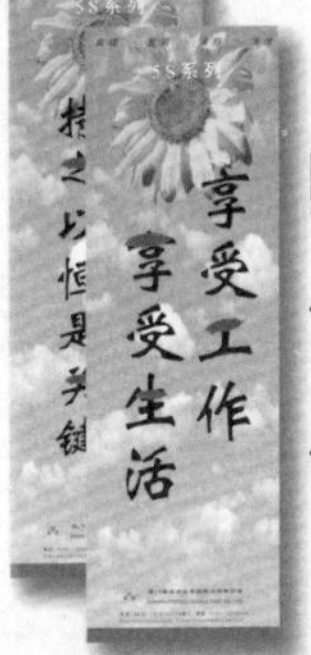

5S 系列

- 工作效率想提高
  整理　整顿先做好
- 5S 效果看得见
  持之以恒是关键

……

ISO 系列

- 实施成果要展现
  持之以恒是关键
- 宁可因高目标而脖子硬
  也不要为低目标而驼背

……

（实际尺寸：28 cm×87 cm）

福友现代实用商战系列

本丛书荣膺2004年
全国优秀引进版图书奖

❷蓝彻斯特战略　定价：¥286元／套

矢野新一（日本）著

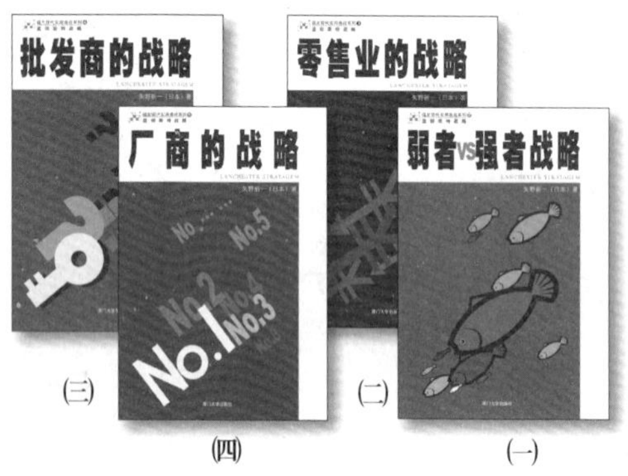

(三)　(四)　(二)　(一)

企业成为No.1的策略！

面对经营环境越来越诡谲多变、越来越激烈残酷，企业不仅要更加注重运用策略战略，更应将自己企业的策略、战略定位在能够使自己成为行业中的"No.1"，即"No.1"战略（策略）！

只有赢取绝对"No.1"的竞争优势，才可彻底避免与同业惨烈厮杀、甚至被淘汰的命运，成就霸业并确保基业常青！

为帮助广大企业早日成功，福友有幸引进被誉为"No.1战略"的《蓝彻斯特战略》！之所以被誉为"No.1战略"，是因为蓝彻斯特战略体系自始至终贯穿两个精髓：

- ◆ No.1主义！
- ◆ 成为No.1，弱者VS强者的战略！

本套《蓝彻斯特战略丛书》（4个系列／套，共10册）

第一系列：《弱者VS强者的战略》（上、中、下，共3册）
第二系列：《零售业的战略》（上、下，共2册）
第三系列：《批发商的战略》（上、下，共2册）
第四系列：《厂商的战略》（上、中、下，共3册）

❶企业行销顾问　定价：¥40元

黄宪仁（台湾）著

"他山之石，可以攻玉！"

商业行销领域的图书虽然是汗牛充栋，但是多为观念性说教或三招两式的片段教学，整体性、系统性、实战性的书系是凤毛麟角。

本书着重于从商业行销通路整体体系来把脉，更是作者任顾问师辅导企业多年，见诸各专业报纸杂志心血之作的汇编，书中案例均为企业界万金难求的丰厚经验，"他山之石，可以攻玉"，对企业的经营必有所助益！

第一篇　行销经营策略篇
一　企业的成长策略
二　找出企业成功的关键因素
……
第二篇　行销运作实务篇
一　成功市场规范
二　高效促销手法
……
第三篇　行销部门管理篇
一　要重视"年度经营计划"
二　训练很贵，不训练更贵
……
第四篇　经营管理篇
一　账面有利润，最后却倒闭
二　举债经营发挥财务杠杆效益
……

献给站着睡觉的人

书友反馈卡

亲爱的读者：

感谢您对福友现代企管、商战书系的支持!

福友企管顾问公司经营理念：简单、直接、有效。福友企管书系也以同样的风格获得全国企业界的肯定，为了让我们一起更进步，请您填好下面的资料，并反馈给我们。您的资料将被妥善保存在福友客户资料库中。

您将会得到：

- ◆ 新出版物及企管课程信息。
- ◆ 购买福友书系及参加企管课程享受 9 折优惠。

1. 姓　名：________ 性　别：□男　□女　会员卡号：________
   电　话：________ 传　真：________ 邮政编码：________
   单位全称：________ 服务部门／职务：________
   通讯地址：________
   E-mail：________

2. 您阅读这本书的书名是：

	□ 企业财务管理实务	□ 现场制程品质管制实务
□ 如何推动目标管理	□ 高效的生产绩效管理	□ 企业 ERP 成功之道
□ 员工应有的观念与态度	□ 新产品研发与销售	□ QC 手法运用实务
□ 采购与供应管理	□ 5S 推行问题与对策	□ 企业经营分析手册
□ 采购管理	□ QCC 品管圈实务	□ 有效的选才与面谈技巧
□ IE 的运用	□ 中小企业经营之道	□ TQM 全面品质管理
□ 仓储管理	□ 绩效评估兵法	□ 生产计划与管制
□ 实用品质管理	□ 现代物料管理	□ 品质管制大全
□ 工厂管理	□ 高阶主管经营训练	□ 中阶主管管理训练
□ 国际行销	□ 供应厂商管理	□ 经营计划与预算管理
□ 经营分析与企业诊断	□ SPC 统计制程管制	□ 制造业物料管理实务
□ 标准工时制定与工作改善	□ 生产计划管理实务	□ 现场管理实务
□ 降低成本新利器	□ 如何选人用人育人留人	□ 企业管理制度精选
□ 如何推行 5S	□ 企业管理表格精选	□ 漫画管理禅
□ 品质管理	□ 管理技术	□ 企业行销管理顾问
蓝彻斯特战略系列	□ 弱者 VS 强者的战略	□ 零售业的战略
	□ 批发商的战略	□ 厂商的战略

3. 您对福友书系的评价：
   □ 丰富实用　□ 实用　□ 平淡一般

4. 对我们的建议：

感谢您的填写，填写完毕后请传真或邮寄至福友发行部!

厦门市禾祥西路 4 号鸿升大厦 15 层（邮编:361004）
福友企业管理顾问有限公司
http://www.foryou.tw.cn
E-mail:xm@foryou.tw.cn
电话:0592-2395581（总机）
传真:0592-2396530 2395580

献给站着睡觉的

优惠订购单

TO:福友企管发行部　0592-2396530

读者服务信箱

感谢的话

谢谢您购买本书!

- 用寻宝的方式，将书中的方法与您现有的工作作比较，再融合您的经验，理出您最适用的方法。
- 新方法的导入使用要有决心，事前做好计划及准备。经常查阅本书，并与您的实务工作结合，自是有机会成为“企业大将”。

祝　早日实现!

您可以改变……

- 您是否认为“好东西应与好朋友共享”?订阅本福友企管书系赠送亲友，同享“追求成长”的喜悦。
- 您是否经常为事业的繁忙而烦恼? 订阅本书培训下属，自是有机会成为“治大国，若烹小鲜”的主管。
- 与您同行，迈向科学管理之路。本书系中如有疑惑之处，欢迎来函洽询，我们乐于服务。

✂ -

优惠订购

企业名称		E-mail			
地　址				邮　编	
部　门		联系人	先生/小姐		
电　话		传　真			

订购书目

书名		定价		单位	ISBN
《企业财务管理实务》		48元	×	本	ISBN7561538395
《现场制程品质管制实务》		52元	×	本	ISBN7561537817
《如何推动目标管理》		48元	×	本	ISBN7561536483
《高效的生产绩效管理》		60元	×	本	ISBN7561535356
《企业ERP 成功之道》		58元	×	本	ISBN7561533123
《员工应有的观念与态度》		45元	×	本	ISBN7561534250
《新产品研发与销售》		48元	×	本	ISBN7561530979
《QC 手法运用实务》		40元	×	本	ISBN7561531921
《采购与供应管理》		68元	×	本	ISBN7561532416
《5S 推行问题与对策》		60元	×	本	ISBN7561530597
《企业经营分析手册》		100元	×	本	ISBN7561530580
《采购管理》		58元	×	本	ISBN7561530184
《QCC 品管圈实务》		40元	×	本	ISBN7561528877
《有效的选才与面谈技巧》		45元	×	本	ISBN7561528426
《IE 的运用》		58元	×	本	ISBN7561528464
《中小企业经营之道》		40元	×	本	ISBN7561527139
《TQM 全面品质管理》		36元	×	本	ISBN756152675X
《仓储管理》		55元	×	本	ISBN756152627X
《绩效评估兵法》		42元	×	本	ISBN7561525834
《生产计划与管制》		55元	×	本	ISBN7561525176
《实用品质管理》		35元	×	本	ISBN7561524307
《现代物料管理》		52元	×	本	ISBN7561523912
《品质管制大全》		80元	×	套	ISBN7561523459
《工厂管理》		46元	×	本	ISBN7561523394
《高阶主管经营训练》		39元	×	本	ISBN7561523408
《中阶主管管理训练》		39元	×	本	ISBN756152269X
《国际行销》		68元	×	本	ISBN7561522576
《供应厂商管理》		45元	×	本	ISBN7561522320
《经营计划与预算管理》		45元	×	本	ISBN7561522126
《经营分析与企业诊断》		120元	×	本	ISBN756152191X
《SPC 统计制程管制》		160元	×	本	ISBN7561521839
《标准工时制定与工作改善》		58元	×	本	ISBN7561520689
《生产计划管理实务》		75元	×	本	ISBN7561519508
《物料管理实务》		75元	×	本	ISBN7561519087
《现场管理实务》		65元	×	本	ISBN7561518994
《降低成本新利器》		56元	×	本	ISBN7561518617
《企业管理制度精选》		580元	×	套	ISBN7561517815
《如何选人用人育人留人》VCD(附书)	推广价	720元	×	套	
《如何选人用人育人留人》		68元	×	本	ISBN7561517343
《如何推行5S》		52元	×	本	ISBN7561517114
《企业管理表格精选》(书含盘)		348元	×	套	ISBN7561515782
《漫画管理禅》		36元	×	本	ISBN7561515634
《品质管理》		56元	×	本	ISBN7561511787
《管理技术》		72元	×	本	ISBN7561511760
《企业行销顾问》		40元	×	本	ISBN7561520425
精美标语		250元	×	套	
蓝斯战略 彻特系列：《强者VS 弱者的战略》		88元	×	套	ISBN7561520883
《零售业的战略》		52元	×	套	ISBN7561520891
《批发商的战略》		60元	×	套	ISBN7561520905
《厂商的战略》		86元	×	套	ISBN7561520913

合计金额:＿＿＿＿＿＿元

- 利用本订购单订购一律享受 9 折优惠。
- 培训员工一次购30本或3000元以上 8.5 折优惠。

服务热线:0592-2395581 转 201、202、204、205
传　真:0592-2396530　2395580
E-mail:xm@foryou.tw.cn　http://www.foryou.tw.cn

付款方式

邮局汇款	厦门市禾祥西路4号鸿升大厦15楼 邮编:361004 厦门福友企业管理顾问有限公司收	银行电汇或转账	户　名:厦门福友企业管理顾问有限公司 开户行:中国光大银行厦门思明支行 账　号:77510188000011121

配合事项

1. 本订购单烦请用正楷填写清楚，务必连同汇款单影印件传真至：0592-2396530
2. 为确保您所邮购的书籍顺利送达，在收到您的传真后，我们将通过邮局挂号寄出书籍，因目前邮路并不十分畅通,您可能需要多等待。如您在30天内未收到书,请您通知我们处理。
3. 保证受益无穷的好书，如您不满意，一个月内可以退书。